John Urry
Grenzenloser Profit
Wirtschaft in der Grauzone

John Urry

Grenzenloser **Profit**
Wirtschaft in der Grauzone

Aus dem Englischen von Hans Freundl

Verlag Klaus Wagenbach   Berlin

Inhalt

Vorwort **7**

1. Was ist »Offshoring«? **9**
2. Geheimnisse **21**
3. Arbeit **34**
4. Steuern und Steueroasen **51**
5. Unterhaltungs- und Vergnügungsindustrie **76**
6. Energie **98**
7. Abfall **120**
8. Sicherheit **136**
9. Hinaus aufs Meer – aus den Augen, aus dem Sinn **159**
10. Nach Hause zurückholen **172**

Anmerkungen **197**

Vorwort

Dieses Buch führt Debatten weiter und greift Themen auf, die ich bereits in einigen meiner früheren Werke angesprochen habe, insbesondere in *The End of Organized Capitalism* (1987, zusammen mit Scott Lash), *Sociology beyond Societies* (2000), *Mobile Lives* (2010, zusammen mit Anthony Elliott) und *Societies beyond Oil* (2013). In allen diesen Büchern wurde beschrieben, mit welch schwindelerregendem Tempo sich heute Menschen, Rohstoffe und Institutionen um die Welt bewegen. Doch in keinem dieser Werke wurde jenem Aspekt nachgespürt, der im vorliegenden Buch im Mittelpunkt steht, nämlich der Tatsache, dass diese Bewegung heute mit dem systemischen Phänomen des »Offshoring«, des Auslagerns unterschiedlicher Aktivitäten, Funktionen oder Prozesse in ausländische Offshore-Zonen, verbunden ist, das in vielfältiger Weise zu einem »Neustart« der gegenwärtigen Gesellschaften führt.

In dem Buch wird gezeigt, dass es mächtige, sich ausdehnende Offshore-Welten gibt, mit denen sich die Sozialwissenschaften dringend beschäftigen müssen. Die Entstehung und Verfestigung dieser Welten formt die Konturen der heutigen Gesellschaften um, sie verändert die Machtstrukturen, untergräbt die Vorstellungen von Verantwortlichkeit, bedroht die Demokratie und transformiert die Art und Weise, wie Gesellschaften »mit Energie gespeist« werden. Durch »Offshoring« werden die Arbeitsbeziehungen, das Finanzwesen, die Vergnügungsindustrie, die Energieversorgung, der Müll und der Sicherheitsapparat in Grauzonen verlagert. Dies stellt eine gewaltige Herausforderung für die Wissenschaftler und mehr noch für die Bürger dar. »Offshore«, also außerhalb des Blickfelds oder hinter dem Horizont, vollziehen sich beunruhigende Prozesse, die viele Bereiche des Lebens undurchsichtig werden lassen – sie mit Geheimnissen und Lügen umgeben. Dieses Buch beschreibt die dunkle Seite der Mobilität und der Globalisierung und widmet sich der Frage, ob und wie »Offshoring« wieder aufgehoben werden kann und ob es möglich ist, gewissermaßen ein »Reshoring«, eine Rückverlagerung herbeizuführen.

Ich bin sehr dankbar für die Diskussionen, die ich mit zahlreichen Kollegen über diese Themen führen konnte, vor allem mit dem mittlerweile verstorbenen Heiko Schmidt. Besonderen Dank für Kommentare und Gespräche schulde ich Sarah Becklake, Thomas Birtchnell, Monika Büscher, Javier Caletrio, Rachel Cooper, Bülent Diken, Anthony Elliott, James Faulconbridge, James Freund, Tony Giddens, Michael Hulme, Scott Lash, Glenn Lyons, James Marriott, Katerina Psarikidou, Satya Savitsky, Mimi Sheller, Elizabeth Shove, David Sugarman, Bron Szerszysnki, John Thompson, David Tyfield, Tom Urry, Sylvia Walby und Benno Werlen. Für ihre Unterstützung danken möchte ich auch den Kollegen am Centre for Mobilities Research in Lancaster, insbesondere Pennie Drinkall. Dankbar bin ich auch für Hinweise und Kommentare von namentlich nicht genannten Sachverständigen.

Die Forschungen, die in diesem Buch ihren Niederschlag fanden, wurden zum Teil durch ein ESRC-Stipendium mit dem Titel *Transport and Technology* gefördert. Auch dafür möchte ich mich herzlich bedanken.

John Urry
Lancaster 2013

1. Was ist »Offshoring«?

Das Problem

Warren Buffett, der bisweilen als der erfolgreichste Investor der Welt bezeichnet wird, bemerkte vor einiger Zeit: »Es gibt einen Klassenkampf, natürlich, und meine Klasse, die Reichen, die ihn führen, die gewinnen ihn gerade«.[1] In diesem Buch wird dargestellt, wie die Reichen tatsächlich einen Klassenkampf geführt und gewonnen haben, zum Teil durch die Anwendung der relativ neuen und sehr wirkungsvollen Strategie des »Offshoring«. Ich zeige, wie diese Strategie zu einem entscheidenden Instrument wurde, das den unablässigen Aufstieg der Reichen ermöglichte. Der umgangssprachliche Begriff »die Reichen« bezieht sich hier auf jene globale Schicht, die aus hochvermögenden Einzelpersonen und Familien, Eigentümern/Managern großer Konzerne und Dienstleistungsunternehmen, zahlreichen Denkfabriken und ranghohen politischen Entscheidungsträgern besteht.

Die Bedeutung der Verlagerung in Offshore-Bereiche wird zum Beispiel durch eine im Mai 2013 veröffentlichte Studie der britischen Wohltätigkeitsorganisation ActionAid illustriert. Demzufolge besitzen 98 der hundert größten börsennotierten britischen Unternehmen (die im FTSE 100 Index zusammengefasst sind) Tochtergesellschaften oder assoziierte Unternehmen oder betreiben Joint Ventures an Standorten, die von dieser Organisation als »Steueroasen« definiert werden.[2] Gewöhnlich unterhalten die Konzerne mehrere solcher Abteilungen. ActionAid berichtete, dass der Werbegigant WPP über 618 derartige Offshore-Ableger verfügte, die Großbank HSBC besaß 496, Royal Dutch Shell 473, Barclays 471, BP 457, die Royal Bank of Scotland 393, Lloyds 259, British Land 187 und Prudential 179. Vor allem der Bankensektor bedient sich der Steueroasen, denn mehr als die Hälfte der ausländischen Niederlassungen der britischen Großbanken residieren in solchen »Schatzinseln« mit niedrigen Steuersätzen.[3]

Für Steueroasen wird manchmal auch die englische Bezeichnung *secrecy jurisdictions* verwendet. Denn die meisten großen Konzerne und wohlhabenden Privatpersonen verschieben ihre Einnahmen und ihr Vermögen an solche Standorte, an denen ein hohes Maß an Vertraulichkeit und Geheimhaltung gewährleistet ist. Häufig entsteht der Anschein, dass »nur die kleinen Leute Steuern zahlen«,[4] während die Reichen in der Lage sind, ihr Vermögen und noch einiges mehr »offshore« zu verlagern und dadurch gewissermaßen unsichtbar zu machen.

Diese Unternehmen sind zudem häufig wie russische Puppen aufgebaut und durch komplizierte Verschachtelungen mit mehrfachen Tarnschichten überzogen.[5] So gibt es beispielsweise eine Gesellschaft namens Goldman Sachs Structured Products (Asia) Limited, die in der Steueroase Hongkong angesiedelt ist. Sie wird von einer Firma namens Goldman Sachs (Asia) Finance kontrolliert, die in der Steueroase Mauritius registriert ist, welche wiederum von einer Firma in New York verwaltet wird. Diese wird von einer anderen Firma mit Sitz im US-Bundesstaat Delaware kontrolliert, einer sehr bedeutenden Steueroase, und diese Firma wird ihrerseits von einer anderen Firma ebenfalls mit Sitz in Delaware verwaltet, der GS Holdings (Delaware) L.L.C. II. Diese Gesellschaft ist eine Tochterniederlassung der einzigen Goldman-Sachs-Firma, die allgemein bekannt ist, der Goldman Sachs Group, die in einem glitzernden Büroturm im Battery City Park in New York City residiert. Diese Gesellschaft erwirtschaftete im Jahr 2012 weltweit einen Umsatz von ungefähr 34 Milliarden US-Dollar und hat rund 30.000 Beschäftigte.

Diese Verkettung von Eigentumsverhältnissen ist nur eine von Hunderten ähnlicher Ketten im Unternehmen Goldman Sachs. Insgesamt besteht Goldman Sachs aus mehr als 4.000 separaten Unternehmenseinheiten, die über die gesamte Welt verteilt und vielfach »offshore« ansässig sind. Zwischen einigen dieser Unternehmenseinheiten und dem Hauptsitz in New York liegen zehn kontrollierende Zwischenschichten. Ungefähr ein Drittel davon ist in Steueroasen registriert. In der Welt von Goldman Sachs sind die Cayman-Inseln größer als Südamerika und Mauritius ist größer als Afrika!

Im vorliegenden Buch wird beschrieben, wie diese Offshore-Welt entstand und welche Folgen diese Entwicklung nach sich zog. Die Verlagerung von Firmen in Offshore-Finanzplätze führt dazu, dass Ländern Steuereinnahmen entgehen, was vor allem die Entwicklungsländer und auch die rund 70 Steueroasen selbst betrifft. Darüber hinaus geht es nicht nur um Geld und Steuern, sondern auch um viele weitere Prozesse, die in Offshore-Standorte verlagert und dadurch ganz oder teilweise dem Blick entzogen werden, darunter Teile des produzierenden Gewerbes, der Unterhaltungsbranche, Energieversorgung und Müllentsorgung, Kohlendioxidemissionen und Sicherheit. Alle diese Bereiche werden bis zu einem gewissen Grad ausgelagert und an »geheimen Standorten« angesiedelt. Im Zuge der Verlagerung in Offshore-Zonen werden diese Wirtschaftsaktivitäten mittels mehrerer Verschleierungsstränge miteinander verbunden. »Die Welt der Macht funktioniert über das Offshore-System«, stellt Nicholas Shaxson zusammenfassend fest.[6] Diese Welt der ausgelagerten Macht möchte das vorliegende Buch enthüllen. Im folgenden Abschnitt wird die Strategie der Offshore-Verlagerung kurz in ihrem historischen Kontext erläutert.

Über Grenzen hinweg

Jede Gesellschaft geht mit der Bewegung von Menschen und Dingen einher, aber die kapitalistische Gesellschaft steigert deren Dimension und Wirkung. In vielen sozialen Theorien wurde die ständige und ruhelose Bewegung des Kapitalismus aufgegriffen.[7] Karl Marx und Friedrich Engels beschrieben 1848, wie die Bourgeoisie im Verlauf des vorhergehenden Jahrhunderts kolossalere Produktionskräfte geschaffen hat als alle vergangenen Generationen zusammen.[8] Das Bedürfnis nach einem stets ausgedehnteren Absatz für ihre Produkte jagte die Bourgeoisie über die ganze Erdkugel, wodurch alle festen, eingerosteten Verhältnisse aufgelöst wurden. Die billigen Preise der Waren, die von den kapitalistischen Fabriken hergestellt werden, waren die Artillerie, »mit der sie alle chinesischen Mauern in den Grund schoss«, die »nationale Selbstgenügsamkeit« unterminierte und sich eine Welt nach ihrem eigenen bourgeoisen Bilde schuf. Marx und Engels wiesen auf die zunehmende »kosmopolitische Gestaltung« der Produktion und der Konsumtion hin und beschrieben, wie die Ausbeutung der Arbeiter an andere Orte verlagert wurde, als neue Städte und Fabriken entstanden und die alten vernichtet wurden.[9]

Den Kapitalismus zeichnet also eine fortwährende Bewegung aus, insbesondere die Bewegung des Kapitals und der Arbeit. Kapitalistische Gesellschaften sind mit einer unablässigen Beschleunigung des wirtschaftlichen, sozialen und politischen Lebens verbunden. Diese Beschleunigung der Bewegung setzte nach allgemeiner Auffassung im letzten Viertel des vergangenen Jahrhunderts ein. In vielen wissenschaftlichen und politischen Schriften wurde hervorgehoben, dass die gegenwärtige Welt zunehmend »grenzenlos« werde, dass viele Grenzen ihre Bedeutung dafür verlören, wie die Menschen ihr sich beschleunigendes Leben erfahren.[10]

Im Jahr 1990 beschrieb der japanische Autor Kenichi Ohmae diese grenzenlose Welt sehr eindrucksvoll: »Der freie Strom von Ideen, Menschen, Investments und Industrien und [...] das Entstehen einer verflochtenen Wirtschaft ziehen eine Erosion der nationalstaatlichen Souveränität nach sich, da die Macht der Information unmittelbare Auswirkungen hat auf lokale Gemeinschaften, auf wissenschaftliche, berufsbezogene und soziale Einrichtungen, auf Unternehmen und auch auf die einzelnen Menschen.«[11] Ohmae hegte die optimistische Erwartung, dass diese grenzenlose Welt unbegrenztes wirtschaftliches und soziales Wachstum hervorbringen werde. Diese Grenzenlosigkeit werde neue unternehmerische Chancen, internationale Freundschaft und Verständnis hervorbringen, sie werde es ermöglichen, Familienleben über weite Entfernungen hinweg zu organisieren, und sie werde einen besseren Zugang zu Informationen und zu mehr Wohlstand schaffen.

Jedes Jahr erschienen mindestens hundert Studien, in denen der Charakter und die Auswirkungen globaler Prozesse dokumentiert wurden. Es verfestigte sich die Annahme, dass die Wirtschaft, das Finanzwesen, die Medien, die Migrationsbewegungen, der Tourismus, die Politik, das Familienleben, Freundschaften, die Umwelt, das Internet und vieles mehr weniger durch Nationalstaaten, sondern zunehmend in einem globalen Rahmen strukturiert werden würden.[12] In einigen Analysen wurde auf die zunehmende Dichte der Interaktionen auf dem Globus hingewiesen, infolge der Liberalisierung des Welthandels, der Internationalisierung der Produktion, der Globalisierung des Rohstoffverbrauchs, der sinkenden Kosten für Transport und Kommunikation und der Internationalisierung der Geldanlage. Man erwartete, dass Weltkonzerne künftig verstärkt global agieren und weniger an spezifische Standorte, Arbeitskräfte oder Gesellschaften gebunden sein würden.

In anderen Untersuchungen wurde dargestellt, wie die globale Infrastruktur Menschen und Orte auf der Welt miteinander verbindet. Einige Forscher verwiesen auch darauf, dass die »globale« Dimension im Grunde als eine Abfolge von Wirkungen betrachtet werden müsse, die von mächtigen Akteuren hervorgerufen werden und durch den freien Fluss von Informationen, Bildern, Menschen und Geld die nationalen Begrenzungen untergraben. Die »globale« Dimension entsteht gewissermaßen durch die Handlungen und Schriften von einflussreichen Verfechtern des freien Marktes wie beispielsweise Ohmae, indem sie die Fähigkeit der »altmodischen« Nationalstaaten infrage stellen, weiterhin nationale Gesetze und Regulierungen durchzusetzen.[13]

Allgemein galt diese Entwicklung als gut und erstrebenswert, und auch der Zustrom von Menschen und Dingen aus anderen Orten war willkommen. Viele Sozial- und Wirtschaftswissenschaftler glaubten, dass die Gesellschaften im Zuge dieser Mobilität durch neue Ideen, Informationen und Menschen belebt und dadurch »kosmopolitischer« werden würden. Überkommene Strukturen würden sich auflösen.[14] Der polnische Sozialtheoretiker Zygmunt Bauman fasste diese Prozesse in seinem Konzept der »flüchtigen Moderne« zusammen, die er der festgefügten und soliden alten Moderne gegenüberstellte.[15]

Im Zuge der Herausbildung dieser mobilen Weltordnung vollzog sich ab 1990, als Ohmae den Begriff der Grenzenlosigkeit aufbrachte und analysierte, eine Reihe von systemischen Veränderungen. Zum einen verschwand der Kommunismus sowjetischer Spielart fast über Nacht, zum Teil aufgrund seiner Unfähigkeit, neue Informationstechnologien zu entwickeln und sich zunutze zu machen. Vor allem nach dem Fall der Berliner Mauer 1989 lösten sich in Europa viele einstmals wichtige Grenzen auf, die einem freien Verkehr von Informationen, Menschen und Kapital entgegenstanden. Mehrere frühere Mitgliedstaaten des Ostblocks traten der Europäischen Union bei, deren Ziel in erster Linie darin besteht, viele der großen Mobilitätsbarrieren abzubauen.

Zum anderen etablierten sich neue Systeme der globalen Medienberichterstattung. Der erste Golfkrieg im Jahr 1991 war das erste Großereignis, bei dem es eine 24-stündige Berichterstattung in Echtzeit gab. Dadurch entstand auch für viele andere Ereignisse eine »globale Bühne« oder ein »globaler Bildschirm«: für Kriege, terroristische Anschläge, Sportveranstaltungen, Konzerte, Prominentenskandale und dergleichen. Alle diese Ereignisse wurden nun umfassender medial aufbereitet, wurden sichtbarer und gleichzeitig an eine Vielzahl von Menschen übermittelt. Neue soziale Medien veränderten den Charakter und die Zeitlichkeit von Informationen und Gerüchten, die in der Welt kursierten und von »überallher« kamen.

Drittens gingen Ende der achtziger Jahre viele bedeutende Finanzmärkte zum Echtzeithandel über, auf den man 24 Stunden am Tag online Zugriff hat. Durch dieses globale System des elektronischen Handels mit Finanzpapieren erhöhten sich die Geschwindigkeit und die Schwankungsintensität der Finanzmärkte wie auch anderer Märkte, die mittlerweile zu einem großen Teil durch computergesteuerten Hochfrequenzhandel bestimmt werden.[16]

Und schließlich wurde zwischen 1989 und 1991 von Tim Berners-Lee das Internet »erfunden«. Er schuf mit der Auszeichnungssprache HTML (Hypertext Markup Language), dem Übertragungsprotokoll HTTP (Hypertext Transfer Protocol) und der Identifikationsbezeichnung URL (Uniform Resource Locator) die Grundlagen des World Wide Web. Das Internet entstand ursprünglich aus dem Bedürfnis nach einer intensiveren Kommunikation der wissenschaftlichen Gemeinschaft, führte aber schnell zur Verbreitung unzähliger virtueller Welten, die das wirtschaftliche und gesellschaftliche Leben veränderten. Das Internet ist gekennzeichnet durch den gewöhnlich bruchlosen Sprung von einem Link zum nächsten, von einer Person zur anderen, von einem Unternehmen zum anderen, ohne auf herkömmliche nationale Grenzen Rücksicht nehmen zu müssen, durch die Informationen bislang historisch verortet, gelagert und verwaltet wurden.[17]

Dieses Bündel von Veränderungen erzeugte im »Westen« Anfang der neunziger Jahre einen »globalen Optimismus«, der von einer fortschrittlichen, offenen Zukunft ausging. Der Ökonom Joseph Stiglitz schrieb von den »stürmischen neunziger Jahren«.[18] Nachdem der Westen den Kalten Krieg »gewonnen« hatte, machte er sich daran, den Rest der Welt nach seinem eigenen globalen, konsumistischen und grenzenlosen Bild zu formen. Lebensmittel, Produkte, Dienstleistungen, Freunde und Erlebnisse wurden im Überfluss für all jene zugänglich, die über ein entsprechendes Einkommen verfügten. Die Welt war tatsächlich »offen« und bot vielen die Möglichkeit, im Zentrum dieser grenzenlosen Gesellschaft zu leben, zu arbeiten und zu konsumieren.

Und diese offene Welt, davon ging man aus, sollte dank der globalen Dominanz der USA bis weit in das neue Jahrhundert hinein Bestand haben. In den neunziger Jahren wurde unter maßgeblicher Beteiligung von Persönlichkeiten, die in der Bush-Administration von 2000 bis 2008 hohe Positionen bekleiden sollten, das Project for the New American Century (PNAC) gegründet. Diese Denkfabrik verfolgte das Ziel, eine dauerhafte Überlegenheit Amerikas zu gewährleisten; dazu sollte der Zugang der USA und ihrer Verbündeten zu Erdöl und anderen Rohstoffen sichergestellt werden, um andere Mächte daran zu hindern, die Fähigkeit des »Westens« zu beeinträchtigen, weltweit »Freiheit« zu verbreiten.

Am Ende jedoch erwies sich diese Dekade nicht als Vorbote einer lange währenden, optimistischen und grenzenlosen Zukunft. Vielmehr waren die neunziger Jahre eher ein *fin de siècle*, manchen erschienen sie auch als eine Zeit des Überflusses und der Dekadenz, verbunden mit der Erwartung eines verhängnisvollen Endes. Und dieses Ende kam rasch mit dem verheerenden Angriff auf die Zwillingstürme in New York am 11. September 2001. Dieser Anschlag brachte die dramatischsten Bilder hervor, die bislang von den globalen Medien in Echtzeit übertragen worden waren.

Das Ende der »stürmischen neunziger Jahre« gab zahlreichen apokalyptischen Visionen für das neue Jahrhundert Auftrieb. Es entwickelte sich eine andere wissenschaftliche und politische Agenda, die sich auf die zahlreichen dunklen Seiten dieser flüchtigen Prozesse konzentrierte, auch auf die Möglichkeit eines durch Umweltprobleme hervorgerufenen »Zusammenbruchs« der Gesellschaften. Wie vielen früheren Gesellschaften, beispielsweise den Kulturen der Römer, der Maya oder der sowjetischen Gesellschaft, könne nach Meinung vieler Forscher auch den modernen westlichen Gesellschaften dieses Schicksal blühen, wenn sich ihre inneren Widersprüche immer weiter entfalteten.[19]

Diese dunkle Agenda wurde auch in einem von Zygmunt Baumans Werken aus dem zu Ende gehenden Jahrhundert beschrieben, als »unbeabsichtigte Nebenfolge«, die aus der prozesshaften, immer weniger greifbaren flüchtigen Moderne resultiert.[20] In seinen Texten wie auch den Schriften anderer Autoren wird aufgezeigt, dass heute nicht nur Konsumgüter, neue Erfahrungen und gerne genutzte Dienstleistungen die Grenzen überschreiten, sondern auch vieles »Schlechte« wie Umweltgefährdungen, Terroristen, Frauenhandel, Drogenkuriere, international tätige Kriminelle, die Auslagerung von Arbeitsplätzen, Sklavenhandel, Schmuggelgüter, CO_2-Emissionen, unversteuertes Einkommen, Immobilienspekulanten, finanzielle Risiken, Wirbelstürme und so weiter. Grenzenlosigkeit und Mobilität haben auch eine dunkle Seite.

Ab der Jahrhundertwende zeigte sich immer deutlicher, dass viele Risiken über die Grenzen hinweg verlagert werden; diese

Risiken fördern die Vorstellung, dass es noch weitere große und bedrohliche Risiken gebe, und diese tatsächlichen oder eingebildeten Risiken erzeugen und legitimieren neue Systeme von »Sicherheit«, die diese Risiken überwachen und in den Griff bekommen sollen.[21] Es lässt sich nur schwer ausmachen, wie ernst viele dieser Risiken tatsächlich zu nehmen sind und wie man ihnen angemessen begegnen kann. Vor den Olympischen Spielen 2012 beispielsweise wurde London in eine hochgesicherte Festung verwandelt, und über der Stadt wurde eine Flugverbotszone eingerichtet, die durch Boden-Luft-Raketen gegen alle Eventualitäten geschützt wurde. London wurde »sicher« gemacht durch eine Sicherheitsoperation, an der mehr britische Staatsbürger beteiligt waren als zu dieser Zeit am militärischen Einsatz in Afghanistan.

Verlagerung in Offshore-Zonen

Es ist also offenkundig, dass viele grundlegende Elemente in der Wirtschaft, im sozialen und politischen Leben mit Bewegung, mit Verlagerung und Verheimlichung zu tun haben. Diese Bewegung ist aber kein allgemeiner, offener Prozess, sondern vollzieht sich häufig unsichtbar unter Anwendung vielfältiger Arten von Geheimhaltung. Eine grenzenlose Welt bringt neue Grenzen und neue Geheimnisse hervor. Grenzen werden auf reguläre Weise gezogen, geschützt und überwacht. Dieses Buch stellt dar, wie eine Welt der beschleunigten, Grenzen überschreitenden Bewegung zu einer Welt der Geheimhaltung und bisweilen auch der Lüge wird.

Es ist eine allgemeine Offshore-Welt entstanden, die eine Neuordnung der globalen Machtverhältnisse nach sich zieht. Dieses Buch analysiert diese Praktiken des »Offshoring«. Es zeichnet nach, wie die Verlagerung von Ressourcen, Praktiken, Menschen und Kapital vom Territorium eines Landes in ein anderes vonstattengeht, und zeigt, wie diese Verlagerung ganz oder teilweise vor den Augen der Öffentlichkeit und/oder vor den staatlichen Behörden verborgen wird. Dieser Vorgang ist gewöhnlich in der einen oder anderen Weise mit einem Verstoß gegen Rechtsnormen und Regeln verbunden. Zum einen können Gesetze und Vorschriften auf schlicht illegale Weise umgangen werden (Steuerhinterziehung); die zweite Möglichkeit ist ein Verstoß gegen den Geist der Gesetze, auch wenn die Maßnahmen formal »legal« sind (Steuervermeidung); und schließlich können Gesetze, die in einem Staat gelten, genutzt werden, um rechtliche Vorschriften in einem anderen Staat zu untergraben (gewöhnlich durch Verlagerung von Aktivitäten auf kleine Inseln). Der entscheidende Aspekt des »Offshoring« besteht darin, dass sich die Aktivitäten außerhalb bestimmter Rechtsnormen vollziehen, häufig indem sie »staatsfern« angesiedelt werden, wobei gewöhnlich eine Kombination dieser drei verschiedenen Arten von Rechtsverstößen zum Tragen kommt.

Diese Praktiken der Offshore-Verlagerung wurden durch zahlreiche »postnationale« Systeme moderner Mobilität ermöglicht, was aber nicht heißen soll, dass es einst ein »goldenes Zeitalter« ohne Geheimnisse gegeben habe. Zu diesen Systemen gehören etwa die Versendung von Gütern mithilfe von Containerschiffen; die ausgedehnte Aeromobilität; die unzähligen virtuellen Welten; der Auto- und Lastwagenverkehr; die elektronischen Geldüberweisungsverfahren; die Besteuerung; juristisches und finanzielles Expertenwissen, das es ermöglicht, bestimmte nationale Regulierungen zu umgehen; sowie die Ausbreitung »mobilen Lebens«, die gefördert wird durch häufige legale oder illegale Grenzübertritte. Alle diese Systeme bestehen aus einer Verbindung von Mobilität und Immobilität. Von entscheidender Bedeutung für die meisten dieser Systeme sind nicht-ortsgebundene virtuelle Umgebungen, durch die Informationen, Geld, Handelsgüter, Bilder, Verbindungen und Dinge auf digitale wie auch auf physische Weise bewegt werden können, häufig auf Wegen, die im Verborgenen liegen. Virtuelle Umgebungen sind ein fester Bestandteil der Verlagerung und der »Ent-Lokalisierung« von Produktion, Konsumtion und des gesellschaftlichen Lebens, die ein Kennzeichen der vergangenen zwei oder drei Jahrzehnte darstellen.

Stephen Gill weist darauf hin, dass in dieser Welt »der mobile Investor zum souveränen politischen Subjekt wird« und überall auf der Welt das Regierungshandeln zum großen Teil darauf ausgerichtet wird, die vordringlichen Interessen mobiler Investments zu schützen.[22] Laut Ronen Palan bedeutet die Entstehung von Offshore-Welten, dass »Ausländern gegenüber den einheimischen Bürgern ein Vorteil verschafft wird«.[23] Diese Welten breiten sich weiter aus und sind auch nicht zufällig entstanden, sondern Teil einer Strategie des Klassenkampfs im Sinne Warren Buffetts. Die Offshore-Verlagerung kann sogar als ein Mittel verstanden werden, durch das sich die Schicht der Reichen zu einer internationalen »Klasse für sich« entwickeln konnte und nicht mehr nur eine »Klasse an sich« ist.[24]

Die Praxis des »Offshoring« reicht von Prozessen, bei denen lediglich eine Abhängigkeit von ausländischen Ressourcen besteht, über Unternehmungen, die »onshore« liegen, aber einen Offshore-Status genießen und möglicherweise im Verborgenen operieren, bis zu Einrichtungen, die tatsächlich weit draußen auf dem Meer angesiedelt, hinter dem Horizont, geheim und häufig auch illegal sind. Verlagerung in Offshore-Zonen ist zu einem Grundprinzip der heutigen Gesellschaften geworden, daher lässt sich auch keine klare Grenze ziehen zwischen dem, was »onshore«, und dem, was »offshore« abläuft. Tatsächlich beeinflussen Offshore-Welten das heutige Leben in weiten Teilen. Sie sind dynamisch, sie reorganisieren die wirtschaftlichen, sozialen, politischen und materiellen Beziehungen innerhalb und zwischen den Gesellschaften, da die Menschen und die Staaten feststellen, dass Ressourcen, Praktiken, Personen und Geld im Verborgenen gehalten werden können und dies enorme Vorteile bietet. Es bilden sich Interessen, die darauf drängen, jenen institutionellen Apparat zu stärken, der nach außen verlagerte Welten ermöglicht.

Manche Gesellschaften haben sich sogar zu spezialisierten und miteinander verbundenen »Offshore-Gesellschaften« entwickelt, die Geheimhaltungsbedürfnisse und rechtliche Rahmensetzungen verschränken und oft in parasitärer Weise auf der Grundlage mächtiger Onshore-Gesellschaften existieren. In diesem Buch wird die Funktionsweise dieser Gesellschaften untersucht, aus denen Ressourcen verschwinden, und jener Gesellschaften, in denen Menschen oder Ressourcen von irgendwoher auftauchen, häufig über geheime Kanäle. Alle modernen Gesellschaften werden durch starke, die Offshore-Verlagerung fördernde Beziehungen verändert.

»Offshoring« höhlt dabei die Demokratie aus, mehr noch, es beeinträchtigt auch die Vorstellungen von Fairness innerhalb und zwischen den Gesellschaften. Es kann eine Art von »Regime-Shopping« hervorbringen, und es kann auch die Verminderung der Zunahme der CO_2-Emissionen verlangsamen, was allgemein akzeptierte und offene globale Vereinbarungen zwischen den verantwortlichen Staaten, den Unternehmen und der Öffentlichkeit voraussetzt.

Außerdem führen heute manche Menschen zumindest teilweise bereits ein Offshore-Leben, so zum Beispiel, wie David Runciman beschreibt, bis zum Sturz des libyschen Herrschers Muammar al-Gaddafi dessen Sohn Saif. Er wohnte in London, besaß jedoch mehrere, »offshore« angesiedelte Firmen und Wohltätigkeitsorganisationen, hatte Häuser, Freunde und Kontakte in allen Teilen der Welt. Er erwarb Immobilien über geheime, auf Steuervermeidung ausgerichtete Transaktionen unter Zuhilfenahme der Britischen Jungferninseln. Saif Gaddafi war ein »Offshore-Mensch, der in einer Offshore-Welt lebte« und der mit vielen anderen »Offshore-Menschen« verkehrte.[25]

»Ausgelagerte Existenzen« ganz anderer Art sind dagegen jene bedauernswerten Geschöpfe, die von einem Gefängnis zum nächsten oder von einem nicht-registrierten Schiff zu einem anderen hin und her geschoben werden und niemals einen festen Platz finden. Diese »Offshore-Menschen« besitzen gewöhnlich auch nicht das Recht, sich in einem von ihnen bevorzugten Land niederzulassen und dort als Bürger zu leben; einige von ihnen werden im wörtlichen Sinne staatenlos gemacht.

2. Geheimnisse

Georg Simmel über Geheimnisse

Die Analyse der Offshore-Verlagerung erfordert eine Untersuchung des »negativen, dunklen Geistes« und insbesondere der Rolle des Geheimnisses im gesellschaftlichen Leben. Dazu möchte ich als Erstes den Philosophen und Soziologen Georg Simmel heranziehen. Vor einem Jahrhundert vertrat Simmel die Auffassung, dass alle Beziehungen von Menschen untereinander »selbstverständlich darauf [beruhen], dass sie etwas von einander wissen«.[1] Das gesellschaftliche Leben gründet sich auf den Austausch von Informationen darüber, was die Menschen voneinander erwarten und wie sie diese Informationen verarbeiten können. Dieser Austausch ist der Schlüssel zum Sozialleben, und man geht allgemein davon aus, dass Transparenz wünschenswert ist.

Simmel stellte dar, dass es in kleinen, überschaubaren Gesellschaften nur relativ wenige Geheimnisse gibt, weil sich die Mitglieder der Gesellschaft sehr ähnlich sind und die Geldwirtschaft noch nicht stark entwickelt ist. Doch »moderne, zivilisierte Gesellschaften« beruhen auf wesentlich differenzierteren Vorstellungen. Geheimnisse sind notwendig, weil die Menschen sehr verschieden sind; es muss zwischen den Menschen ein gewisses Maß an »gegenseitiger Verborgenheit« geben.[2] Die Menschen benötigen Wissen, um mit anderen zusammenleben zu können, aber dieses Wissen ist so wichtig und zugleich so gefährlich, dass das, was über einen selbst bekannt ist, »behandelt« werden muss. Um den Austausch sozialer Informationen handhaben zu können, müssen die Menschen erkennen, was verborgen ist, sie müssen verheimlichen, was verborgen werden soll, und sie müssen einen großen Teil der weiteren Informationen abweisen, die ihnen von den anderen angeboten werden.

Vor allem die Geldwirtschaft erzeugt nach Ansicht Simmels neuartige Formen von Geheimhaltung, ein »bewusst gewolltes Verbergen«.[3] Geld ermöglicht es, zahlreiche Transaktionen »unsichtbar« zu machen, sodass die Menschen Käufe und Verkäufe, den Erwerb oder die Veränderung des Eigentums an Dingen verbergen können. Durch die Geldwirtschaft werden vor allem drei Formen von Geheimhaltung ermöglicht. Zum einen kann man jemanden durch einen Scheck, den man unbemerkt in seine Hand gleiten lässt, zum reichen Mann machen. Zum anderen können Transaktionen »in einer Weise versteckt und unkenntlich gemacht werden [...], wie sie unmöglich ist, solange Werte nur als extensive, unzweideutig greifbare Objekte besessen werden können«.[4] Und schließlich kann man mit der Zunahme der Entfernung Werte in einer Weise verändern, die sich »dem Auge der nächsten Umgebung ganz entziehen«. Die Geldwirtschaft steigert die Größenordnung und die Wirkung von Transaktionen, die im Verborgenen abgewickelt werden können. Die Macht des Geldes ermöglicht es auch, das Schweigen anderer zu erkaufen, um Geheimnisse zu bewahren.

Simmel betonte, dass diese Praktiken des Verbergens besonders beim »Wirtschaften mit fremdem Gelde« zum Tragen kommen, Schutzmaßnahmen zur Verheimlichung der »Finanzgebarungen der Aktiengesellschaften« hervorgerufen haben. Geheime Transaktionen sind ein elementarer Bestandteil der Geldwirtschaft, insbesondere wenn ausländisches Geld oder ausländische Unternehmen an den geschäftlichen Beziehungen beteiligt sind.

Simmel glaubte daher, dass moderne Gesellschaften nicht nur ein hohes Maß an Geheimhaltung erlauben, sondern dieses auch benötigen. Das wird durch Geheimgesellschaften wie die Freimaurer auf die Spitze getrieben, die durch die Notwendigkeit zusammengehalten werden, ihre Geheimnisse zu bewahren. Von entscheidender Bedeutung für eine geheime Gesellschaft ist das gegenseitige Vertrauen ihrer Mitglieder, das zum Teil durch Aufnahmeriten erzeugt wird, aber auch durch vielfältige Möglichkeiten, sie zum Schweigen zu verpflichten. Geheime Transaktionen, so erklärt Simmel, erleichtern es den Menschen, sich gegenseitig zu akzeptieren.[5] Zu Simmels Zeiten brachte der Kapitalismus eine Vielzahl von »Geheimgesellschaften« hervor. Dieses Buch untersucht andere Beispiele von »Geheimgesellschaften«, die heute oftmals über verschiedene Länder verteilt sind und sich mit unterschiedlichsten monetären und politischen Transaktionen beschäftigen.

Nach Simmels Auffassung verbinden sich im Geheimnis Verbergen und Enthüllen. Das Geheimnis setzt Grenzen und erzeugt die Versuchung, diese Grenzen durch Klatsch oder Bekenntnisse zu durchbrechen. Die Entwicklung der Geldwirtschaft fördert das Aufkommen neuer Formen des Verbergens und Verschleierns.

Geheime Mächte

In der Geschichte war das Verbergen ein wichtiges Merkmal der Machtausübung.[6] Die herrschende Familie lebte häufig in einer geheimen Welt, in einer Burg, einem Palast oder einer Festung, wie beispielsweise in Frankreich im 18. Jahrhundert im Schloss von Versailles oder in China in der Verbotenen Stadt in Peking. Wie der Kaiser oder der König und sein Haushalt lebten, war geheim. Der Herrscher war für seinen Hofstaat sichtbar, blieb der allgemeinen Gesellschaft aber weitgehend verborgen. Diese Geheimhaltung verstärkte die Aura des Mysteriösen, die den Herrscher und die Mitglieder seines Haushalts umgab, auch wenn sie durch ihr Verhalten häufig gegen gesellschaftliche Werte verstießen.

In manchen Gesellschaften absolvierte der König oder Kaiser hin und wieder einen feierlichen Umzug oder eine »Rundreise« durch sein Reich. Dabei wurden die Untertanen zu einer Gemeinschaft verbunden, wenn sie die Kutsche des Herrschers vorüberfahren sahen. Später unternahmen die europäischen Herrscher Reisen durch ihre Kolonialgebiete, damit die Bewohner der Kolonien ihre Herrscher zu Gesicht bekamen, bevor diese wieder in ihren Palast oder ihr Schloss zurückkehrten, den neugierigen Augen ihrer armen Untertanen entzogen. Dem Volk einen Blick auf den vorüberrauschenden Herrscher zu gewähren war eine Art königlicher Inszenierung.

Die modernen Formen von Bürgerschaft gründeten sich auf ein größeres Maß an gegenseitiger Sichtbarkeit sowohl zwischen den Bürgern und dem Staat wie auch zwischen den Bürgern untereinander. Seit ihren Anfängen in den griechischen Stadtstaaten beinhaltete die bürgerschaftliche Ordnung eine Interaktion, ein Wechselspiel, bei dem sich die Bürger persönlich begegneten, von Angesicht zu Angesicht, in einem öffentlichen Theater, in dem sie ihre Handlungen vollzogen. Dieses Verständnis einer bürgerschaftlichen Ordnung entwickelte sich erstmals im Europa des 18. Jahrhunderts, wo Kaffeehäuser und Salons entstanden, in denen sich das neue (männliche) Bürgertum versammelte, um unter seinesgleichen über die gesellschaftlichen und politischen Angelegenheiten der Zeit zu diskutieren.

In den modernen liberalen Demokratien werden noch wesentlich transparentere Formen des Verhaltens und der Sichtbarkeit vorausgesetzt. Vollzog sich die Kommunikation zunächst in schriftlicher und gedruckter Form, kamen nun der Hörfunk, der Film, das Fernsehen sowie die digitalen und die sozialen Medien hinzu. Diese Transformationen des Kommunikationswesens beeinflussten maßgeblich auch das Ausmaß und die Bedeutung der Geheimhaltung.

Zum einen ermöglichen die neuen Technologien auch eine neuartige Überwachung und Kontrolle der Bürger, wofür im Englischen der Ausdruck *qualculation* gefunden wurde. Dies bedeutet das nahezu unverzügliche Sammeln und Ordnen von abstrakten, numerischen Informationen über die Bürger, vor allem wenn diese in Bewegung sind oder sozialen Aktivitäten nachgehen, wie beispielsweise Einkäufen, Urlaubsreisen, Autofahrten und dergleichen. Dieses Herauslösen privater Handlungen aus dem Bereich des Verborgenen erfolgt häufig automatisch mittels Algorithmen, welche die Bürger sortieren, klassifizieren, kartieren und überwachen.[7]

Zweitens sieht man in der modernen bürgerschaftlichen Ordnung auch die Mächtigen, nicht nur die Machtlosen. Dieses Sichtbarwerden vollzieht sich auf verschiedene Weise. So gibt es das durch Medien vermittelte Sichtbarwerden der Mächtigen, etwa durch das Lesen von Zeitungen oder das Betrachten von YouTube-Videos; sie können auch sichtbar werden, indem sie bei außergewöhnlichen, lange vorbereiteten sportlichen oder politischen Ereignissen anwesend sind oder auch indem sie bei außergewöhnlichen, unerwarteten Ereignissen in Erscheinung treten, wie etwa bei Katastrophen, Rettungsaktionen oder Todesfällen; darüber hinaus kann man »Herrscher« sehen, die in Momenten einer nationalen Krise oder der Krise eines Unternehmens Mitgefühl oder Mitleid zeigen oder aber ein skandalöses, unangemessenes Verhalten an den Tag legen. All dies ist heute sichtbar, wenngleich die Herrschenden und ihre argwöhnischen Ratgeber in der Geschichte fast immer versucht haben, solche Augenblicke der Enthüllung zu vermeiden oder zumindest unter Kontrolle zu behalten.

Diese Angst vor Enthüllung resultiert zum Teil aus dem dritten Element, das hier zum Tragen kommt, dem Skandal.[8] Die Stellung jener Personen, die in Unternehmen oder in Staaten eine leitende Funktion innehaben, beruht auf einem Vertrauen, das erst erworben werden muss. Doch während sie – wie jene gern behaupten, denen ein Skandal das Genick gebrochen hat – viele Jahre benötigten, um sich ihren »guten Namen« zu erarbeiten, brach ihre Welt gewissermaßen »über Nacht« zusammen, als der Skandal sie und ihre bedauernswerten Freunde und Angehörigen hinwegfegte. In einem Skandal wird ein privater regelverletzender Akt einer breiteren Öffentlichkeit enthüllt. Dies geschieht fast immer unter Einbeziehung unterschiedlicher Medien, die heute verstärkt Techniken zur Beobachtung und Überwachung nutzen, die ursprünglich meist von den Geheimdiensten der Regierungen entwickelt worden sind (solche Techniken wurden beispielsweise in jüngster Zeit in Großbritannien von der Murdoch News Corporation eingesetzt). Durch Enthüllungen werden Dinge auf die Bühne gezerrt oder »öffentlich« gemacht, die sich eigentlich hinter den Kulissen oder im »privaten« Bereich abspielen sollen, was schließlich eine ungezügelte Medienhysterie auslösen kann.

Darüber hinaus lassen sich infolge des Entstehens digitaler Welten nur noch wenige Bilder des privaten Lebens dauerhaft »wegschließen«. Es gibt keine echten Geheimnisse mehr, weil sämtliche Handlungen »digitale Spuren« hinterlassen. Außerdem hat der Wettbewerb unter den Massenmedien zur Folge, dass die kleinen Verfehlungen der »Übeltäter« stets aufs Neue vorgeführt werden können und ihre Schmach global sichtbar gemacht werden kann. Sobald die Medien einmal einen Blick »hinter die Kulissen« geworfen haben, werden skandalbehaftete Personen in einem sich fortwährend steigernden Maß bloßgestellt. Skandale besitzen häufig eine alles mitreißende Dynamik, in der jeder Versuch, sich der Schmach entgegenzustemmen, zu einem weiteren Element des Skandals, manchmal sogar zu einem noch größeren Skandal wird.

»Finanzielle« Skandale oder Skandale im Zusammenhang mit »Machtmissbrauch« ereignen sich oft in Momenten, wenn die globalen Medien besondere Wachsamkeit an den Tag legen. Ebenso bedeutsam sind große öffentliche Veranstaltungen, wenn die wichtigsten Repräsentanten einer Firma oder eines Staates öffentlich auftreten und ihr Verhalten gegenüber der Welt deutlich wird. Personen, die viel zu verbergen haben, bemühen sich nach Kräften, solche Situationen zu meiden, und nutzen oft auch ihr Geld oder physische Drohungen, um sich Stillschweigen zu erkaufen oder es zu erzwingen. Später werde ich die Merkmale verschiedener Steuerskandale untersuchen.

Um Skandale zu vermeiden in Augenblicken öffentlicher Sichtbarkeit, errichten Unternehmen zunehmend neue Schranken eines »bewusst gewollten Verbergens«. In diesem Buch werden einige dieser neuartigen Formen der Geheimhaltung dargestellt, vor allem jene, die ganz oder teilweise von den Hauptaktivitäten einer Organisation abgekoppelt sind. Simmel zeigte, wie schon die Geldwirtschaft des späten 19. Jahrhunderts das Verbergen ermöglichte. Doch die Veränderungen, die sich nach 1980 vollzogen, erlauben es den Mächtigen, sich vieler neuer Wege des Verschleierns und Verheimlichens zu bedienen.

Zygmunt Bauman betont, dass ein Element der gegenwärtigen sozialen Schichtung die Möglichkeit des »Entfliehens« ist. Als wesentliche Machttechnik zeichne sich heute, erklärt er, »das Ver- und Entschwinden ab, das Ausbüchsen, das Sich-entziehen, die Verweigerung jeglicher territorialen Beschränkung« und die Möglichkeit, allen potenziellen Zwängen und Skandalen durch »absolute Unzugänglichkeit« zu entfliehen.[9] Es gibt unzählige Beispiele für diese »Möglichkeit des Entfliehens« der Eliten durch das Ausgliedern oder Auslagern bestimmter Aktivitäten von Unternehmen oder Konzernen.

Ian Richardson, Andrew und Nada Kakabadse beschreiben anhand der jährlichen informellen Treffen der Bilderberg-Gruppe die Bedeutung privater, der allgemeinen Öffentlichkeit unzugänglicher Gesprächskreise. Sie zeigen, wie sich wirtschaftliche und politische Netzwerke und Verbindungen zwischen den Eliten im Rahmen »geheimer«, vertraulicher Gespräche bilden können, die charakteristisch sind für solche Zusammenkünfte der »Reichen«.[10] Da solche Eliten stetig weiterziehen und sich räumlich verteilen, hinterlassen sie »Platzhalter«, welche die hergestellten Verbindungen weiter fördern. In Kapitel 5 werden wir noch andere Arten von informellen Zusammenkünften an Urlaubs- und Erholungsorten kennenlernen, die dazu dienen, die starken und oftmals auch geheimen Verbindungen zwischen den Angehörigen der Elite zu festigen.

William Brittain-Catlin vertritt darüber hinaus die Auffassung, dass die Angehörigen der heutigen Bourgeoisie sich verstärkt wie Kriminelle verhalten, sich an geheimen Orten verstecken, Spuren verwischen und ihre Freiheit verteidigen, im Verborgenen Geld zu verdienen. Zu den gegenwärtigen Tendenzen der Offshore-Verlagerung schreibt er: »Reichtum wird vor Entdeckung geschützt durch Mechanismen, welche die Identität der Eigentümer oder ihre Spuren unkenntlich machen«.[11] Tatsächlich gibt es vielfache Überschneidungen und Verbindungen zwischen legalem und illegalem Geld und allgemeineren sozialen Praktiken. Brittain-Catlin spricht vom zunehmend unterschiedslosen Charakter von »unternehmerischem, privatem und kriminellem Reichtum«.[12] Das Offshore-System gewährt Schutz für Gewinne aus organisiertem Verbrechen und aus Finanzkriminalität, aber auch für Geldwäscher und korrupte Staatspräsidenten, die Vermögenswerte aus ihrem Land geschafft haben. Dies deckt sich im Wesentlichen auch mit David Graebers These, dass Raub und Verbrechen den Kern der globalen Anhäufung von Reichtum bilden. Geld leite sich, so erklärt er, aus Unterwerfung und Erpressung her.[13]

Nun möchte ich mich dem so genannten Neoliberalismus zuwenden, in dem die vielfältigen Praktiken und Modelle der Offshore-Verlagerung zu einem zentralen Bestandteil eines breiter angelegten Klassenkampfes wurden.

Neoliberalismus

Im April 1947 trafen sich in der Schweiz, jenem Land, das seit Langem und auch heute noch in gewisser Weise die bedeutendste Steueroase der Welt ist, auf Einladung eines leitenden schweizerischen Bankmitarbeiters mehrere Wirtschaftswissenschaftler am Mont Pèlerin am Genfer See.

Auf diesem Treffen, das von dem liberalen österreichischen Ökonomen Friedrich von Hayek organisiert worden war, dem Autor des Bestsellers *Der Weg zur Knechtschaft*,[14] sollte über eine Wiederbelebung des Liberalismus nach dem Zweiten Weltkrieg diskutiert werden. Diese Zusammenkunft wie auch die Gründung der Mont Pelerin Society, die von Schweizer Banken finanziell unterstützt wurde, bereiteten den Boden für eine Gegenbewegung gegen die zu dieser Zeit vorherrschende keynesianische Wirtschaftslehre des Staatsinterventionismus, wozu auch der amerikanische New Deal gehörte.[15] Der Kampf gegen den Keynesianismus wurde auf weiteren nicht-öffentlichen Tagungen der Gesellschaft vorangetrieben.

Ihr großer Gegner war John Maynard Keynes, dessen Ideen im Gefolge des Börsenkrachs von 1929 und der sich anschließenden Weltwirtschaftskrise der dreißiger Jahre großen Einfluss erlangt hatten. Die Entwicklungen und Ereignisse dieser Zeit überzeugten viele Menschen von den Vorzügen steuerfinanzierter Staatsausgaben und gewisser Formen von staatlicher Planung und förderten die Vorstellung, dass es ein kollektives nationales Interesse gebe, das sich unterscheidet von den Interessen der Individuen und der Unternehmen. Es setzte sich weitgehend die Auffassung durch, dass wirtschaftliche Systeme nicht aus sich heraus Arbeitslosigkeit und Wirtschaftskrisen überwinden können. Keynes schrieb: »Die Volkswirtschaft macht es sich zu leicht und macht ihre Aufgabe zu wertlos, wenn sie in stürmischen Zeiten uns nur sagen kann, daß, nachdem der Sturm lang vorüber ist, der Ozean wieder ruhig sein wird«.[16] In den dreißiger Jahren waren mehrere stürmische Zeiten aufeinandergefolgt, und so konnte man nicht mehr mühelos in einen ruhigen Ozean zurückkehren. Laut Keynes sind Volkswirtschaften keine sich selbst regulierenden Systeme, die automatisch ein Gleichgewicht wiederherstellen.

An diesem schicksalhaften Treffen am Mont Pèlerin im April 1947 nahm auch Milton Friedman teil, der später zusammen mit anderen jene politische Strömung maßgeblich prägte, die heute vielfach als »Neoliberalismus« bezeichnet wird. Ab den siebziger Jahren wurde dieser Neoliberalismus, der sich auf Ideen stützte, die von der Mont Pelerin Society in ihrer Auseinandersetzung mit dem Keynesianismus erstmals propagiert wurden,[17] zur vorherrschenden Lehre in der Volkswirtschaft wie auch in vielen sozial- und wirtschaftspolitischen Konzepten. Die neoliberale Doktrin und Praxis wurde maßgeblich von einer von Milton Friedman geprägten Forschungsgruppe an der Volkswirtschaftlichen Fakultät der Universität Chicago entwickelt. Bis zum Jahr 2000 waren 25 Minister der US-Regierung und mehr als ein Dutzend amerikanische Zentralbankgouverneure aus dieser Chicagoer Schule hervorgegangen.

Der Keynesianismus wurde herausgefordert von einem transatlantischen Netzwerk aus Denkfabriken, Unternehmern, Ökonomen, Politikern und Journalisten, das sich der Förderung der freien Marktwirtschaft verschrieben hatte. William K. Carroll benennt mehrere transnationale Organisationen, die entschieden darauf hinwirkten – häufig im Verborgenen –, die wirtschaftlichen, sozialen und politischen Bedingungen für eine globale Ausbreitung des Neoliberalismus zu schaffen: die in Paris ansässige Internationale Handelskammer, die jährliche Bilderberg-Konferenz, die Trilaterale Kommission, das Weltwirtschaftsforum in Davos und das World Business Council for Sustainable Development.[18] Jene Personen, die Stedman Jones die neoliberalen »Herrscher des Universums« nennt, begannen im letzten Teil des 20. Jahrhunderts im Verborgenen das wirtschaftliche, politische und soziale Leben zu verändern und diese Veränderungen auch dauerhaft abzusichern.[19]

Der zunehmend an Einfluss gewinnende Neoliberalismus betonte die Bedeutung des privaten Unternehmertums, des Privateigentums, der freien Märkte und der Befreiung des Handels von Restriktionen und Hemmnissen. Diese Ziele sollten durch Deregulierung privater Aktivitäten und Unternehmen erreicht werden, durch die Privatisierung ehedem »staatlicher« oder »kollektiver« Dienstleistungen, durch Steuersenkungen, Schwächung der kollektiven Zusammenschlüsse von Arbeitern und Angestellten sowie durch die Schaffung von Bedingungen, die dem Privatsektor neue Quellen für gewinnträchtige Aktivitäten erschließen.

Insbesondere schränkt der Neoliberalismus die umverteilende Rolle des Staates ein und reduziert die Notwendigkeit der Besteuerung, um – so die Argumentation – das Verhältnis zwischen dem »bösen« Staat und dem »guten« Markt wieder ins Lot zu bringen. Nach Ansicht der Neoliberalen sind Staaten den Märkten unterlegen, wenn es darum geht »zu erraten«, welche Maßnahmen ergriffen werden müssen. Staaten seien grundsätzlich ineffizient und ließen sich leicht durch private Interessengruppen vereinnahmen. Die Märkte dagegen, so wird angenommen, tendieren von sich aus zu einem Gleichgewicht, wenn keine unnatürlichen Kräfte oder Einflüsse auf sie einwirken. Der Neoliberalismus stellt die Marktbeziehungen über alle anderen Arten von Verbindungen zwischen Menschen. Der »Markt« ist der Ursprung für Wohlstand und Tugendhaftigkeit. Mängel und Missstände in Märkten gelten als das Ergebnis unvollkommener Märkte.

Nichtsdestotrotz spielen Staaten eine wichtige Rolle im Rahmen eines neoliberalen Umbaus. Zum einen sind sie notwendig für die Schaffung der materiellen Infrastruktur, die neuartige Geschäftsfelder für Privatunternehmen schafft, wie etwa kreditfinanzierte Immobilienentwicklungsprojekte, die man in Angriff nehmen kann, wenn Straßen, Bahnlinien, Häfen, Flugplätze, Abwasserentsorgungssysteme und Stromnetze vom Staat bereits errichtet und bereitgestellt worden sind.[20]

Zum anderen kommt Staaten eine entscheidende Funktion bei der Beseitigung »unnatürlicher« Kräfte zu – jener Regelwerke, Vorschriften und Lebensformen, die das Wirtschaftswachstum durch Beschränkungen der Handlungsfreiheit des privaten Sektors behindern sollen. Diese »Freiheit des Marktes« wird von den Staaten häufig durch eine »Schockbehandlung« hergestellt, die es erfordert, eine »Krisensituation« herbeizuführen, auf die man reagieren muss. Dann macht der Staat reinen Tisch und setzt im Schnellverfahren marktwirtschaftliche Lösungen durch.[21] Naomi Klein schrieb dazu: »Die Anhänger der Schockstrategie sind davon überzeugt, dass nur ein großer Umbruch – eine Überschwemmung, ein Krieg, ein Terroranschlag – ihnen die riesige saubere Leinwand liefern kann, nach der sie sich sehnen. In diesen gestaltbaren Augenblicken [...] krempeln diese Künstler des Realen die Ärmel hoch und beginnen mit ihrem Neuaufbau der Welt«.[22] Jacob Hacker und Paul Pierson zeigen anhand vieler Beispiele, wie amerikanische Unternehmen und teilweise im Verborgenen wirkende Denkfabriken in den siebziger Jahren daran arbeiteten, den amerikanischen Staat gewissermaßen »neu zu starten«, um dadurch die neoliberale Agenda eines »Neuaufbaus der Welt« umzusetzen.[23]

Sehr wichtig waren dabei die Methoden, mit deren Hilfe der Neoliberalismus die »Akkumulation durch Aneignung« verwirklichen konnte, insbesondere die Aneignung von Rechten und Vermögenswerten, die früher als gemeinschaftliches Eigentum gegolten hatten.[24] Es gibt zahlreiche Beispiele für die häufig im Verborgenen vollzogene Enteignung von Gemeingütern: die Vertreibung von Bauern von ihrem Land, die Privatisierung gemeinschaftlicher Eigentumsrechte, der Raub indigener Nutzungsrechte und ihre Umwandlung in private Geschäftsgelegenheiten,

Abgaben aus Patenten, die Umwandlung allgemeinen Wissens in geistiges »Eigentum«, der Verkauf oder die Ausgliederung von Aufgaben der Daseinsvorsorge durch Staaten, die Untergrabung der Rechte von Gewerkschaften sowie die Entwicklung neuer, weniger regulierter Instrumente und Verfahren, durch die Einkommen und Rechte in den Finanzsektor geleitet und produktiveren Aktivitäten vorenthalten werden.

Im Zuge der umfassenden Enteignung von Gemeingütern haben sich neoliberale Deutungsmuster »in den ›gesunden Menschenverstand‹ eingeschlichen [...], mit dem viele Menschen ihr Alltagsleben und das Funktionieren unserer Welt wahrnehmen und interpretieren«.[25] Eine Folge dieser vielfältigen »Enteignungen« war eine Zunahme der Ungleichheit innerhalb vieler Gesellschaften sowie im globalen Rahmen und damit auch eine Stärkung jener mächtigen Interessen, denen daran gelegen ist, die Grundlagen der ungleichen Einkommens- und Vermögensverteilung zu sichern und auszudehnen.[26] Die Verlagerung in Offshore-Zonen ist ein entscheidendes Mittel zur Durchsetzung dieser Interessen. Und diese Ungleichheiten sind von großer Bedeutung. Der Zugang zu wichtigen »Dienstleistungen« ist abhängig vom Einkommen und vom Wohlstand eines Menschen, und je ungleicher diese sind, umso geringer ist die Chance, dass die Menschen sich als gleich betrachten. Darüber hinaus verdrängt die Durchdringung der Gesellschaft durch den Markt viele andere Gründe, die Menschen zum Handeln veranlassen können, wie etwa Hilfsbereitschaft, Pflichtbewusstsein und Gemeinschaftsgefühl. Der Neoliberalismus widerspricht ernsthaft Michael J. Sandels Forderung, dass es »moralische Grenzen für die Märkte« geben solle.[27]

Eine Reihe von Prozessen hat diesen zerstörerischen Einfluss des Marktes ermöglicht. Banken und Finanzinstitutionen wurden als Teil des Marktes betrachtet, der einer weniger starken Regulierung unterworfen sein solle. In vielen Ländern wurde die Unterscheidung zwischen Geschäfts- und Investmentbanken aufgehoben durch eine Lockerung der Kreditvergaberichtlinien und die Entwicklung von Geschäftsmodellen, die Schulden in

Produkte umwandeln. Der Wettbewerb unter den Banken wurde gefördert durch eine Bonuskultur, die Verschuldung und das Eingehen gefährlicher Risiken belohnte. Hedgefonds schossen aus dem Boden. Devisenkontrollen wurden weitgehend abgeschafft. Mit Ausnahme einiger Volkswirtschaften im Übergangsstadium haben Regierungen und internationale Institutionen wie die Weltbank die meisten Kapitalverkehrskontrollen aufgehoben, welche die freie Konvertierbarkeit der heimischen und der ausländischen Währungen behinderten. Bezeichnenderweise war die Abschaffung der Devisenbewirtschaftung eine der ersten Maßnahmen, die 1979 in Großbritannien von der neu ins Amt gekommenen Regierung Thatcher ergriffen wurden, die anschließend viele weitere Arten von Regulierungen abbaute.

Die Entstehung der in den folgenden Kapiteln dargestellten Offshore-Welt wurde maßgeblich gefördert durch die unregulierte Bewegung von Kapital über nationale Grenzen hinweg, und zwar in einer Größenordnung, welche die Budgets der Nationalstaaten weit überstieg. Der Neoliberalismus schuf Mittel und Wege, um die Macht und die Handlungsfähigkeiten der immer weiter wachsenden Konglomerate privaten und unternehmerischen Reichtums zu vergrößern, die zunehmend in geheimen, abgeschotteten Jurisdiktionen angesiedelt wurden. »Offshoring« ist ein untrennbarer Bestandteil des außerordentlich erfolgreichen wirtschaftlichen und gesellschaftlichen Umbaus, den der Neoliberalismus in den vergangenen Jahrzehnten ins Werk gesetzt hat.

3. Arbeit

Formen der Arbeitsteilung

In den beiden vorhergehenden Kapiteln wurde dargestellt, wie sich ein gesellschaftliches Modell herausbildete, das durch die Verlagerung von Volkswirtschaften, Menschen und Orten in Offshore-Zonen charakterisiert ist. Durch das Offshore-System werden oftmals randständige oder abgelegene Örtlichkeiten grundlegend umgewandelt. Die Zunahme der Offshore-Verlagerung ist nicht zufällig oder günstigen Gelegenheiten geschuldet, sondern ein zentraler Bestandteil der sich internationalisierenden Weltwirtschaft und ihres neoliberalen Umbaus. In diesem Kapitel sollen nun die Veränderungen der Standorte und der Formen des verarbeitenden Gewerbes untersucht werden.

Bis ins 18. Jahrhundert hinein wurden in Europa und Nordamerika die meisten Industriegüter durch spezialisierte Arbeitskräfte hergestellt, die in ortsansässigen Fabriken tätig waren und Materialien aus der Region verwendeten. Zu diesen Fachkräften gehörten beispielsweise Eisengießer (Eisenwaren), Schmiede (Metallerzeugnisse), Binder (Fässer), Schuster (Schuhe) und so weiter. Weder die für die Herstellung benötigten Rohstoffe noch die fertigen Erzeugnisse wurden über größere Entfernungen transportiert, auch die Arbeitsteilung war im Allgemeinen noch nicht stark ausgeprägt, abgesehen von der Arbeitsteilung zwischen den vorwiegend männlich bestimmten Handwerksberufen.

Der Übergang zur industriellen Fertigung, der im späten 18. Jahrhundert in England einsetzte, hatte zur Folge, dass diese Handwerkszünfte an Bedeutung einbüßten. Die Arbeiter legten in großer Zahl beträchtliche Entfernungen zurück, um in den entstehenden »dunklen Teufelsmühlen« der Werkstätten und Fabriken zu arbeiten, die mit Kohle und im 20. Jahrhundert schließlich mit elektrischem Strom betrieben wurden.

Die industrielle Fertigung beruhte auf einer neuartigen Verbindung zwischen Arbeitern und Maschinen, die mit routinisierten Abläufen und Montageverfahren einherging. Die Arbeit wurde wesentlich komplexer, was erstmals 1776 von dem politischen Ökonomen Adam Smith beschrieben wurde, der die Arbeitsteilung in einer Nadelfabrik untersuchte.[1] Er zeigte auf, wie sich die Herstellung von Nadeln in ungefähr 18 verschiedene Arbeitsvorgänge aufteilen lässt, die in manchen Fabriken jeweils von anderen Arbeitskräften ausgeführt wurden. Die daraus resultierende Arbeitsteilung verschaffte jenen Fabriken, die eine Vielzahl von Produkten herstellten, beträchtliche Kostenvorteile durch steigende Produktionsmengen. Die Rohstoffe und die fertigen Erzeugnisse wurden dann häufig mit Kanalschiffen und später mit der Dampfbahn über weite Entfernungen transportiert.

Im 20. Jahrhundert beförderte man die Rohstoffe und die fertigen Produkte mit Lastkraftwagen über die Straßennetze, die in Nordamerika, in Westeuropa und schließlich auch in den meisten anderen Weltregionen mehr und mehr ausgebaut wurden. Viele Firmen verarbeiteten Rohstoffe, die aus den Kolonialgebieten stammten, die insbesondere im 19. Jahrhundert stark ausgedehnt wurden. Diese Materialien wurden auf neu gebauten, mit Öl betriebenen Dampfschiffen herbeigeschafft und zu gewerblichen Erzeugnissen verarbeitet, die in manchen Fällen wieder zurückverkauft wurden an die Kolonialbevölkerung.

Ab den sechziger Jahren hielten die komplexe Mechanik und die Computertechnik Einzug in die Fabriken und brachten automatisierte Massenproduktionsverfahren hervor, die es den Industriellen ermöglichten, die Facharbeitskräfte zunehmend durch standardisierte und mechanisierte Fertigungsstraßen zu ersetzen. In der großen Zeit von Detroit, ehemalige Hauptstadt der Automobilherstellung und Modell für die Fabrikautomation, wurde die computergesteuerte Massenproduktion unter Einsatz von automatisierten Montagelinien in immer größeren Betrieben konzentriert. Diese großen amerikanischen Konzerne (und die vergleichbaren Unternehmen in Europa) organisierten die Produktion, die Beschäftigung sowie Marketing und Vertrieb, kümmerten sich aber auch um die Gesundheits- und die Altersversorgung der Mitarbeiter. Sie beschäftigten eine Stammbelegschaft, die den größten Teil ihres Arbeitslebens in diesen vertikal integrierten Unternehmen verbrachte. Diesen überwiegend männlichen Mitarbeitern und deren Familien boten sie umfassende Sozialleistungen (durch das so genannte Familieneinkommen).[2] Solche großen, relativ stabilen Unternehmen, die zu niedrigen Kosten Industriegüter produzierten, waren ein Kernbestandteil jenes Systems, das Lash und Urry als »organisierten Kapitalismus« bezeichneten.[3]

Doch im Zuge der »Desorganisation« des westlichen Kapitalismus ab Ende der siebziger Jahre, die zuerst in den USA einsetzte, fragmentierten sich die amerikanischen Industriekonzerne schrittweise. Die Eigentümerstrukturen wurden verstärkt durch Finanzinstitutionen bestimmt, denen es hauptsächlich um eine kurzfristige Steigerung des Shareholder Value ging. Die Zahl der großen Industriekonzerne halbierte sich in den vergangenen zwanzig Jahren.[4] Unternehmenskulturen, in denen der Stammbelegschaft großzügige Zusatzleistungen gewährt wurden, waren nicht mehr die Regel. Richard Sennett und andere beklagten, dass diese neuartige Wirtschaftsform die Verbundenheit der Mitarbeiter mit der Firma schwächte.[5]

Zugleich verlagerte sich die amerikanische Industrie zunehmend vom »Rust Belt« in die Staaten des »Sun Belt«, vom Industriegürtel im Nordosten in den »Sonnengürtel«, das Gebiet südlich des 37. Breitengrades in den USA. Neue Hightechindustrien wurden im Süden und im Westen des Landes aufgebaut. Viele Branchen und Städte im Rust Belt erlebten einen dramatischen wirtschaftlichen Niedergang. Ähnliche Verlagerungen vollzogen sich auch in anderen entwickelten Volkswirtschaften, weg von den früheren Zentren der verarbeitenden Industrie. Vor allem der Aufstieg und Niedergang von Detroit, der einstigen »Auto-Hauptstadt« der Welt, symbolisiert diesen dramatischen Wandel. Die Bevölkerung der Stadt sank von ehedem zwei Millionen auf nunmehr noch 750.000, und im August 2013 musste die Stadtverwaltung ihre Zahlungsunfähigkeit erklären – eine Entwicklung, die bereits in dem Film *Robocop* von 1987 vorgezeichnet worden war.[6]

Dies hatte zum Teil mit der Verlagerung großer Bereiche der Fertigung in Billiglohn-Länder zu tun, in denen die Arbeitskräfte nicht gewerkschaftlich organisiert waren, es weniger Regulierungen gab, niedrigere Steuersätze galten und häufig auch Sonderwirtschaftszonen eingerichtet worden waren. Diese Entwicklung wurde auch als die »neue internationale Arbeitsteilung« bezeichnet.[7] Da die Technologie immer komplexer wurde, bedeutete die Verfügbarkeit billigerer Arbeitskräfte im globalen Süden, dass Teile des Produktionsprozesses ins Ausland verlagert werden konnten. Der Einzug der Digitaltechnik in die industrielle Fertigung ermöglichte ein höheres Maß an Präzision, Effizienz und Geschwindigkeit.

Ein großer Teil der industriellen Arbeit wurde in Länder verlegt, in denen Fließbandarbeiter zu geringen Löhnen verfügbar waren, örtliche Energie eingesetzt werden konnte, in der Regel Kohle, und wo die Umweltkosten von den betreffenden Ländern übernommen wurden. Diese Offshore-Verlagerung der industriellen Fertigung war von entscheidender Bedeutung für den wirtschaftlichen Aufschwung der so genannten BRICS-Staaten (Brasilien, Russland, Indien, China und Südafrika). Zugleich blieben die Firmenzentralen meist im globalen Norden. Von dort steuerten und kontrollierten sie diese ausgelagerten und weit entfernten Produktionsprozesse mittels neuer Kommunikationstechnologien und digitalisierter Netze, durch gelegentliche Besuche per Flugzeug und mittels der Verschiffung der benötigten Bauteile und der fertigen Erzeugnisse.

Alan Blinder untersuchte, wie diese ausgelagerte Produktion zur »nächsten industriellen Revolution« werden konnte.[8] Seiner Ansicht nach ist dieser Prozess ebenso bedeutsam wie frühere Veränderungen ganzer Volkswirtschaften, wie etwa der Übergang von der Landwirtschaft zur Industrie oder von der Industrie zur Dienstleistungsgesellschaft. Er betrachtet diese Verlagerung in Offshore-Zonen als einschneidende Veränderung. Auch Walter und Dorothy Diamond schrieben schon 1998 vorausschauend, das kommende Jahrhundert werde das »Jahrhundert des Off-shore-Investierens« sein.[9]

In Blinders Werk und auch in vielen nachfolgenden Diskussionen wurde die Entwicklung von Offshore-Strukturen aus dem Blickwinkel des reichen Nordens betrachtet, und es wurde untersucht, wie sich die Verlagerung insbesondere von industrieller Arbeit auf den globalen Norden auswirken würde. Besondere Aufmerksamkeit fand die Frage, wie in der Industrie der alten Welt und neuerdings vermehrt auch in den Dienstleistungsbranchen Arbeitsplätze »verlorengingen«, weil vermehrt Arbeitskräfte in den Entwicklungsländern beschäftigt wurden, manchmal in wenig regulierten Sonderwirtschaftszonen. Manche Kommentatoren bezeichnen diese Form der Auslagerung von Arbeit als »ungerecht«, sowohl gegenüber den Beschäftigten, die häufig unter ausbeuterischen und gefährlichen Bedingungen arbeiten müssen, als auch gegenüber den Volkswirtschaften des Nordens, die dadurch einem »unfairen Wettbewerb« ausgesetzt werden, der zu wirtschaftlichem Niedergang führt.

Andere Beobachter verstehen die Offshore-Verlagerung als einen Beleg für die Theorie der komparativen Kostenvorteile, wonach jede Volkswirtschaft sich auf jene Aktivitäten spezialisieren soll, bei denen sie einen ökonomischen Vorteil besitzt. Dies veranlasst die einzelnen Volkswirtschaften dazu, in bestimmten Bereichen Schwerpunkte zu setzen, und am Ende profitieren davon alle Gesellschaften durch eine Steigerung des globalen Einkommens. Dahinter steht die Auffassung, dass der freie Handel mit Gütern und Dienstleistungen allen Ländern wirtschaftliche Vorteile bringt, sobald entsprechende Anpassungen stattgefunden haben.[10]

Es besteht kaum Zweifel, dass die Offshore-Verlagerung im Laufe der vergangenen Jahrzehnte zu einem beträchtlichen Verlust von Arbeitsplätzen in den entwickelten Gesellschaften geführt hat. Dies resultiert aus drei unterschiedlichen Dimensionen dieser Verlagerung, die oft nur unzureichend auseinandergehalten werden. Zum einen gibt es den spezifischen Export von Jobs, üblicherweise weil die Arbeit in einem anderen Land aus verschiedenen Gründen »billiger« ist. Dies beinhaltet die »direkte Substitution« von Arbeitsplätzen, vor allem von Arbeitsplätzen in der »industriellen Fertigung«, nicht aber jener im Management oder in der Forschung, die »zu Hause« bleiben in den entwickelten Ländern. Ein Beispiel dafür aus Großbritannien ist die Firma Dyson, ein Weltmarktführer auf dem Gebiet innovativer Staubsauger. Im Jahr 2002 begann Dyson seine Produktion nach Malaysia zu verlagern, während das Management und die Forschungsabteilung im britischen Wiltshire blieben.[11] Dyson versteht sich aber nach wie vor als »britisches« Unternehmen und wird von der Regierung auch als solches behandelt.

Zum Zweiten gibt es die »indirekte Substitution«. Diese erfolgt durch den Aufbau von Fabriken oder Dienstleistungszentren in anderen Teilen der Welt, die zur selben Branche gehören, im Laufe der Jahre aber erfolgreich mit den teurer produzierenden Fabriken oder Zentren in den entwickelten Ländern konkurrieren. Der Aufstieg der Automobilproduktion in China veranschaulicht dies sehr deutlich, und China ist heute sogar der größte Automarkt der Welt.[12] Im Zuge der Verlagerung der Autoproduktion in den »Osten« verdrängen heute chinesische Autohersteller zunehmend westliche Autokonzerne aus vielen Märkten der Welt, mit Ausnahme des US-amerikanischen. Dies folgt dem erfolgreichen Aufstieg der Autohersteller in Japan und insbesondere von Toyota zum weltweit größten Autoproduzenten.[13]

Die dritte Art beruht auf der Entwicklung neuer Produkte und Dienstleistungen, durch die im Laufe längerer Zeiträume Branchen und Arbeitskräfte ersetzt werden, die ursprünglich in den Industrieländern angesiedelt waren. Die Wirtschaftsgeschichte wird zum großen Teil durch das Aufkommen neuer gesellschaftlich-technischer Systeme bestimmt, die auf meist komplexe Weise bestehende Firmen, Systeme und Belegschaften ersetzen. Ich bezeichne dies als »Systemsubstitution«, und als Beispiel dafür kann das weltweite Wachstum der neuen »Branche« der Internet-Downloads seit Beginn der neunziger Jahre dienen, die zum langfristigen Niedergang der Musikgeschäfte und auch vieler Postdienste führte. Ein neues System der Kommunikation verdrängte ein älteres, wodurch sich die globale Verteilung von Produktion und Arbeit auf dem Gebiet der Liefer- und Zustelldienstleistungen veränderte. Durch die Offshore-Verlagerung bestimmter Anliefersysteme wurde die direkte Zustellung per Post an die individuelle Adresse des Konsumenten überflüssig. Die meisten Postdienstleister in den entwickelten Ländern befinden sich aufgrund dieser Entwicklung und der damit verbundenen Substitutionen in ernsten wirtschaftlichen Schwierigkeiten.

Containerisierung

Der Frachtcontainer hat den Transport von Industriegütern rund um die Welt deutlich verbilligt. Diese kleine Innovation hat im Zusammenhang mit der Fragmentierung der großen Konzerne dazu geführt, dass Güter und Bauteile heute wesentlich größere Entfernungen zurücklegen. Die weltweite Containerflotte umfasst gegenwärtig ungefähr 5.000 Schiffe.[14] Containerschiffe können gegenwärtig bis zu 16.000 Container befördern, doch die größte Containerschiff-Reederei der Welt, die dänische Maersk Line, lässt bis 2015 eine Serie von Schiffen der Triple-E-Klasse bauen. Diese neuen Schiffe, die den weltweit größten Containerschiffstyp darstellen, können jeweils 18.000 Container transportieren, sollen zwanzig Stockwerke hoch sein und so breit wie eine achtspurige Autobahn; sie zu entladen wird vier bis fünf Tage in Anspruch nehmen, und sie werden aufgrund ihrer Größe in die meisten bestehenden Containerhäfen nicht einlaufen können, so dass man diese wird umbauen müssen.[15]

Die Frachtcontainer, die sich leicht auf Schiffe, Zugwaggons und Lastwagen verladen lassen, haben für viele Güter die Transportkosten minimiert, die wirtschaftliche Landkarte der Welt neu gezeichnet und dafür gesorgt, dass heute die meisten Dinge überall den Verbrauchern zur Verfügung stehen, die sie sich leisten können. Mehr als 90 Prozent des weltweiten Frachtaufkommens zur See wird von diesen Containerschiffen abgewickelt, die wie langsam sich vorwärtsbewegende Gebäude erscheinen. Fast alle auf der Welt produzierten Güter werden in solchen genormten Containern befördert, insbesondere Industrieerzeugnisse. Allan Sekula erläutert, wie »der Frachtcontainer, eine amerikanische Erfindung aus den fünfziger Jahren [...], zum Totenschrein der Macht der Arbeiter wurde und den versteckten Beweis für die Ausbeutung in den entlegenen Winkeln der Erde erbringt«.[16] In der Zeit des billigen Erdöls beherrschte der technisch sehr einfach strukturierte Container die Weltmeere.

Der Standardcontainer, auch als Zwanzig-Fuß-Container [Twenty-foot-Equivalent UNIT (TEU)] bezeichnet, ist somit ein grundlegender Bestandteil eines größeren soziotechnischen Systems. Diese Totenschreine der Arbeit bestimmen die globale Produktion, die Konsumtion, die Versorgung, die Investments, die Ungleichheit sowie Status und Wohlstand. Als eine schützende Hülle um die Erzeugnisse, die überwiegend vom reichen Norden konsumiert, aber im globalen Süden hergestellt werden, haben Containerschiffe die bislang umfassendste Bewegung materieller Dinge in der Menschheitsgeschichte ermöglicht. Wir leben heute alle gewissermaßen in einer containerisierten Welt.

Zu diesem »System« gehören die Güter, die Schiffe, die Containerhäfen und billiges Erdöl.[17] Es ist abhängig von Skaleneffekten, von niedrigen Energiekosten und Umweltstandards, häufig auch von unregulierten Arbeitsmärkten hauptsächlich in den Entwicklungsländern. Massenproduktion durch schlecht bezahlte und allgemein nur gering qualifizierte Arbeitskräfte im globalen Süden ist untrennbar mit Massenkonsum im globalen Norden verbunden. Diese Verbindung wird durch die langsame, doch stetige Bewegung dieser riesigen »Container der Wünsche« über die Weltmeere hergestellt.

Die Container sind zum größten Teil mit Erzeugnissen aus Ostasien beladen, die für den Rest der Welt bestimmt sind, der dem Walmart-Modell folgt. Dieses beruht auf dem computerisierten Management ausgedehnter Lieferketten, die mit einer außerordentlichen Vielfalt von Bestandteilen und Produkten verknüpft sind.[18] Containerschiffe sind ständig in Bewegung auf bestimmten Routen zwischen einigen wenigen riesigen Häfen, die gewöhnlich ein Stück weit entfernt liegen von den Zentren der Städte und von gewerkschaftlichen Organisationen. Die größten Containerhäfen der Welt – Shanghai, Singapur, Hongkong und Shenzhen – befinden sich allesamt in Asien.

Freihandel

Von zentraler Bedeutung für das Entstehen eines Offshore-Systems ist auch das Konzept des Freihandels, das durch den allgemeinen Abbau von Handelshemmnissen einen freieren Handel zwischen den Ländern ermöglichen soll. Diese Vorstellung bildete auch ein Schlüsselelement des Neoliberalismus und jenes Systems globaler politischer Steuerung, das im vergangenen Jahrhundert die westliche Vorherrschaft durch eine umfassende Liberalisierung des Welthandels zu stabilisieren versuchte. Die Verlagerung von Arbeit entwickelte sich teilweise im Gefolge des Abbaus zahlreicher Handelsschranken.

Eine entscheidende Rolle dabei spielten die USA, die stärkste Volkswirtschaft der Welt, die maßgeblich vom Rohstoff Öl abhängig ist. Erdöl liefert mehr als 95 Prozent der vom Transportwesen verbrauchten Energie und hält damit die Welt am Laufen. Globalisierung und Offshore-Verlagerung sind undenkbar ohne diesen preisgünstigen und im Überfluss vorhandenen Rohstoff, der zunehmend den Freihandel schmiert, den man vielleicht besser als »kohlendioxidreichen« Handel bezeichnen sollte.[19]

Die Freihandelsdoktrin wurde allerdings oft nicht »freiwillig« gewählt; sie wurde in vielen Fällen den anderen Ländern von den USA oder der EU aufgezwungen, wenn sie ihren Interessen dienlich war. Sie ist häufig Bestandteil des so genannten Washingtoner Consensus, eines wirtschaftspolitischen Konzepts, das den Welthandel in den vergangenen beiden Jahrzehnten bestimmte.[20] Alle wertvollen Rohstoffe, die irgendwo auf der Welt vorkommen, sollen nach dem Willen der USA dem Meistbietenden zur Verfügung stehen und in US-Dollar bezahlt werden; außerdem sollen Handelsbeschränkungen und -kontrollen abgebaut werden.

Darüber hinaus haben sich die USA zahlreiche Klientelstaaten herangezogen, insbesondere durch ihre globale Militärpräsenz, die sich durch Hunderte von Militärbasen in allen Teilen der Welt manifestiert. Dies ermöglichte es den USA und ihren Verbündeten, bei Bedarf den freien Handel durchzusetzen. In Bezug auf den Freihandel finden keine großen demokratischen Debatten statt. Außerdem versuchen die USA Regime zu destabilisieren, die nicht hinter dem Washingtoner Consensus stehen.

Die USA führen zudem Handelskriege, wenn sie bestimmte Erzeugnisse amerikanischer Hersteller in anderen Ländern absetzen wollen. Ein Beispiel dafür sind die gegenwärtigen Bemühungen, die europäischen Verbraucher gegen den Widerstand der noch immer mächtigen Europäischen Union dazu zu bewegen, genveränderte Lebensmittel zu akzeptieren und konsumieren.[21]

Kevin Casas-Zamora weist darauf hin, dass der Handel dort am freiesten ist, wo entwickelte Volkswirtschaften über große komparative Vorteile verfügen. Wesentlich weniger frei ist der Handel auf dem Gebiet der Landwirtschaft, wo in den entwickelten Ländern mit hohen Subventionen gearbeitet wird, um bestimmte Produkte und Nahrungsmittel hier erzeugen zu können, was häufig zu Lasten der kleineren Produzenten in den Entwicklungsländern geht. Freihandel kann auch dort nicht stattfinden, wo geistige Erzeugnisse durch rechtliche Vorschriften streng geschützt werden.[22] Diese Art von »Freihandel« hat also sehr viel mit Heuchelei zu tun.

Prozesse der Auslagerung von Arbeit

Legt man diese beiden Faktoren zugrunde – ausgedehnte Lieferketten und Freihandel –, stellt sich die Frage, wie die Offshore-Verlagerung von Arbeit praktisch vonstattengeht. In der Wirtschaftsliteratur wird gewöhnlich zwischen handelbaren und nicht-handelbaren Erzeugnissen unterschieden, was sich teilweise mit der Unterscheidung zwischen Industrie und Dienstleistungssektor überschneidet. Doch diese Unterscheidungen erodieren, was zur Folge hat, dass immer mehr Arbeit nach draußen verlagert wird.

Die zunehmende Tendenz zur Auslagerung von Arbeit hat zweierlei Ursachen. Zum einen wurden in vielen Entwicklungsländern im Zuge der Förderung des Freihandels Sonderwirtschaftszonen eingerichtet, die durch Anreize wichtige Industriezweige und Dienstleistungsbereiche (insbesondere Gesundheit und Ausbildung) aus dem Ausland anzuziehen versuchen. Der Ausbau dieser Sonderwirtschaftszonen wurde in den siebziger Jahren durch einen Plan der UNO gefördert. Diese Sonderwirtschaftszonen galten üblicherweise nicht als Teil des Territoriums ihres Heimatstaates, sondern als eine Art Parastaat.[23] Zwei Drittel der Beschäftigten in Sonderwirtschaftszonen leben in China, wo 1979 in Shenzhen die erste derartige Zone eingerichtet wurde. Einige dieser Sonderwirtschaftsgebiete werden mittlerweile auch als »Städte« oder als »Wissensdörfer« bezeichnet.

Zum Zweiten führte das containerbasierte System zu einer starken Senkung der Transportkosten für viele physische Erzeugnisse, wie zum Beispiel für elektronische Güter. Diese ermöglichen es, Unterhaltungsangebote zu Hause zu konsumieren, so dass man sich nicht mehr an bestimmte Orte begeben muss, um dort an Veranstaltungen teilzunehmen.

Zum Dritten sind viele Dinge, die heute weltweit gehandelt werden, digitaler Natur und werden über Computernetze geliefert, so dass die Verbraucher sie nicht mehr persönlich beim Hersteller abholen oder in Empfang nehmen müssen. Beispiele dafür sind E-Mails, die die Briefe verdrängt haben, die Nutzung von Bankdienstleistungen über das Internet, was den Besuch der örtlichen Bank überflüssig macht, oder das Herunterladen von Musik, anstatt sie sich in einem Plattenladen zu kaufen.

Viertens werden manche Dienstleistungen heute durch industriell hergestellte Produkte erzeugt, wie zum Beispiel durch E-Reader, die es ermöglichen, Bücher digital zu lesen anstatt in ihrer physischen Manifestation, die in einer Buchhandlung erworben wird. In diesen Fällen wird das Produkt gewöhnlich auf virtuelle Weise dem Kunden zugestellt.

Und schließlich ist die neoliberale Ära durch eine umfassende Kommodifizierung vieler Lebensbereiche gekennzeichnet, die einst »natürlicherweise« als öffentlich betrachtet wurden oder die Form von Gemeingütern angenommen hatten. Dazu gehören die Wasserversorgung, die Gewährleistung von Sicherheit, das Gesundheitswesen, Bildung und Freizeit. Diese Bereiche werden heute von internationalen Konzernen abgedeckt und nicht mehr von Nachbarschaftsgruppen, was zur Folge hat, dass Teile des Versorgungs- und Liefersystems geographisch weit entfernt sind von den Verbrauchern.

In ihrem Zusammenwirken haben diese Prozesse dazu geführt, dass heute viel mehr Produkte als früher handelbar sind und ihre Lieferung beziehungsweise Bereitstellung teilweise oder vollständig »offshore« erfolgt. Im Zuge der Zunahme der handelbaren Dienstleistungen entwickelt sich auch eine Konkurrenz zwischen den Dienstleistungsbeschäftigten in den entwickelten Ländern und den Industrie- und Dienstleistungsarbeitern in anderen Gesellschaften. Alan Blinder schreibt in diesem Zusammenhang: »Die Trennlinie zwischen jenen Jobs, die Dienstleistungen erzeugen, die auf elektronischem Wege bereitgestellt werden können (und daher durch Offshore-Verlagerung bedroht sind), und jenen, für die das nicht gilt, deckt sich nicht mit den traditionellen Unterscheidungen zwischen High-end- und Low-end-Arbeit.« Von einer potentiellen Offshore-Verlagerung ausgenommen ist lediglich Arbeit, bei der »ein persönlicher Kontakt von Angesicht zu Angesicht entweder unverzichtbar oder in hohem Maße wünschenswert ist«.[24] Beispiele dafür sind nach Blinder Kinderbetreuung, Physiotherapie, politische Lobby-Tätigkeit, Bedienung in Restaurants und Taxidienste. Vor allem aber sollten, so fordert er, in den entwickelten Ländern Beschäftigte in Dienstleistungsberufen besser und umfassender ausgebildet werden, da künftig »soziale Kompetenz wertvoller sein wird als Computerkenntnisse«.[25]

Eine verbreitete Art des »Offshorings« von Dienstleistungstätigkeiten ist deren Auslagerung in so genannte Callcenter, wodurch statt von Angesicht zu Angesicht die Beratung nun »Ohr-zu-Ohr« erfolgt. In den vergangenen zehn bis fünfzehn Jahren hat sich dieser Bereich stark ausgeweitet; Callcenter bilden heute eine wichtige Quelle neuer Jobs, vor allem auf dem Gebiet der Finanzdienstleistungen sowie im Einzelhandel und in der Telekommunikation.[26] Mehr als 70 Prozent der Beschäftigten in diesen Callcentern sind Frauen, und die Arbeitsplätze sind gewöhnlich durch flache Hierarchien charakterisiert. Callcenter, die in stärker regulierten Volkswirtschaften betrieben werden, bieten bessere Arbeitsbedingungen, wenngleich die Arbeit generell nur geringe Spielräume lässt und die Beschäftigten durchschnittlich nur knapp ein Jahr in einem Callcenter bleiben.

»Ohr-zu-Ohr«-Dienstleistungen werden häufig verlagert. Der Anteil der Callcenter, die für internationale Kunden tätig sind, betrug nach einer Erhebung von 2007 in Indien drei Viertel, in Irland knapp zwei Fünftel und in Kanada mehr als ein Drittel. Da Callcenter geographisch mobil sind, wird ihre Ausbreitung von der Sprache und der Kultur bestimmt, wie beispielsweise zwischen Frankreich und Marokko, zwischen Spanien und Lateinamerika sowie zwischen USA/Großbritannien und anderen englischsprachigen Ländern. Die geographische Mobilität von Telefongesprächen erleichtert es zudem, Arbeit an Dritte auszulagern, anstatt sie im eigenen Unternehmen zu erledigen. Doch wie die Erhebung von 2007 auch ergab, wurden die meisten Callcenter firmenintern geführt, wobei Indien die wichtigste Ausnahme bildete. Die meisten Beschäftigten arbeiten für Subunternehmer, und die Firmen machen sich Größenvorteile zunutze.[27]

In Indien ermöglichen es die allgemeine Kenntnis der englischen Sprache und gut ausgebaute Telekommunikationssysteme, Kunden zu bedienen, die oft Tausende Kilometer entfernt sind. Die meisten indischen Callcenter-Mitarbeiter haben eine abgeschlossene Schulausbildung und arbeiten in Vollzeit, aber sie besitzen nur wenig Entscheidungsspielraum und unterliegen strengen Leistungskontrollen. Man bemüht sich, die Beschäftigten darin zu schulen, gegenüber den Kunden in den entwickelten Ländern zu verschleiern oder zu verheimlichen, dass sie weit von ihnen entfernt in einem Land der Dritten Welt sitzen. Untersuchungen haben ergeben, dass die Firmen eine Strategie des »Managements der nationalen Identität« verfolgen und von den Beschäftigten erwarten, dass diese in ihrer Arbeit und in der Ausbildung unterschiedliche nationale Identitäten annehmen. In Interviews mit 80 Callcenter-Mitarbeitern hat Winifred Poster untersucht, wie das Annehmen einer anderen »ethnischen Zugehörigkeit und Nationalität« die Arbeitsabläufe in diesen indischen Callcentern beeinflusst.[28] Die Beschäftigten haben viel zu verlieren in Bezug auf ihre körperliche Gesundheit, ihr Familienleben, ihre psychologische Verfassung und ihr Bewusstsein von nationaler Identität – was alles durch diese Prozesse in gewisser Weise in Offshore-Bereiche verlagert wird.

Schließlich muss noch darauf hingewiesen werden, dass man heute nicht mehr, wie noch vor einiger Zeit, generell die Aussage treffen kann, dass Arbeit hauptsächlich vom »Westen« nach »Osten« verlagert werde. Mittlerweile gibt es mehrere unterschiedliche Muster derartiger Verschiebungen; am auffälligsten ist hierbei die Verlagerung von Investitionen und Beschäftigung von China in andere Länder.[29] So soll erstmals seit mehreren Jahren wieder eine Computerfabrik in North Carolina eröffnet werden, die von Lenovo gebaut wird, jener chinesischen Unternehmensgruppe, die mittlerweile der größte PC-Hersteller der Welt ist.[30] Die Fragmentierung oder Desorganisation der kapitalistischen Unternehmen bedeutet, dass Prozesse der Offshore-Verlagerung heute in unterschiedliche Richtungen verlaufen und nicht mehr nur vom (einstmals?) reichen Norden ausgehen.

3D-Druck

Heute wird die Auffassung vertreten, dass es in Zukunft zunehmend wichtiger werden wird, sowohl in der Nähe der »Märkte« zu sein als auch auf sie zu reagieren, und dass dies insbesondere für künftige Fertigungsstandorte gelten werde. Die Bedeutung der Marktnähe weist darauf hin, dass sich nicht alles um Auslagerung dreht. Verschiedene neue Geräte ermöglichen heute das »Drucken« von dreidimensionalen Formen oder Objekten, das Tausende Kilometer von jenem Ort entfernt stattfinden kann, an dem das Design des Objekts entwickelt wurde. Diese Designs werden in digitaler Form übermittelt und anschließend mittels 3D-»Drucker« in Werkstücke umgewandelt, und dies kann wesentlich näher am jeweiligen Marktort erfolgen.

Es gibt verschiedene Techniken, die sich hauptsächlich dadurch unterscheiden, wie die Druckschichten aufeinander aufgebracht werden, während das Material aus einer Kartusche herausgepresst wird.[31] Durch das Aufhäufen der einzelnen Schichten wird ein 3D-Objekt hergestellt. Jede Schicht ist im Grunde eine digitale Scheibe, die mittels eines computergestützten Designs erzeugt wird. Es werden immer weitere Schichten aneinandergefügt, bis das Objekt fertig gedruckt oder »produziert« ist. Gewöhnlich wird dem Pulver ein Bindemittel beigemischt, das aus Nylon, Plastik, Kohlenstoff, Titan oder rostfreiem Stahl bestehen kann. Dieses Verfahren wird auch als »additive« Fertigung bezeichnet, im Unterschied zu den herkömmlichen »subtraktiven« (Material wegnehmenden) Fertigungsverfahren, die mit Schneiden, Bohren oder Behauen von Holz, Metall oder anderen Werkstoffen verbunden sind.

Dieses 3D-Fertigungsverfahren wurde in den achtziger und neunziger Jahren entwickelt, um billigere Prototypen von Objekten bauen zu können, bevor diese in großen Stückzahlen in einer Werkstatt oder einer Fabrik durch subtraktive Produktionsverfahren hergestellt wurden. Die sehr teure Fertigung einzelner Prototypen oder Urformen wird durch das 3D-Verfahren wesentlich kostengünstiger. Im Zuge der Entwicklung des 3D-Verfahrens zeigte sich jedoch schnell, dass damit auch nicht nur Prototypen und Modelle, sondern auch viele andere Formen und Gegenstände produziert werden können. Ungefähr ein Fünftel der additiven Fertigung bezieht sich heute auf Endprodukte, und dieser Anteil nimmt stetig zu.[32] Zu den Gegenständen, die heute »gedruckt« werden können, gehören medizinische Implantate, Autoteile, Schmuck, Fußballschuhe, die individuell auf die Füße des Trägers zugeschnitten sind, Möbel, Lampenschirme, Batterien, Flugzeugteile, Stahlhandschuhe, Zahnkronen, Fahrradhelme, nach Kundenwünschen gefertigte Mobiltelefone und bald sogar Blutgefäße.[33] Die Forscher träumen davon, künftig ganze Flugzeugflügel, elektrische Fahrzeuge oder Gebäude »drucken« zu können.

Dieses Fertigungsverfahren bietet zahlreiche Einsparmöglichkeiten, da Objekte auf bestimmte Verbraucher zugeschnitten oder nach Bedarf hergestellt, die Produkte praktisch ohne Kostenaufwand leicht modifiziert werden können, Rohstoffe eingespart werden (da kaum Abfall entsteht) und die Modelle an örtliche Bedürfnisse angepasst werden können. Außerdem lassen sich ungenutztes Material und vorhandene Objekte in hohem Maße wiederverwerten.[34]

Die größte Einsparung besteht jedoch darin, dass die Objekte in der Nähe der Verbraucher oder sogar von diesen selbst durch ihre eigenen »Drucker« hergestellt werden können. 3D-Drucker könnten sich also allgemein durchsetzen und auch in Einkaufszentren oder in Privathäusern zum Einsatz kommen. Generell entstehen dadurch zahlreiche Möglichkeiten für eine stärkere Lokalisierung der Produktionsvorgänge. Wenn man ein Objekt scannt und anschließend unbegrenzt viele Kopien direkt durch die Verbraucher oder in deren unmittelbarer Nähe anfertigt, kann man viele Kosten einsparen und die transportbezogenen Emissionen sowie den Verbrauch von Erdöl reduzieren – unter der Annahme, dass insgesamt weltweit weiter ungefähr dieselbe Anzahl von Produkten hergestellt wird. Dies könnte eine grundlegende Umwälzung nach sich ziehen und ein vollständig neues »System« hervorbringen, das die Vorstellung des »Produzierens« nachhaltig verändern würde. Chris Anderson spricht in diesem Zusammenhang von der »dritten industriellen Revolution«. Dabei könnte nach Meinung von Anderson die Produktion »relokalisiert« und in einem kleineren Rahmen durchgeführt und potentiell Millionen von »Herstellern« einbezogen werden.[35]

Eine mögliche starke Senkung der Transportkosten könnte bedeuten, dass ab einem gewissen Punkt die Billigproduzenten im Fernen Osten ihre komparativen Vorteile bei der Herstellung von Produkten einbüßen. Digitale Objekte lassen sich fast kostenlos übermitteln, wenngleich Erdöl die Grundlage für viele der beim 3D-Verfahren verwendeten Materialien bildet.

Frank Geels zeigt auf, dass alle bedeutenden Innovationen in Wissenschaft und Technik dazu tendieren, weitreichende Folgen nach sich zu ziehen, und nicht auf den rein »technischen« Aspekt beschränkt bleiben. Systeminnovationen, wie beispielsweise die hier besprochene mögliche Transformation des Produktionsprozesses, sind nicht nur mit Veränderungen der technischen Produkte verbunden, sondern haben auch Auswirkungen auf »die Politik, das Nutzerverhalten, die Infrastruktur, die symbolischen Bedeutungen usw.«[36] Sowohl der *Economist* als auch die Zeitschrift *Wired* haben das 3D-Verfahren als ein potentiell neues soziotechnisches System eingestuft, das die Größenordnung und die Bedeutung der industriellen Arbeit in hohem Maße verändern kann.[37]

4. Steuern und Steueroasen

Einführung in die Praxis der »Steuervermeidung«

Es ist bemerkenswert, dass das Thema Besteuerung im vergangenen Jahrzehnt einen wachsenden politischen Stellenwert gewonnen hat. Die Besteuerung verdrängt die Auslagerung von Arbeitsplätzen als bedeutendstes und sichtbarstes Beispiel für Offshoring-Prozesse. In den globalen Medien, vor allem in den neuen Medien, gibt es fast immer irgendeine Geschichte über »Steuern«, bei denen es häufig um Markennamen geht, die im Allgemeinen sehr angesehen sind (in jüngster Zeit beispielsweise Starbucks, Amazon, Apple, Google, Facebook und Twitter). Verschiedene politische Gruppen haben das Steuerthema auf die politische und moralische Agenda gebracht, indem sie die »Steuervermeidungsstrategien« von Unternehmen und Einzelpersonen anprangerten. Der Begriff »Steuervermeidung« bemäntelt den Unterschied zwischen Handlungen, die formal legal sind (Vermeiden), und eindeutig gesetzeswidrigen Handlungsweisen (Hinterziehen).

Ein wichtiges Merkmal des Neoliberalismus ist die starke Zunahme der Verschiebung von Geld und Vermögen zwischen den rund 60 oder 70 Steueroasen auf der Welt. Zu diesen Steueroasen gehören die Schweiz, Jersey, Manhattan, die Cayman-Inseln, die Britischen Jungferninseln, Monaco, Panama, Dubai, Liechtenstein, Singapur, Hongkong, Gibraltar, die City of London und Delaware. Die Zunahme der Steueroasen oder *paradis fiscal,* wie die Franzosen sie nennen, bildet einen zentralen Bestandteil der neoliberalen Umgestaltung der Weltwirtschaft in den achtziger Jahren des 20. Jahrhunderts. Sein Geld »offshore« zu parken erscheint wie ein Leben im Paradies, wenn man »onshore« mit hohen Steuersätzen belastet wird. Steueroasen sind Fluchtmöglichkeiten und Orte der Freiheit, Paradiese mit niedrigen Steuern, Vermögensverwaltung, Deregulierung, Diskretion und oft auch schönen Stränden. Dieses System kämpft unmittelbar und aggressiv gegen Transparenz und verschiebt etwas in den privaten Bereich, was nach Ansicht der meisten Menschen öffentlich und transparent und auch für die Steuerbehörden sichtbar sein sollte.[1] Diese »Schatzinseln« haben es den Reichen ermöglicht, noch reicher zu werden.

Ungefähr ein Viertel der gegenwärtigen Staaten der Erde sind heute in der einen oder anderen Hinsicht »Steueroasen«.[2] Viele der neueren Steuerparadiese haben erst in den vergangenen drei Jahrzehnten an Bedeutung gewonnen (etwa die Cayman-Inseln), während ältere Finanzplätze (wie beispielsweise London) zu partiellen Steueroasen geworden sind. Die Beträge, die in solche Standorte geflossen sind, stiegen von 11 Milliarden US-Dollar im Jahr 1968 über 385 Milliarden US-Dollar 1978 und 6 Billionen US-Dollar 1998 auf 21 Billionen US-Dollar im Jahr 2010.[3] Nach konservativen Schätzungen hat die Verlagerung von Geldvermögen vom revolutionären Jahr 1968 bis heute somit um das 2.000fache zugenommen.

Nahezu alle großen Konzerne verfügen über Offshore-Zweigunternehmen, mehr als die Hälfte des Welthandels fließt durch diese Steueroasen, fast alle hochvermögenden Privatpersonen besitzen Offshore-Konten, die ihnen steuerliche »Gestaltungsmöglichkeiten« eröffnen, 99 der 100 größten europäischen Firmen operieren mit Tochtergesellschaften, und ein großer Teil der Offshore-Welt, die in diesem Buch untersucht wird, ist eng verwoben mit dieser Verlagerung von Geld und Besteuerung.[4]

Insgesamt wird ein Viertel bis zu einem Drittel des weltweiten Vermögens »offshore« verwaltet.[5] Durch die Dimension dieses verlagerten Vermögens wird die Welt noch wesentlich ungerechter, als es sich frühere Forscher vorgestellt haben. Weniger als 10 Millionen Menschen besitzen erstaunliche 21 Billionen US-Dollar an Offshore-Vermögen. Dies entspricht dem kombinierten Inlandsprodukt der USA und Japans, der größten und der drittgrößten Volkswirtschaft der Welt.[6]

Die »Fassade«

Von entscheidender Bedeutung für ein Steuerparadies ist seine physische, virtuelle und metaphorische »Fassade«.[7] Eine gute

Fassade bietet Sicherheit und Geheimhaltung, Integrität und Verschwiegenheit. Die Schweiz, darauf haben viele Beobachter hingewiesen, hat es in der Vergangenheit am besten verstanden, sich eine stabile und dauerhafte Fassade zuzulegen. Die wirkungsvollsten Fassaden sind seit Langem etabliert und in vielfältiger Hinsicht mit physischer und symbolischer Sicherheit und Geheimhaltung, Integrität und Verschwiegenheit ausgestattet.

Die angesehene Schweiz hat auf diesem Gebiet gewissermaßen den Goldstandard gesetzt und stellt in Shaxons Worten eine »Kulisse der Integrität« dar, die ursprünglich im 19. Jahrhundert entwickelt wurde. Zur Fassade der Schweiz gehört eine mächtige Verbindung aus höflichen Manieren, vertrauenswürdigen Anwaltskanzleien, mehreren Geschäftssprachen, sorgfältiger Verwaltung, höchster Diskretion, alteingesessenen Banken, Finanzinstitutionen und Beratungsfirmen, einer stabilen Regierung, guten öffentlichen Dienstleistungen, insbesondere im Transportwesen, und der Verzicht auf unbequeme Fragen. Je besser das Geheimnis geschützt wird, umso weniger wird gelogen und umso geringer ist die Gefahr, bei einer Unwahrheit ertappt zu werden.

Besonders wichtig ist auch das weitgehend dezentralisierte kantonale politische System, das den Wettbewerb zwischen den Kantonen fördert und dazu führt, dass die Kantone ihre Steuersätze reduzieren und sich in Bezug auf Sicherheit und Diskretion zu übertreffen versuchen. In der Schweiz werden rund zwei Drittel der Steuern von den Kantonen (und den Gemeinden) erhoben, wobei sie noch über weitere Kompetenzen und Möglichkeiten verfügen, um Kapital und Unternehmen anzulocken. Im Jahr 2010 lehnten die Bürger in einer landesweiten Volksabstimmung den Vorschlag ab, für Einkommen über umgerechnet 315.000 US-Dollar einen Mindeststeuersatz von 22 Prozent einzuführen.[8]

Der kleine, verschlafen wirkende Kanton Zug ist eine bedeutende Steueroase. Bis in die sechziger Jahre war Zug landwirtschaftlich geprägt und galt als das Armenhaus des Landes, heute jedoch ist der Kanton die bevorzugteste Steueroase der Schweiz. Zug weist die höchste Dichte an US-Dollar-Millionären und die größten Wohlstandsunterschiede in der Schweiz auf.

Es beherbergt 30.000 Unternehmen, darunter auch so bekannte Namen wie Alliance Boots, Foster Wheeler, Glencore, Informa, Thomson Reuters, Tata, Transocean und Xstrata. Einige dieser Firmen verfügen nur über einen Briefkasten im Postamt der Stadt. Der Spitzensteuersatz auf Einkommen beträgt 22 Prozent, die meisten Steuerpflichtigen zahlen durchschnittlich jedoch nur 15 Prozent. In Zug haben sich zahlreiche Rohstoffhändler, Wagniskapitalfirmen und Tochterfirmen multinationaler Konzerne niedergelassen, die meist in preisgünstigen modernen Bürogebäuden residieren, in angenehmer Lage unweit des Zuger Sees.[9]

Die »Neutralität« der Schweiz in kriegerischen Auseinandersetzungen war von großer Bedeutung dafür, dass das Land zum sicheren und verschwiegenen Bankier für Völker und Organisationen werden konnte und häufig beiden Seiten in einem militärischen Konflikt zu Diensten war. Dies wurde besonders deutlich im Ersten Weltkrieg, als überall in Europa die Steuern erhöht wurden, um die Kriegskosten decken zu können, und die europäischen Eliten nach sicheren Schlupfwinkeln für ihr Geld suchten, um die Steuern zu vermeiden, mit denen die Armeen bezahlt wurden, die in gewisser Weise »ihren Krieg« führten.

Doch im Zweiten Weltkrieg hätte die Schweiz diese Position fast aufs Spiel gesetzt. Auf Schweizer Bankkonten wurde viel Nazi-Geld versteckt, was erst nach dem Ende des Krieges zögerlich zugegeben wurde.[10] Dennoch beschädigte die Mitwirkung beim Schutz des nationalsozialistischen »Blutgelds« die Fassade der Schweiz nicht – es half ihr vielmehr, ihren Ruf höchster Verschwiegenheit zu festigen. Im Jahr 2007 lagen bei den Schweizer Banken 3,1 Billionen US-Dollar auf Konten, die Personen mit Auslandswohnsitz gehörten, wobei die Hälfte dieses Geldes aus den übrigen europäischen Ländern stammte. Nach Schätzungen werden mindestens vier Fünftel der Erträge, die auf diesen Schweizer Konten erzielt werden, den »heimischen« Finanzbehörden der Konteninhaber verschwiegen.[11]

Zur schönen Fassade gehört auch eine einzigartige Mischung aus Stabilität und Mobilität. Die Stabilität sorgt dafür, dass an diesem Standort Geschäfte gemacht werden können, dass Vertrauen in die Sicherheit des Geldes herrscht, dass Unternehmen ohne großen Aufwand gegründet und umfirmiert werden können, dass man dem Wort eines Menschen vertrauen kann, dass Rechtssicherheit herrscht und dass die Banken nicht bankrott gehen oder wegen betrügerischer Machenschaften angeklagt werden können. Mobilität bedeutet, dass Geld jederzeit sicher und gefahrlos auf diese »Schatzinsel« verlagert und von dort auch leicht wieder abgezogen werden kann. Dies erfordert sowohl absolut sichere Kommunikationsverbindungen für die finanziellen Transaktionen als auch ein gut funktionierendes Verkehrssystem für gelegentlich notwendige persönliche Besuche der »Investoren«. Stabilität und Mobilität müssen daher auf eine angemessene Weise miteinander kombiniert werden, was der Schweiz jahrzehntelang gelungen ist, in jüngster Zeit allerdings etwas weniger perfekt.

Andere Steuerparadiese haben keine so effektive Fassade zu bieten. In der jüngeren Zeit sind viele Offshore-Finanzzentren entstanden, von denen einige von Großbritannien, den USA und mit ihnen verbundenen, »zu ihrem Imperium gehörenden« Staaten gefördert wurden. Bei vielen davon handelte es sich um kleine und arme Entwicklungsländer, die in der postkolonialen Zeit gezwungen waren, sich in der expandierenden Weltwirtschaft eine neue ökonomische Position zu suchen. In manchen Fällen wurde dabei eine Entwicklungsstrategie verfolgt, die sich auf »niedrige Steuern« und »hochwertigen Tourismus« konzentrierte, die häufig dieselbe Offshore-Klientel ansprach.

Diese Offshore-Finanzzentren erschlossen sich finanzielle und rechtliche Kompetenzen und Möglichkeiten, um Geldströme anzuziehen, indem steuerliche Regelungen und Verpflichtungen umgangen werden können. Palan, Murphy und Chavagneux betonen, dass Steueroasen absichtlich geschaffene politische Einheiten sind, die dazu dienen, die finanziellen Transaktionen von Personen »zu erleichtern«, die nicht innerhalb der Grenzen eines bestimmten Staates wohnen und deren Transaktionen mit einem Schleier der Geheimhaltung umgeben sind. Solche Steuer- und Verdunkelungsoasen haben zur Voraussetzung, dass Wirtschaftsprüfer, Banker, Rechtsanwälte und Steuerfachleute administrative Strukturen schaffen, die undurchsichtig sind und gewöhnlich Personen zugutekommen, die keine »Bürger« des betreffenden Staates sind.[12] Palan stellt dar, wie »Anwälte, Geschäftsleute und Kriminelle, die im Allgemeinen aus dem Herzen des Kapitalismus stammten, diese Offshore-Techniken verbreiteten [...] und den herrschenden Cliquen vieler angeblich ›souveräner‹ und unabhängiger Länder der Dritten Welt ›zeigten‹, wie sie solche Offshore-Einrichtungen aufbauen konnten«.[13] Diese Entwicklungsstrategie erschien durchaus sinnvoll, da sich viele Klein- oder Mikro-Staaten ihre historischen und verkehrstechnischen Verbindungen zu einer »Schutzmacht« zunutze machen konnten. Gleichzeitig bauten diese Staaten eine umfangreiche Tourismusindustrie auf. Unternehmen und hochvermögende Privatpersonen aus dem reichen Norden wurden von diesen Offshore-Finanzzentren abhängig, die häufig in ansonsten sehr armen Entwicklungsländern angesiedelt waren. Weltweit gab es im Jahr 2013 nach Schätzungen rund zwölf Millionen hochvermögende Personen, die jeweils über mindestens eine Million Dollar Anlagevermögen verfügen. Das kombinierte Vermögen dieser »Klasse der Reichen« beläuft sich auf 46 Billionen US-Dollar, was ungefähr zwei Dritteln des jährlichen Bruttoinlandsprodukts der gesamten Welt entspricht.[14]

Mächtige Akteure in zahlreichen Mikro-Staaten nutzten die Verbindungen zum früheren britischen Empire, um eine entsprechende Fassade aufzubauen oder abzusichern. Einige erfolgreiche Steueroasen sind ehemalige koloniale Vorposten Großbritanniens, welche die Fassade der City of London mit niedrigster Besteuerung und lascher Regulierung kombinieren mit lokalen politischen Instanzen, die nicht rechenschaftspflichtig sind. Die City of London, die auf eine merkwürdig undemokratische Weise regiert wird, da neben den Einwohnern auch jene Körperschaften wahlberechtigt sind, die in der City eine Liegenschaft besitzen, liefert die entsprechende Fassade für zahlreiche Steueroasen in Entwicklungsländern. Anscheinend »deponieren die Anleger ihr Geld besonders gern an Standorten, die den Eindruck vermitteln, dass hier ähnliche Rechtsnormen wie in Großbritannien gelten, ohne dass diese Gebiete jedoch den britischen Gesetzen und Regelungen (oder dem britischen Steuerrecht) unterworfen sind«.[15] Auf die Gebiete, die der britischen Krone unterstehen (Jersey), und die Britischen Überseegebiete (die Cayman-Inseln) entfällt zusammen etwa ein Drittel des globalen Marktes an Offshore-Finanzdienstleistungen.[16]

Viele Steueroasen sind Inseln (Zypern), Inselgruppen (die Turks- und Caicosinseln) oder kleine Enklaven innerhalb einer größeren politischen Einheit (Gibraltar). Solche »Mikro-Staaten« ermöglichen es, Finanzgeschäfte, Besteuerung und Konsum unbeobachtet von der Allgemeinheit abzuwickeln, und bieten darüber hinaus Rückzugsmöglichkeiten und Sicherheit. Sie sind üblicherweise undemokratisch, und das politische System verfügt über Mittel und Möglichkeiten, all jene fernzuhalten, die nicht erwünscht sind. Nur wenige Bewohner werden gegen das lasche Regulierungsregime protestieren, weil sie fürchten müssen, in der kleinen, überschaubaren Gemeinschaft geächtet zu werden, in der gewissermaßen jeder jeden kennt. Diese Gesellschaften sind vergleichbar mit »Goldfischbecken«, wo man Unzufriedene darauf hinweisen kann, dass sie ja gehen können, wenn es ihnen nicht gefällt.[17] Steueroasen sind imstande, eine Fassade der »Respektabilität« aufrechtzuerhalten, die verlangt wird von jenen Akteuren, die große Geldbeträge »offshore« verlagern.

Die Geschichte der Cayman-Inseln illustriert anschaulich die Entwicklung dieser Offshore-Geschäfte in den vergangenen vier Jahrzehnten.[18] Diese arme, zurückgebliebene Inselgruppe wurde 1967 in ein Offshore-Finanzzentrum umgewandelt (obwohl sie auch vorher schon praktisch keine Einkommenssteuern erhoben hatte). Diese Entwicklung wurde vom britischen Schatzamt und der Bank of England unterstützt, während die britische Inland Revenue, die für die Erhebung der Einkommenssteuer zuständig ist, sich eher kritisch dazu äußerte.

Die mächtigste Person auf den Cayman-Inseln ist der Gouverneur, der von der britischen Königin ernannt wird. Er sitzt einem Kabinett aus gewählten Vertretern der Einwohner vor, leitet die Regierungsgeschäfte und ernennt alle wichtigen Amtsträger.

Dieses eigentümliche Territorium, dessen Nationalhymne »God save the Queen« ist, hat rund 53.000 Einwohner. Ohne die britische Fassade wäre dieses Offshore-Finanzzentrum dauerhaft nicht lebensfähig, und Moskitoschwärme würden wieder über seine Strände herfallen.

Doch mittlerweile haben sich die Cayman-Inseln zum fünftgrößten Finanzplatz der Welt entwickelt; hier werden Einlagen von fast 2 Billionen Dollar verwaltet, und rund 80.000 Firmen sind auf den Inseln registriert.[19] Das Pro-Kopf-Einkommen zählt zu den höchsten der Welt, und es gibt praktisch keine Arbeitslosigkeit. Es sind auch weder Arbeits- oder Verbraucherschutzgesetze noch eine Sozialfürsorge vorhanden. Die Staatseinnahmen der Cayman-Inseln bestehen im Wesentlichen aus den Verwaltungsgebühren für die Registrierung der Firmen, wobei jedes Unternehmen als eine rechtliche Einheit betrachtet wird, die von ihrem Gründer und ihren Anteilseignern getrennt ist. Firmen, die auf den Cayman-Inseln registriert sind, unterstehen praktisch niemandem, sie können ihre Form jederzeit ändern und sind wandelbar, anpassungsfähig und hoch flexibel. Die meisten Firmen zahlen keine Steuern auf ihre Einnahmen, ihren Gewinn oder ihre Kapitalerträge, solange sie ihre Haupttätigkeit im Ausland ausüben.[20] Im Zusammenhang mit dem HSBC-Skandal im Juli 2012 wurde auch bekannt, dass die Cayman-Inseln eine bedeutende Rolle beim Waschen südamerikanischer Drogengelder spielten.

Viele dieser Mikro-Staaten sind ökonomisch von ihren Finanzaktivitäten abhängig. Die Offshore-Finanzwirtschaft dominiert die Wirtschaft und den Staat. Dies lässt sich beispielsweise am Fall der Britischen Jungferninseln aufzeigen, die 1984 ein neuartiges internationales Unternehmensmodell schufen und seither wirtschaftlich prosperieren. Rund eine Million Firmen sind auf den Britischen Jungferninseln angemeldet, deren Einwohnerzahl sich auf lediglich 23.000 Menschen beläuft. Die Regierung verfügt gewöhnlich über keinerlei Informationen darüber, wem diese steuerbefreiten Firmen gehören oder was sie tun; nahezu alle haben Strohmänner als Direktoren. Für die offizielle Registrierung muss lediglich der Name des Vertreters der Firma angegeben werden –

gewöhnlich eine ortsansässige Firma, die die gerichtliche Eintragung organisiert und dafür eine jährliche Gebühr kassiert. Diese Agenten geben keine weiteren Informationen heraus.[21]

Die Britischen Jungferninseln spielen anscheinend eine wichtige Rolle bei dem gegenwärtigen starken Anstieg der Immobilienpreise in London. Nach Schätzungen sind im Verborgenen sieben Milliarden Pfund in den Erwerb Londoner Immobilien geflossen, wobei die tatsächlichen Eigentümer Stempel-, Kapitalgewinn- und Erbschaftssteuer umgehen konnten. Die Käufer dieser Objekte verbergen ihre Identität sogar gegenüber dem britischen Grundbuchamt, indem sie mit fiktiven Namen operieren. Nahezu 100.000 Offshore-Firmen besitzen verdeckt britische Immobilien. Britische Banken spielen das Spiel mit, indem sie diesen geheimen, um Steuervermeidung bemühten Käufern Kredite gewähren, die die Immobilienpreise hochtreiben und gewissermaßen einen »superprime«-Markt entstehen lassen, wodurch der Steuer zahlende »kleine Mann« – also der Großteil der Bevölkerung – aus dem Londoner Häusermarkt hinausgedrängt wird.[22]

In manchen Fällen kann der Ausbau von Offshore-Finanzplätzen auch Industrie, Dienstleistungen und touristisches Gewerbe aus einer Volkswirtschaft verdrängen, wie beispielsweise in Jersey. Forderungen seitens der OECD, der EU oder der G20 an diese Mikro-Staaten, das Ausmaß der Steuerhinterziehung einzudämmen, müssen stets begleitet werden von Überlegungen, wie es diesen Staaten ermöglicht werden könnte, andere Wirtschaftszweige zu entwickeln. Diese Staaten sind an die Offshore-Aktivitäten gebunden, und es ist schwierig für sie, auf andere Gebiete auszuweichen, ihre Bevölkerung neu auszubilden, sich neue Fertigkeiten und Kenntnisse anzueignen und die Verbindungen zu den großen Banken zu kappen, die hier möglicherweise Geldwäsche betreiben.[23] Sie benötigen eine alternative Wachstumsstrategie, die oftmals nur schwer zu entwickeln und umzusetzen ist, wenn sie durch ihren Status als Offshore-Finanzplatz »korrumpiert« sind.

Eine extreme Variante eines Mikro-Staates ist das vor einigen Jahren in Betrieb genommene, als Privatresidenz ausgestattete

Seeschiff *The World*. Dieses Schiff ist gewissermaßen eine »luxuriöse Privatinsel, eine Art von frei flottierendem, zweifellos isoliertem, aber territorial gebundenem Immobilienobjekt. Inseln spielen in den Flucht- und Kontrollfantasien von Berühmtheiten und Superreichen eine wichtige Rolle«.[24] *The World* fährt fast permanent über die Weltmeere, ist den nationalen Rechtssystemen und Steuergesetzgebungen ebenso entzogen wie moralischen Verpflichtungen gegenüber Nationen oder lokalen Bevölkerungen und stellt den Wohnungseigentümern alle erforderlichen Versorgungseinrichtungen zur Verfügung. Es ist an die modernen Kommunikationsnetze angeschlossen und wurde speziell für hochvermögende Privatpersonen konzipiert, die dauerhaft »offshore« leben möchten. Weitere sieben derartige »Schiffe« befinden sich in Planung – es sind Orte, die es ermöglichen, sich der Welt zu entziehen, indem man gewissermaßen auf einer »beweglichen Fassade« treibt.

Hongkong gehört laut dem neuesten Christian Aid Report zu den zehn bedeutendsten Steueroasen der Welt.[25] Es fungiert als Offshore-Territorium für China und spielt in dieser Beziehung eine ähnliche Rolle wie früher für Großbritannien, bevor es 1997 an die Volksrepublik China übergeben wurde. Die chinesischen Eliten benötigen ein eigenes Offshore-Zentrum, das etwas entfernt liegt vom Hauptland und mittels einer hybriden britisch-chinesischen Fassade ermöglicht, Aktivitäten zur Steuervermeidung oder -umgehung zu verbergen. Anscheinend hat die dortige Steuerhinterziehung mittlerweile ein großes Ausmaß erreicht, und auch viele chinesische Wirtschaftsführer und einflussreiche Politiker beteiligen sich daran.

Fast alle großen Länder »beherbergen« somit eine oder zwei Steueroasen in ihrer Einflusssphäre. China verfügt über die Steueroasen Hongkong und Macau, Portugal hat Madeira, die Niederlande haben die Niederländischen Antillen, Großbritannien stehen die Kanalinseln zur Verfügung, Italien hat San Marino, die USA haben Nevada und Delaware, Spanien besitzt die Kanarischen Inseln, für die anderen europäischen Länder gibt es Liechtenstein und Luxemburg und so weiter. Offshore-Territorien operieren häufig auf der Grundlage eines »Systems erweiterter Staatlichkeit«, in dessen Rahmen sie von einem größeren Staat wie den USA, Großbritannien, Frankreich, den Niederlanden oder China regiert werden oder zumindest eng mit ihm verbunden sind.

Dieses »System der erweiterten Staatlichkeit« erschließt nahezu allen wirtschaftlichen und politischen Eliten der einzelnen Staaten Möglichkeiten, einen Großteil ihres persönlichen Vermögens in Offshore-Zonen zu schaffen und dadurch Steuern zu vermeiden oder zu umgehen. Dies erscheint als ein universelles Muster, das für Industrie- wie für Entwicklungsländer gleichermaßen gilt. So nimmt man beispielsweise an, dass die größten Einzelanleger in ausländischen Banken in Indien leben, dem dadurch jährlich 500 Milliarden US-Dollar an Steuereinnahmen entgehen.[26] Ein überraschend hoher Anteil indischer Politiker in staatlichen Ämtern ist wegen krimineller Vergehen vorbestraft. In diesem Zusammenhang könnte man durchaus von »willkürlicher Kriminalität« sprechen.[27] Die Verlagerung von Schwarzgeld aus China ins Ausland spielte auch im eigenartigen Fall des Briten Neil Heywood eine Rolle. Heywood wurde vermutlich von der Ehefrau von Bo Xilai getötet, bis 2012 Parteichef der Stadt Chongqing, der am stärksten wachsenden Millionenstadt der Welt.[28] Es wird behauptet, dass die Familie Bo Vermögenswerte in Höhe von 136 Millionen US-Dollar ins Ausland geschafft habe, insbesondere nach Hongkong.[29]

Nebenbei bemerkt, es gibt keine verbindliche Definition einer Steueroase, vielmehr ist dieser Begriff stark umstritten.[30] Viele Steuer- und Verdunkelungsoasen versuchen die Illusion aufrechtzuerhalten, dass sie schlicht gesetzestreue Offshore-Finanzzentren seien. Doch schon bei einem kurzen Besuch auf ihrer Internetpräsenz stößt man üblicherweise auf Texte, in denen auf geringe Regulierung, niedrige Steuern und sehr begrenzte Offenlegungspflichten hingewiesen wird. Eine erfolgreiche Offshore-Steueroase ist gewöhnlich durch folgende Merkmale gekennzeichnet: Es gibt keine Besteuerung von Einkommen, Kapitalgewinnen oder Erbschaften; die Banken bieten Konten in verschiedenen Währungen an, wickeln die Geschäfte online ab und verlangen keine persönlichen Besuche; bei der Eröffnung von Bankkonten wird nur ein Minimum an Unterlagen erstellt; es gilt das Bankgeheimnis und es bestehen keine Steuerinformationsabkommen mit anderen Staaten (ungefähr 40 Steueroasen haben keine derartigen Abkommen); außerdem können Bankkonten unter Nutzung einer anonymen, auf Inhaberaktien basierenden Aktiengesellschaft eröffnet werden, so dass die Namen der Kontoinhaber in keinem öffentlichen Register und keiner Datenbank erscheinen.[31] Für eine Steueroase stehen Verschwiegenheit und Geheimhaltung an erster Stelle.

Viele große Staaten haben sich daher ihre eigenen »Schatzinseln« geschaffen, die häufig geographisch, durch gute Verkehrsanbindungen oder in symbolischer Weise mit ihrem »Heimatland« verbunden sind. Seit der neoliberalen Umgestaltung der Volkswirtschaften hat diese Tendenz der großen Wirtschaftsnationen, sich Offshore-Steueroasen »zu halten«, deutlich zugenommen. Die koloniale oder postkoloniale Macht ist der entscheidende Faktor bei der Aufrechterhaltung oder Absicherung der jeweiligen Fassade. In einer von der Globalisierung bestimmten Welt ist das Offshore-Banking ein lukratives Geschäft, und es herrscht ein erbitterter Wettbewerb zwischen den zahlreichen Steuerparadiesen.

In diesen Oasen kann die Finanzelite der historisch mächtigen Gesellschaften ihr Geld und jenes der wichtigsten Unternehmen bequem parken und ohne öffentliche Wahrnehmung und Aufsehen hin und her bewegen. Bis in die jüngste Zeit blieben solche Arrangements größtenteils geheim; es gab viele »stille Mitwisser«.[32] Auf diese Weise wurden Geschäfte abgewickelt in einer Welt, in der das Geld das Sagen hatte. Zwar wurden von der OECD, der US-Regierung, der EU und mehreren europäischen Staaten zaghafte Versuche unternommen, das Offshore-Banking stärker zu regulieren und zu überwachen, doch bislang gibt es keine Belege dafür, dass dadurch das Ausmaß der Steuervermeidung und -umgehung nennenswert vermindert werden wird. Die Wahrung dieser Geheimnisse ist von entscheidender

Bedeutung für die »Diktatur der Finanzmärkte«, über die heute diskutiert wird.

Zu viel Macht für die Finanzwelt

Im 2. Kapitel habe ich kurz die Gründung der Mont Pelerin Society dargestellt. Wenngleich diese Gesellschaft, zu deren wichtigsten Protagonisten die Schriftstellerin Ayn Rand und der Ökonom Alan Greenspan zählten, erst gegen Ende der siebziger Jahre mehr Einfluss erlangte, wurden schon in den fünfziger Jahren Grundlagen geschaffen für eine stärker privatisierte und durch Offshore-Verlagerung geprägte Welt, die eine wesentliche Voraussetzung ist für die Zunahme der Ungleichheit in Bezug auf Einkommen und Wohlstand und für den Machtzuwachs der Reichen, der gegen Ende des vergangenen Jahrhunderts einsetzte.

In den fünfziger Jahren und insbesondere nach dem Debakel in der Suezkrise 1956 verlor das britische Empire stark an Einfluss und Bedeutung. Immer größere Teile des Welthandels wurden in US-Dollar abgewickelt, anstatt wie früher in Pfund Sterling. Darüber hinaus entwickelte sich ein völlig neuer Zweig des Finanzmarkts, der so genannte Eurodollarmarkt. Die verstaatlichte Bank of England hätte ohne Weiteres diesen neuen Markt regulieren können, unterließ dies aber, da sie auch nach der Nationalisierung das Sprachrohr privater Finanzinteressen blieb. Daher wurde dieser wachsende Markt durch ein regulatives Vakuum bestimmt, das im Finanzbereich einen freien Offshore-Markt ermöglichte, der in Dollar und nicht in Sterling denominiert, aber nicht in den USA, sondern gewissermaßen »offshore« angesiedelt war. Hier entstand erstmals ein bedeutender Finanzmarkt ohne physisches Gebäude, mit nur wenigen Regeln und Vorschriften. Weder amerikanische noch britische Behörden regulierten diesen Markt, doch er spielte eine entscheidende Rolle bei der Aufrechterhaltung dessen, was William Carroll im Rahmen seiner ausführlichen Untersuchung gesellschaftlicher Netzwerke als den »dauerhaften Einfluss einer nordatlantischen herrschenden Klasse« bezeichnete.[33]

Der Eurodollarmarkt wurde schnell zum größten Kapitalgeber in der Welt und bereitete den Weg für die spätere Verlagerung großer Teile der Finanzmärkte in Offshore-Zonen.[34] Die City of London entwickelte sich gewissermaßen zu einer Offshore-Insel, und 14 kleine Inselstaaten wurden zu den Britischen Überseegebieten zusammengefasst, die Hälfte davon sind heute Offshore-Steueroasen. In den sechziger Jahren vergrößerte sich der Eurodollarmarkt stark und trug maßgeblich dazu bei, die Macht der Londoner City und insbesondere der Bank of England wiederherzustellen. Shaxson verweist auf den libertären Charakter der City und zitiert den Gouverneur der Bank of England, der 1963 erklärte:»Devisenbewirtschaftung stellt eine Verletzung der Bürgerrechte dar«.[35] Schon in den sechziger Jahren erschwerte es die große Anziehungskraft dieses Offshore-Markts den einzelnen Regierungen enorm, eine nationale Geldpolitik zu verfolgen. Bei den politischen Entscheidungsträgern in den USA wuchs die Sorge über die potenzielle Instabilität dieses neuen unregulierten Marktes.

Eine weitere wegweisende Entwicklung waren die Eurobonds oder Euromarkt-Anleihen, die 1963 eingeführt wurden. Dabei handelt es sich um unregulierte Inhaberobligationen, deren Halter nicht registriert werden. Der Markt für diese Eurobonds wuchs so stark, dass sein Volumen nach Schätzungen bereits 1970 den Wert sämtlicher Devisenguthaben auf der Welt überstieg. Mit diesen Bonds konnte man sich mühelos einer Besteuerung entziehen. Einige Kommentatoren verglichen ihre Bedeutung mit jener von Banknoten.[36] Während gewöhnliche Banken Reserven einbehalten mussten, um Abhebungen bedienen zu können, waren Banken, die im Eurobond-Markt operierten, nicht diesen Verpflichtungen unterworfen und arbeiteten wesentlich profitabler. Diese Entwicklung trug zur Entstehung und Ausbreitung des so genannten Investmentbanking bei. Die USA spielten in diesem System eine zentrale Rolle, da sie über das besondere Privileg verfügten, ihre ausländischen Schulden in Dollar zurückzahlen zu können, die sie bei Bedarf selbst drucken konnten, zum Beispiel, um in den sechziger Jahren die Kosten für den Vietnam-Krieg zu decken oder in den Jahren ab 2000 für ihre Bürger große Mengen von Produkten zu kaufen, die in China hergestellt worden waren. In dieser Offshore-Welt vereinte sich die Finanzmacht von London und New York. Die City of London nutzte ihre seit Langem bestehenden Verfahren und Abläufe, um das Vertrauen in ihre Fassade zu steigern. Zu ihren wichtigsten Merkmalen gehörte ihre Selbstverwaltung, und auch ausländische Unternehmen waren bei der Wahl ihres Leitungsgremiums stimmberechtigt; sie verfügte über großes Fachwissen speziell für die Finanzierung von Investments im Ausland; sie war weniger stark als etwa die USA oder Deutschland in einen dominierenden nationalen Finanzsektor eingebunden; und sie wurde nur schwach reguliert.[37] Sie war in gewisser Weise »offshore«, zugleich aber auch im Herzen der britischen Wirtschaft und Gesellschaft angesiedelt.

Trevor Evans stellte dar, wie der Aufstieg der Euromärkte »den Beginn einer wichtigen Verlagerung der internationalen Finanzbeziehungen bedeutete, die bislang über die offiziellen Kanäle des Systems von Bretton Woods abgewickelt worden waren und nun in die privaten Märkte des Eurodollar-Systems abwanderten«.[38] Dank des Eurobond-Markts konnten die Banker durch die Verlagerung von Schulden in den Offshore-Bereich ihre Macht neu konsolidieren. Shaxson beschreibt, wie sich ab den sechziger Jahren »diese Halbkolonien und anderen Londoner Satelliten [...] als Buchhaltungszentren des Offshore-Euromarktes etablierten: Verschlossene und halb fiktive Durchgangsstationen auf dem Papierweg der Buchhalter – Verstecke, in denen die reichsten Individuen und Konzerne der Welt, insbesondere Banken, ihr Geld parkten, geheim und steuerfrei.«[39] Schon in den achtziger Jahren verhielt sich der Geldumlauf in keiner Weise mehr direkt proportional zu den »Bedürfnissen« von Handel und Investment. Die in Umlauf befindliche Geldmenge betrug mindestens das Zwanzigfache dessen, was für die Finanzierung des Welthandels und für neue Anlagen benötigt wurde.[40]

Dies hängt zusammen mit jenem Prozess, durch den Banken neues Geld aus dem Nichts erzeugen können, oder wie John Kenneth Galbraith schrieb: »Banken schöpfen Geld«.[41] Eine Bank verlängert ihre Bilanz, indem sie Geld, das Einleger bei ihr deponiert haben, an andere verleiht, die es wiederum an andere verleihen, und diese verleihen es ebenfalls weiter, und so fort. Dieser Prozess der Geldschöpfung durch Kredit ist mit großen Gefahren verbunden, denn Banken könnten dabei auch Geld verleihen, auf das sie keinen Zugriff haben. In der Epoche des organisierten Kapitalismus im »Westen«, die ungefähr von den vierziger bis in die siebziger Jahre dauerte, wurde dieser Prozess der Geldschöpfung noch stark reguliert. Die Nationalstaaten kontrollierten ihre Banken, insbesondere dadurch, dass sie den Banken feste und angemessen hohe Mindestreserven vorschrieben. Bankenzusammenbrüche zu vermeiden wurde als eine Hauptaufgabe des Staates betrachtet. Der Glass-Steagall Act von 1933 bildete in den USA die entscheidende Grundlage für die Einführung des Trennbankensystems, also einer institutionellen Trennung zwischen dem Einlagen- und Kreditgeschäft auf der einen und dem Investmentgeschäft auf der anderen Seite.

Doch im Zuge der Herausbildung des »desorganisierten« oder neoliberalen Kapitalismus ab den siebziger Jahren verschwanden viele dieser Schutzvorkehrungen, und es wurden die Bedingungen geschaffen für die Verlagerung von Einkommen, Vermögen und vielem mehr in Offshore-Zonen. Schon 1982 beschrieb Michel Aglietta die Entstehung eines »voll entwickelten internationalen Kreditsystems, das entterritorialisiert ist und sich der Regulierung durch souveräne Staaten entzieht«.[42] Die Einrichtung zahlreicher neuer Steueroasen und die beschleunigte Verlagerung in Offshore-Zonen gewannen insofern an Bedeutung für die Finanzwirtschaft, als sie zunehmend von den Fesseln nationaler Regulierung befreit wurde. Mit der wachsenden weltweiten Ungleichheit erschienen viele wohlhabende Privatpersonen und erfolgreiche Firmen manchen Entwicklungsländern als lohnende Beute, was sie veranlasste, diesen Reichen und Mächtigen Offshore-Finanzdienstleistungen anzubieten.

Palan, Murphy und Chavagneux zeigen, dass jede einzelne Steueroase für sich genommen unbedeutend ist, doch »zusammen spielen sie eine zentrale Rolle in der Weltwirtschaft [...] sie sind eine der Hauptstützen der ›neoliberalen Globalisierung‹.«[43] Bezeichnenderweise wurde das Glass-Steagall-Gesetz 1999 aufgehoben, wodurch ein von restriktiven Beschränkungen befreites Umfeld für die Kreditvergabe entstand. Die Aufhebung dieses Gesetzes führte in kurzer Zeit zu einer außerordentlichen Konzentration im US-amerikanischen Bankwesen, die auch darin ihren Ausdruck fand, dass sich die Börsenkapitalisierung der drei größten US-Banken in den sieben bis acht Jahren bis zum wirtschaftlichen Zusammenbruch 2007/08 verdoppelte.[44]

Bisweilen kann der Eindruck aufkommen, dass heute nur noch in Ausnahmefällen das Geld im Land bleibt, also bei Menschen, die nur ein kleines Vermögen besitzen und Steuern zahlen. So entrichtete beispielsweise im Jahr 2007 ein Drittel der größten britischen Unternehmen überhaupt keine Steuern für das vorhergehende Boom-Jahr.[45] Das große Geld ist zumindest zum Teil ausgelagert, und alle führenden Banken und Finanzinstitutionen befassen sich mit Offshore-Aktivitäten. Palan weist darauf hin, dass durch verschiedene regulatorische Änderungen »die Offshore-Welt in der globalen Wirtschaft verankert wurde«.[46]

Die USA wurden »plötzlich zum größten und möglicherweise verlockendsten Steuerparadies der Welt«.[47] In Delaware, dem zweitkleinsten US-Bundesstaat, gibt es ein Gebäude, in dem 217.000 Firmen ihren Sitz haben – es ist in gewisser Weise das größte Gebäude der Welt! Fast zwei Drittel der auf der »Fortune Global 500«-Liste aufgeführten US-Unternehmen sind in Delaware eingetragen, darunter General Motors, Walmart, Ford, Boeing und Coca-Cola. Hier werden nur geringe Anforderungen an die Unternehmensführung (Corporate Governance) gestellt, und die Rechte der Aktionäre gelten nicht viel. In Delaware genießt das Konzept der »beschränkten Haftung« besondere Wertschätzung.[48] Javier Caletrio beschreibt, wie in dieser Welt des Geldes »Diskretion, Verschwiegenheit und Geheimhaltung üblicherweise alle geschäftlichen Transaktionen bestimmen«.[49]

Wenn Geld »offshore« verlagert wird, werden dabei dieselben Konten, Instrumente und Mittel benutzt, die auch zum Einsatz kommen, wenn Geld aus kriminellen Geschäften gewaschen wird. Nick Kochan weist lapidar darauf hin, dass man, wenn man einen Bankkredit in Anspruch nimmt, Geld bekommt, »das zumindest einmal über ein Konto gelaufen ist, das einem Diktator oder einem größeren Drogenhändler gehörte«.[50] Nach Schätzungen aus dem Jahr 2005 belaufen sich die verschiedenen Formen »illegalen« Geldes, die sich jährlich in Umlauf befinden, auf die gigantische Summe von 1,1 bis 2,5 Billionen US-Dollar.[51] Dieses sich schnell bewegende Geld entzieht sich den generell schwachen Formen der Regulierung, die zudem davon abhängig sind, dass sie von den Banken, selbst notorische Steuervermeider, auch angewendet werden.

Diesen Banken gelingt es in der Regel nicht, zu verhindern, dass Schwarzgeld, gewaschenes Geld oder Geld, das aus terroristischen oder kriminellen Aktivitäten stammt, über ihre Konten läuft. In den neunziger Jahren war die einstmals renommierte Bank of New York ein »Kanal« für derart enorme Beträge gewaschenen russischen Geldes, dass kein Staat imstande war, diese Transaktionen zu unterbinden. Nick Kochan zeigt, wie durch Offshore-Konten Geldwäsche in großem Stil ermöglicht wurde.[52] Die Bank of Credit and Commerce International (BCCI), die 1972 gegründet worden war, entwickelte sich dank der Etablierung des »Offshoring« in den vergangenen zwei Jahrzehnten zur am schnellsten wachsenden Bank der Welt. Im Jahr 1991 geriet die BCCI in den Mittelpunkt des bis dahin größten internationalen Finanz- und Betrugsskandals. Keine Regulierungseinrichtung war in der Lage gewesen, die Zusammenhänge zu erkennen. Laut Brittain-Catlin war die Bank »ein Monster, das in den Lücken zwischen den nationalen Finanzsystemen und den Behörden groß geworden war«.[53]

Im Juli 2012 stellte der Ständige Unterausschuss des Senats für Untersuchungen (Permanent Subcommittee on Investigations) dar, wie die Großbank HSBC und deren US-amerikanische Niederlassung über das amerikanische Finanzsystem Geldwäsche, Drogenhandel und Terrorfinanzierung ermöglichten. Die HSBC-Bank besitzt 7.200 Filialen in mehr als 80 Ländern und erwirtschaftete 2011 einen Gewinn von 22 Milliarden Dollar. Nun aber droht ihr eine Strafzahlung von bis zu einer Milliarde US-Dollar, was das Ausmaß ihrer aktiven und gesetzeswidrigen Geldverschiebungen verdeutlicht. Dies war ein systemisches Versagen, das aus einer unzureichenden Überwachung der Geldwäsche resultierte. Der 330 Seiten umfassende Bericht des Ständigen Unterausschusses erläuterte ausführlich die Rolle der »korrespondierenden Banken«, über die verschiedene Agenten für eine solche Großbank tätig werden. Dies war der wichtigste Kanal für illegale Geldflüsse, insbesondere von den großen mexikanischen Drogenkartellen. Die HSBC-Bank hatte keine Vorkehrungen getroffen, um diese groß angelegten Geldwäscheaktivitäten zu verhindern, deren Gesamtvolumen von einigen Beobachtern auf mehr als das Doppelte der Marktkapitalisierung der Welt-Autoindustrie geschätzt wurde.[54] James Petras fasst zusammen, »wie der Aufstieg einer kriminellen Finanzelite und eines mit ihr kooperierenden und ihr entgegenkommenden Staates zum Zusammenbruch von Recht und Gesetz geführt hat, zur Außerkraftsetzung und Diskreditierung der gesamten regulatorischen Instanzen und des Rechtssystems. Dadurch entstand ein nationales System der ›ungleichen Ungerechtigkeit‹, in dem gegen kritische Bürger vorgegangen wird, die ihre verfassungsmäßigen Rechte wahrnehmen, während die kriminellen Eliten straffrei ausgehen«.[55]

Diese Welt der Verlagerung in Offshore-Zonen und der verbreiteten Illegalität ist die Hauptgrundlage des ausgedehnten Schattenbankensystems und des Ungleichgewichts zwischen den Prozessen der »Finanzialisierung« und der »Realwirtschaft«. Fast die gesamte Weltwirtschaft ist mittlerweile »finanzialisiert«.[56] Im Jahr 2010 belief sich der Gesamtwert der globalen Devisentransaktionen auf 955 Billionen US-Dollar – mehr als das Fünfzehnfache des gesamten Bruttoinlandsprodukts der Welt, das 63 Billionen US-Dollar betrug.[57] Der Umlauf dieser enormen Geldmengen hat eine »Diktatur der Finanzmärkte« hervorgebracht, da durch ihn Einkommen und Rechte aus der »Realwirtschaft« abgezogen werden.[58] Darüber hinaus vollzieht sich ein großer Teil der Finanzgeschäfte mittlerweile über algorithmisches Trading. Nach Schätzungen werden bereits bis zu 70 Prozent des

US-amerikanischen Börsenhandels über den computergestützten Hochfrequenzhandel abgewickelt.[59]

In der Folge werden die Volkswirtschaften umstrukturiert durch eine Verschiebung der Machtverhältnisse und der Vermögenskonzentration; das Schwergewicht verlagert sich von Organisationen, die auf direkte Weise oder über kooperierende Unternehmen Güter und Dienstleistungen erzeugen, zu Organisationen, die sich in erster Linie mit Finanzströmen oder intermediären Aktivitäten beschäftigen. Dies wird durch neue, voneinander abhängige Finanzeliten organisiert, die in den vergangenen drei bis vier Jahrzehnten entstanden sind.[60] Die Macht dieser Finanzintermediäre steht im Gegensatz zu den Interessen einer produktiven Volkswirtschaft aus kleineren Unternehmen, die neue Produkte und damit zusammenhängende Dienstleistungen hervorbringen.

Die Macht des Finanzwesens, der Geldzirkulation und der Verschuldung wird auch maßgeblich gefördert durch Unternehmensübernahmen durch Private-Equity-Firmen. Diese Kapitalgesellschaften bringen gewöhnlich nur einen Teil des Kaufpreises selbst auf, der Rest kommt von institutionellen Investoren oder wird als Kredit aufgenommen unter Einsatz der Vermögenswerte der zu übernehmenden Firma. Nach dem Kauf wird sie »privatisiert« und dadurch dem Blick der Allgemeinheit entzogen. Die Aktivitäten von Kapitalbeteiligungsgesellschaften unterliegen wesentlich weniger Restriktionen als jene anderer Firmen. Dank Ausnahmeregelungen im Kapitalmarktrecht können die meisten Private-Equity-Firmen eine regulatorische Aufsicht weitgehend umgehen. Unternehmen, die sich im Besitz von Kapitalbeteiligungsgesellschaften befinden, werden mit höherer Wahrscheinlichkeit Arbeitsplätze abbauen, ihr Wachstum verlangsamen oder Konkurs gehen. Zudem ist zu erwarten, dass diese Firmen, wenn sie »offshore« registriert sind und auch von dort aus operieren, eher Steuervermeidungs- oder Steuerumgehungsstrategien verfolgen.[61]

Die Offshore-Welt wurde durch die großen Konzerne geschaffen und fördert diese auch. Sie erschwert es »innovativen kleinen Fischen«, im Wettbewerb zu bestehen, und wenn ihnen dies doch gelingt, werden sie wiederum von den großen, bürokratisierten multinationalen Gesellschaften übernommen, deren Gewinne dann zu einem großen Teil »offshore« transferiert werden.[62] Es wird zunehmend erkannt, dass diese Offshore-Welt lokale, kleinere Unternehmen schwächt, die mit den großen, verlagerten Firmen nicht auf Augenhöhe konkurrieren können.

In der Konsequenz wird die Entstehung eines weitgehend unbesteuerten, unregierbaren und außer Kontrolle geratenen »Casino-Kapitalismus« maßgeblich gefördert, eines Kapitalismus, der mehr mit Glücksspiel als mit tatsächlichen Bankgeschäften zu tun hat und der dazu beiträgt, die großen wirtschaftlichen und sozialen Unterschiede sowie die ungleiche Vermögensverteilung zu verstärken, die in den meisten Ländern der Welt zu beobachten sind.[63] Die Dominanz des Finanzsektors, die durch das »Offshoring« ermöglicht wurde, ist daher mit einer grundlegenden Transformation von Wirtschaft und Gesellschaft verbunden, einem Bestandteil des »neuen Geistes des Kapitalismus«, wie er von Luc Boltanski und Ève Chiapello beschrieben wurde.[64]

Steuerpolitik

Doch dieses in die Offshore-Zone verlagerte Steuersystem ist nicht für alle Zeiten festgefügt. Bis vor wenigen Jahrzehnten noch wurden Einkommen und Besteuerung im »Westen« im Allgemeinen als Privatangelegenheit betrachtet, die niemanden etwas anging, außer den eigenen Steuerberater oder den Anwalt. Niemand wusste, wie viel (oder wie wenig) Steuern bekannte Persönlichkeiten oder Unternehmen zahlten. Berühmte Persönlichkeiten erhielten ihre Vergütungen, Gagen oder Honorare gewöhnlich in einer Form, die es ermöglichte, nicht zu hohe Steuern zahlen zu müssen; in ähnlicher Weise führten Konzerne häufig nur einen kleinen Teil ihrer Gewinne als Körperschaftssteuer ab. Dies wurde oft nicht als ein Problem betrachtet, weil dadurch mehr Geld für »Investitionen« des Konzerns übrig blieb.

Das Entrichten von Steuern vollzog sich also mehr oder weniger im Verborgenen. Die meisten Leute interessierten sich nicht sonderlich dafür, und es wirkte sich auch nicht auf den gesellschaftlichen Status der Betreffenden aus. Insbesondere erlaubte man Steuerberatern und Anwälten, ja erwartete es von ihnen sogar, dass sie die Aktivitäten ihrer Klienten als Privatangelegenheit behandelten, auch wenn diese Handlungen ethisch verwerflich oder gesetzeswidrig waren. Das Vertrauensverhältnis zwischen dem Berater oder Anwalt und dem Klienten galt als höchstes Gut.

Doch ungefähr ab dem Jahr 2000 rückten das Thema der Steuerhinterziehung durch die Reichen und Mächtigen und die Rolle der Steueroasen verstärkt in das politische Blickfeld. Nach der Jahrtausendwende gewann die Steuerpolitik neue Bedeutung. Es erschienen viele kritische Darstellungen (etwa eine Untersuchung der britischen Organisation Oxfam über die Mitschuld der Steueroasen an der weltweiten Armut), Medienberichte (selbst in den unternehmerfreundlichen Zeitschriften *Wall Street Journal* und *The Economist*); es entstanden kampagnenfähige Nichtregierungsorganisationen (wie etwa Offshore Watch) und neuartige Forschungseinrichtungen (wie das International Consortium of Investigative Journalists); die OECD begann eine aktivere Rolle zu spielen (um »unfairen Steuerwettbewerb« einzuschränken); zunehmend wurden Steuerdaten an Medien weitergeleitet (im März 2013 beispielsweise wurden 38 Medienunternehmen derartige Informationen zugespielt), und in der Öffentlichkeit wuchs die Kritik an Unternehmen, die sich an Steuervermeidung oder -umgehung beteiligten.[65]

Diese politische Gegenbewegung hat mittlerweile beträchtlich an Schwung gewonnen. Durch vielfältige Interventionen von Nichtregierungsorganisationen, regierungsamtliche Berichte und einen neuartigen Aktivismus wurden zahlreiche Formen und Aspekte von »Steuerhinterziehung« aufgedeckt. Diese Praktiken, so lautet die Kritik, beeinträchtigen die Fähigkeit der Staaten, Einkommen und Vermögen dort zu besteuern, wo sie entstehen, und sie verzerren die Wettbewerbsbedingungen, da kleinere, lokale

Firmen die vollen Steuern bezahlen, große multinationale Unternehmen dagegen nicht.[66] Das Anprangern von Steuerhinterziehung ist in vielen Ländern zu einem wichtigen politischen Thema geworden und entwickelt sich immer mehr zu einer globalen Bewegung.[67]

Dies kam eindrucksvoll Anfang 2013 zum Ausdruck durch eine Untersuchung, die das International Consortium of Investigative Journalists durchführte, nachdem dieser Organisation eine Computer-Festplatte mit Unternehmensdaten, persönlichen Informationen und E-Mails zugespielt worden war.[68] Das Informationspaket umfasste mehr als 260 Gigabytes an Daten, aufgeteilt in rund 2,5 Millionen Ordner und mehr als 2 Millionen E-Mails. Die Festplatte enthielt vier große Datenbanken sowie eine halbe Million Seiten mit Texten, PDFs, Tabellen, Bildern und WebFiles.

Die Daten stammten aus zehn Steueroasen, darunter den Britischen Jungferninseln, den Cook Islands, Zypern und Singapur, und sie enthielten detaillierte Informationen über mehr als 122.000 Offshore-Firmen oder -Trusts, über knapp 12.000 Vermittler (Agenten oder »Introducer«) und ungefähr 130.000 Berichte über Personen und Agenten, die diese Offshore-Firmen leiteten, sie besaßen, sich hinter ihnen versteckten oder von ihnen profitierten. Diese ausführlichen Daten zeigten, dass die meisten Personen, die Offshore-Körperschaften einrichteten, aus China, Hongkong, Russland und früheren Sowjetrepubliken kamen. Die Untersuchung ergab, dass zahlreiche Strukturen, die die wahren Eigentumsverhältnisse oder die Verfügungsgewalt über Vermögenswerte verschleiern sollten, in Offshore-Zonen verlagert wurden. Viele Positionen in diesen Unternehmen werden von so genannten nominellen Direktoren besetzt, deren Namen manchmal bei Hunderten von Firmen auftauchen. Nominelle Direktoren stellen Personen für ein gewisses Entgelt ihren Namen zur Verfügung und lassen sich als Inhaber von Unternehmen eintragen, über die sie kaum etwas wissen – eine Praxis, die in der Offshore-Welt weit verbreitet ist. Ihre Wohnanschriften, die in diesen Datensätzen enthalten waren, verteilten sich über 170 Länder und Territorien.

Eine weitere Organisation, die dazu beigetragen hat, die Praxis der Steuerhinterziehung durch Privatpersonen auf die politische Agenda zu setzen, ist das Tax Justice Network. Diese Organisation bekämpft all jene Mechanismen, dank derer sich Firmeninhaber und Vermögensbesitzer ihrer Verantwortung gegenüber der Gesellschaft entziehen können, in der sie leben und von der sie abhängig sind.[69] Während die Verwaltung von Delaware verkündet, dass »Delaware Sie vor der Politik schützen kann«, versucht das Tax Justice Network dafür zu sorgen, dass es keine derartigen Schutzmöglichkeiten mehr gibt, und betont die Notwendigkeit von Gesetzeskonformität, Offenheit und Transparenz.

Auch andere Autoren haben die Steuerthematik im allgemeineren Sinne zur Sprache gebracht; einige vertreten zum Beispiel die Auffassung, dass »Steuern ein feministisches Thema« seien. In vielen Ländern gilt es heute als skandalös und kritikwürdig, dass manche Unternehmen und Privatpersonen niedrige oder keine Steuern zahlen, dass rechtliche Fassaden es ermöglichen, sich systematisch der Besteuerung zu entziehen, so dass andere Firmen und Menschen deshalb mehr zahlen müssen oder bestimmte staatliche Dienstleistungen deswegen schlechter sind, als sie sein könnten. Großunternehmen und reiche Privatleute sehen sich zunehmend gezwungen, ihre Haltung zur Besteuerung zu verteidigen, und bemühen sich um eine »steuerliche Reinwaschung«, um sich skandalhungrige Medien, Kritiker und Demonstranten vom Leib zu halten.

Die Steuer-Problematik gefährdet zunehmend viele der bekannten Weltmarken, die wegen ihres unstillbaren Verlangens nach Gewinn kritisiert werden, aber auch weil sie auf aggressive Weise Steuervermeidung betreiben und sich absichtlich den Forderungen nach Transparenz und Öffentlichkeit zu entziehen versuchen.

Diese verschachtelte »Geheimwelt« kann nicht allein durch Nationalstaaten reguliert werden und ist vielleicht überhaupt nicht regulierbar. Es hat sich eine geheime Welt von solch gewaltiger Dimension in Form eines »unregulierten Äthers« entwickelt, dass es nahezu unmöglich ist, sie konkret zu erfassen, geschweige denn, sie in den Griff zu bekommen, wenngleich einige Exzesse bisweilen an die Öffentlichkeit gelangen und dann auf dramatische Weise angeprangert werden.

Das Geldsystem entwickelt sich zu einem Gegenstand kapitalistischer Spekulation, es dient nicht länger der Industrie und der Bereitstellung von Dienstleistungen, sondern wird zur Wirtschaft schlechthin. Mary Mellor beschreibt diesen »Turbokapitalismus«, in dem Geld in Finanzanlagen investiert wird, um noch mehr Geld zu erzeugen. Das Streben nach Shareholder Value ist eine wesentliche Triebkraft der Verlagerung in Offshore-Zonen.[70] Die nützliche öffentliche Funktion des Geldes ist aufgrund der Vorherrschaft der Finanzwirtschaft und deren problematischen Interessen verlorengegangen, und dies spiegelt sich auch in vielen anderen Offshore-Strukturen, die nachfolgend untersucht werden.

In der heutigen Welt fließt das Kapital nicht dorthin, wo es am »produktivsten«, geschweige am gesellschaftlich sinnvollsten eingesetzt werden kann. Selbst der Vorsitzende der früheren britischen Finanzmarktaufsichtsbehörde (UK Financial Services Authority), Adair Turner, kritisierte einmal, dass viele der »Produkte«, die von cleveren jungen Männern in den Finanzzentren New York und London entwickelt werden, »für die Gesellschaft nutzlos« sind und ihr häufig sogar schaden.[71]

Die Finanzwirtschaft streift jedoch ständig weiter durch die Welt auf der Suche nach immer noch schwächeren Formen der Regulierung. Die Finanzwirtschaft liefert der Volkswirtschaft keine finanzielle Energie. Zudem ist sie aufgrund eines Netzes aus Knotenpunkten, Verbindungen und ungenügenden Absicherungen auch besonders angreifbar durch äußere Ereignisse, die dazu führen können, dass die Geschichte einen Sprung nach hinten oder auch nach vorn macht, wie zum Beispiel durch den wirtschaftlichen und finanziellen Zusammenbruch der Jahre 2007/08, dessen Gesamtkosten sich nach Schätzungen auf mindestens 20 Billionen US-Dollar beliefen.[72]

5. Unterhaltungs- und Vergnügungsindustrie

Piraten

Im vorhergehenden Kapitel wurde erwähnt, dass viele Steuer-paradiese auch Orte sind, an denen Erholung und Vergnügungen angeboten werden. Jim Krane schreibt zum Beispiel über Dubai: »Es ist der trockenste Landstrich der Welt, ein Land, das keiner-lei historische Sehenswürdigkeiten anzubieten hat, aber trotzdem fliegen ausgabefreudige, betuchte Besucher um die halbe Welt, um es zu sehen« – und auch, um Konten zur Steuervermeidung zu eröffnen.[1] In diesem Kapitel untersuche ich, wie Orte des Kon-sums und der Erholung in der neoliberalen Ära einen Offshore-Status bekamen und eine besondere Bedeutung erlangten. In den vergangenen fünf Jahrzehnten erlaubte es die Verlagerung des Vergnügens in Offshore-Zonen, die Gesetze und Normen, die »onshore« galten, vollständig oder teilweise zu umgehen. Viele Besucher erlagen den Verlockungen von Orten, die Spaß und Freiheit boten und es zugleich ermöglichten, den Vorschriften und Regeln zu Hause zu entfliehen.

Ein frühes Beispiel für die Verlagerung von Vergnügen und Unterhaltung in den Offshore-Bereich, das heute freilich sehr harmlos erscheint, war die Gründung von Piratensendern in den sechziger Jahren, die rund um die Uhr Popmusik spiel-ten.[2] Ursprünglich hatte in Großbritannien die BBC Program-me ausgestrahlt, die die Arbeitsmoral der Beschäftigten in der Industrie durch »Lieder zum Mitsingen« und Komödien stär-ken sollten und die häufig auch durch Lautsprecheranlagen in die Betriebe übertragen wurden. Doch in den fünfziger Jahren begann sich der »Teenager«-Kult zu entwickeln, und es tauchte eine neuartige amerikanische Musik auf. Die BBC-Programme boten nur eingeschränkte Möglichkeiten, diese neue Musik zu hören und sich mit dieser Mode zu beschäftigen, da die Sen-dungen gewöhnlich von etablierten Moderatoren präsentiert wurden und die Plattenfirmen das ungeregelte Abspielen von

Schallplatten verhinderten. Die neue populäre amerikanische Musik konnte man nur auf Radio Luxemburg hören, dem wichtigsten Radiosender, der sein Programm grenzüberschreitend ausstrahlte.

Anfang der sechziger Jahre begannen auch mehrere niederländische Radiostationen ins Ausland zu senden, wenngleich die niederländischen Rundfunkgesetze ähnlich restriktiv waren wie die britischen. In beiden Fällen jedoch war der Geltungsbereich der nationalen Gesetze auf die Dreimeilenzone vor der Küste begrenzt. Jenseits davon lagen die internationalen Gewässer, in denen das Recht der Flaggenstaaten der Schiffe galt, die das Meer befuhren. Ein Schiff, das beispielsweise in Panama registriert war, musste in den internationalen Gewässern nur die Gesetze Panamas beachten. Wenn es nach dem Recht der Flaggenstaaten nicht verboten war, in den internationalen Gewässern eine Radiostation zu betreiben, dann durften die Schiffe diese Rundfunksendungen ausstrahlen.

Mit dem Aufblühen der Jugendbewegung und der Popmusik Anfang der sechziger Jahre entstand in Großbritannien ein Potenzial für eine neue musikalische Populärkultur. Das Monopol der BBC und der großen Schallplattenfirmen wurde gebrochen, die Radio- und Fernsehszene veränderte sich. Als die neuen Bands durch diese Offshore-Sender bekannt wurden, entwickelten sich neue Musik- und Modeströmungen, die schnell ein Millionenpublikum fanden.

Doch durch den Marine Offences Act von 1967 wurden in Großbritannien Offshore-Sender verboten, die keine Konzession besaßen, während die BBC ungefähr zur selben Zeit das Programm Radio 1 einführte, welches das Format der Piratensender vor der Küste kopierte. Die britischen Regierungen versuchten die »Piratenradios« zu regulieren, die von außerhalb der Staatsgrenzen sendeten, indem sie sich den exterritorialen Status der Hochsee zunutze machten.[3]

Verlagerung des Konsums

In den siebziger Jahren wurde die Musikindustrie wieder vom Meer ins Inland zurückverlagert. Die jungen Leute entwickelten sich zu Massenkonsumenten von Musik, Kleidung, Mode und Ferienreisen, doch diese Produkte wurden zunehmend von anderswoher geliefert und kamen nicht mehr aus dem unmittelbaren Lebensumfeld. Die privaten Radiosender symbolisierten den kulturellen Wandel vom »nachbarschaftlichen Leben« zum »Leben außerhalb der Nachbarschaft«, der durch neue Formen und Erfahrungen von Freizeitangeboten, populärer Musik, Konsumgütern, Reisen, Informationen, Getränken und Drogen herbeigeführt wurde.

Beim nachbarschaftlichen Leben vollzogen sich Arbeit und Vergnügen zum großen Teil im näheren Umkreis. Die meisten Konsumangebote, auch die meisten Familienmitglieder und Freunde waren mithilfe langsamer Fortbewegungsmittel erreichbar, meist zu Fuß oder mit dem Fahrrad. Das Leben konzentrierte sich auf ein Ensemble bekannter Straßen, auf ein komplexes und aktives Leben in einer Gruppe, in der Arbeit und im sozialen Bereich. Die Sozialisierung junger Männer und Frauen fand in diesem Rahmen statt. Konsum war mit der Befolgung der Normen verbunden, die in einer sozialen Gemeinschaft galten und von ihr auch durchgesetzt wurden. Es gab kaum eine Trennung zwischen Produktion und Konsum.[4]

Viele agrarische und industriell-urbane Gesellschaften beruhten auf diesem relativ stark sanktionierten nachbarschaftlichen Leben, bei dem nur wenige Güter konsumiert wurden, die anderswo hergestellt worden waren, oder Dienstleistungen genutzt wurden, die man aus der Ferne bezog. Auch als die Arbeiterschaft in den Genuss längerer Urlaubszeiten kam, wurden diese meist in diesem Rahmen verbracht. Gruppen von Beschäftigten oder Nachbarn verreisten zusammen und nutzten gemeinschaftliche Formen der Fortbewegung, wobei dieses Erlebnis durch den gegenseitigen Austausch reguliert und gestaltet wurde.[5] Die Konsummuster wurden durch Familie und Nachbarschaft bestimmt.

Im 20. Jahrhundert dagegen wurden in das Konsumverhalten zunehmend auch soziale Praktiken aufgenommen, die über den nachbarschaftlichen Bereich hinausgingen und stattdessen durch ausländische Radio- und Fernsehsender, durch Filme, Fernreisen, Zeitschriften, Internet-Werbung und dergleichen hervorgebracht wurden. Die Systeme, die Produktion und Konsum verbanden, vergrößerten sich in zeitlicher und räumlicher Hinsicht, insbesondere dank der Ausbreitung neuer gesellschaftlich-technischer Errungenschaften. Die wichtigsten dieser Neuerungen waren die Elektrizität und das nationale Stromnetz, das Auto, Radio und Fernsehen sowie die Aeromobilität.[6] Der Konsum von Gütern und Dienstleistungen vollzog sich über wesentlich ausgedehntere Distanzen. Güter wurden in großen Fabriken in Massenproduktion hergestellt. Läden, Einkaufszentren, Themenparks und andere Vergnügungseinrichtungen entstanden, zu denen man häufig über weite Entfernungen anreiste und die mit Gütern und Dingen aus allen Teilen der Welt bestückt waren.[7]

In der Folge entwickelten sich differenziertere gesellschaftliche Verhaltensweisen, die häufig mit Fernreisen verbunden waren.[8] Sie erforderten nicht nur oft vielfältige Bewegungen und Aktivitäten, sondern verlangten von den Menschen, Güter zu erwerben und zu nutzen, die bereits weite Strecken zurückgelegt hatten, sowie Dienstleistungen zu konsumieren, die von weit außerhalb der Nachbarschaft kamen. Innerhalb dieser neuen sozialen Praktiken mussten sich Menschen und Dinge in zunehmend größerem Rahmen bewegen, wozu auch die »serielle Migration« gehörte, wie es Susan Ossman nannte.[9] Auch familiäre und freundschaftliche Beziehungen wurden über größere Entfernungen gelebt und aufrechterhalten und bisweilen auch in die Offshore-Zone verlagert.

Im Zuge dieser Prozesse wurden von den Menschen in wachsendem Maße Vergleiche gezogen, und dies steigerte häufig die Unzufriedenheit mit den Gütern oder Dienstleistungen, die sie erworben hatten.

Die vermehrten Wahlmöglichkeiten ängstigten sie häufig und beeinträchtigten ihr Wohlbefinden, weil sie mehr Zeit beanspruchten und mit Unsicherheiten einhergingen. Barry Schwartz weist darauf hin, dass die Verbraucher von Gütern und Dienstleistungen häufig Bedauern empfinden, dass sie bestimmte Konsumgüter nicht erworben haben, und Enttäuschung über ihre tatsächlichen Käufe verspüren.[10] Dies ist besonders bei Kindern der Fall, da für ihre Unterhaltung, ihr Vergnügen und ihre Ausbildung ein Übermaß an Gütern hergestellt wird. Diese Kinder sind anscheinend weniger zufrieden, mehr gestresst und weniger gesund als die Kinder früherer Generationen. Sharon Beder vertritt die Auffassung, dass die Verminderung des kindlichen Wohlbefindens durch Unternehmen hervorgerufen wurde, deren Absatzstrategien in erster Linie auf jüngere Kinder zielen, die nicht länger als »tabu« gelten.[11]

Diese Enttäuschung über erworbene Güter und Dienstleistungen wird durch die globale Werbung gefördert. In dieser Werbung werden verführerische Angebote unterbreitet, die häufig von Orten bezogen werden, die weit entfernt sind vom unmittelbaren Wohnumfeld eines Menschen.[12] Der Konsum dieser Güter und Dienstleistungen steigt anscheinend proportional mit zunehmendem Radio- und Fernsehkonsum.[13] Die Vermehrung der Möglichkeiten ist darüber hinaus mit gesteigerter Mobilität verbunden, da Speisen, Erzeugnisse, Örtlichkeiten, Dienstleistungen, Freunde, Familienangehörige und Spielangebote aus allen Teilen der Welt zugänglich beziehungsweise verfügbar sind. Dieser Zustrom von Neuerungen im Zeichen des »Überflusses« unterhöhlt viele herkömmliche Bindungen und Konventionen und bringt die »Freiheit zur Sucht« hervor, wie etwa die »Sucht« des Einkaufens über das Internet.[14] Viele potentielle Süchte und Abhängigkeiten liegen jenseits des nachbarschaftlichen Umfelds und dessen Formen der unmittelbaren Regulierung.

Offshore-Orte des Exzesses

Nachfolgend untersuche ich im Besonderen die Verlagerung des Vergnügens in den Offshore-Bereich. Etwa ab 1990 floss vermehrt Kapital in Grundstückserschließungen und Immobilien, was

Ende der neunziger Jahre und Anfang des neuen Jahrtausends zu »Blasen« im Immobiliensektor führte. Ein zentrales Merkmal des Neoliberalismus ist die spekulative Verbindung von Kapital und Immobilienprojekten, etwa bei der Errichtung von Vorstädten, Wohnungen, Ferienwohnsitzen, Hotels, Freizeitparks, bewachten Wohnanlagen, Sportarenen, Bürogebäuden, Universitäten, Einkaufszentren und Spielcasinos. Viele dieser Projekte wurden »offshore« verwirklicht, wie beispielsweise die buchstäbliche »Errichtung« von Dubai in einer höchst unwirtlichen Wüstengegend. Zwischen den Regierungen, den Immobilienentwicklern und den Käufern bestehen wechselseitige Verbindlichkeiten. Diese Schulden wurden häufig »parzelliert«, zu Finanzpaketen geschnürt und dann weiterverkauft. Dadurch wurde ein finanzielles Kartenhaus errichtet, das auf der »Wette« beruht, dass Immobilien stetig an Wert gewinnen.

Es entstanden große neue Konsumzentren mit eindrucksvollen Bauten, die von berühmten Architekten entworfen wurden. Es wird viel Erdöl aufgewendet, um Menschen und Dinge zu diesen Orten hin und von ihnen weg zu transportieren. Die Namen dieser Orte haben den Beiklang von Freizeit und Erholung und von verbotenen Vergnügungen. Neue Stätten des Konsumexzesses sind beispielsweise Arg-e Jadid, eine kalifornische Oase in der iranischen Wüste, die bewachte Wohnanlage Palm Springs in Hongkong, Sandton in Johannesburg, Dubai, Sentosa in Singapur und Macao.[15] Viele dieser Einrichtungen wurden von Weltfirmen wie Sandals, Gap, Jumeirah, Easyjet, Club 18-30, Ibiza, Hilton, Virgin, Club Med oder Sands durch beträchtliche Marketing-, PR- und Werbeaufwendungen entwickelt oder gefördert. Naomi Klein schreibt dazu: »Befreit von solchen Lasten der realen Welt wie dem Ladengeschäft und der Produktherstellung, können sie ungebremst gedeihen, aber weniger als Lieferanten von Gütern oder Dienstleistungen, denn als kollektive Phantasien«.[16]

Von besonderer Bedeutung sind in diesem Zusammenhang die in die Offshore-Zone verlagerten »kollektiven Halluzinationen« von »Sex, Drugs and Rock'n'Roll«, wozu auch »Vergnügungen« gehören, die zu Hause verboten oder verpönt sind, wie beispiels-

weise Drogen, Glücksspiel, übermäßiger Alkoholkonsum oder
Sex mit Teenagern. Im Offshore-Bereich wuchsen zahlreiche
Orte, die den Konsum illegaler Produkte oder Dienstleistungen
ermöglichten, und um sie herum entstanden weitere Offshore-
Zonen, die oftmals das »Image« dieses Ortes maßgeblich prägen
und bisweilen auch als »alternativ« charakterisiert werden. Natürlich liegen nicht alle diese Orte im wörtlichen Sinne »offshore«,
also vor der Küste oder weit draußen auf dem Meer.

Ein eindrucksvolles Beispiel für diese Entwicklung sind die
milliardenschweren Investitionen für den Bau von Casino-, Hotel-
und Freizeitkomplexen, die in Macao errichtet wurden – Macao
ist der einzige Ort, an dem chinesische Staatsbürger legal dem
Glücksspiel frönen können. Mittlerweile ist Macao zum Zentrum
des weltweiten »Casino-Tourismus« geworden, nachdem das
früher geltende Glücksspielmonopol aufgehoben wurde. Diese
kleine Insel mit ungefähr einer halben Million Einwohner zieht
jedes Jahr 25 Millionen Besucher an, wovon mehr als die Hälfte vom chinesischen Festland kommen.[17] In Macao können die
erst vor relativ kurzer Zeit wohlhabend gewordenen Chinesen
lernen, wie man sich als Käufer von Gütern verhält und vor allem als Nutzer jener Art von Dienstleistungen, die mit einer »Ca-
fé-Kultur« verbunden sind. Macao wird auch als ein Labor des
Konsums beschrieben, da hier den Chinesen beigebracht wird,
individualisierte Konsumenten von Gütern und Dienstleistungen
zu werden, die an diesem Ort in außerordentlichem Maße bereitgestellt werden. Es wurde ein riesiger Themenpark namens
»Fisherman's Wharf« errichtet, der mit einer Nachbildung des
römischen Kolosseums, mit Reproduktionen von Häusern aus
Amsterdam, Lissabon, Kapstadt und Miami aufwartet sowie mit
einem künstlichen Vulkan, bei dem ein Ausbruch simuliert wird.

Derartige Offshore-Plätze sind hochgradig kommerzialisiert.
Durch Tore, die meist digital gesteuert werden, wird verhindert,
dass Einheimische oder Besucher, die als wenig kreditwürdig erscheinen, in die Anlage gelangen. Das Verhalten der Besucher
wird nicht von der Familie oder dem sozialen Umfeld reguliert,
und sie werden zahlreichen kommodifizierenden Einflüssen

ausgesetzt. Solche Themenparks zeichnen sich durch zahlreiche Möglichkeiten unregulierten Konsums und Vergnügens aus. Darüber hinaus können diese Stätten die Suchtanfälligkeit der Besucher fördern, insbesondere die Spiel- und Kaufsucht, Drogen- und Alkoholabhängigkeit, Völlerei und dergleichen. Sie gaukeln den Menschen »Wahlmöglichkeiten« vor und können sie dadurch in Gefahr bringen, abhängig zu werden.[18] Diese Orte sind für ihre Konsumexzesse bekannt und wirken als Besuchermagnete, die den Menschen Spaß und Vergnügen bieten in einem Umfeld, das für Ausbrechen und Freiheit steht, wovon in Wirklichkeit aber nicht die Rede sein kann.[19]

Als weiteres Beispiel für die Verlagerung des Freizeitkonsums in den Offshore-Bereich kann man die Kreuzfahrtschiffe betrachten, die wie schwimmende Inseln sind und sich tatsächlich die meiste Zeit fernab vom Land bewegen. Auch diese schwimmenden, abgeschlossenen Gemeinschaften beruhen darauf, dass man hier im Übermaß dem Konsum frönen kann, ohne von Familienangehörigen oder Nachbarn beobachtet und kritisiert zu werden. Diese im Offshore-Bereich liegende Konsumzone ist durch eine strikte Trennung zwischen der einheimischen Bevölkerung (abgesehen von den Beschäftigten) und den mobilen Besuchern gekennzeichnet. Diese Besucher haben Zugang zu Sonderzonen, die beispielsweise auf den karibischen Inseln speziell für sie eingerichtet wurden. Die meisten Reisenden, die auf Kreuzfahrtschiffen unterwegs sind, bleiben aber gewöhnlich die ganze Zeit »offshore«, also dem Land fern. Sie leisten kaum einen Beitrag zur örtlichen Wirtschaft oder der sozialen Gemeinschaft, an der sie vorbeiziehen; sie winken grüßend herab zu den »Einheimischen«, deren Lebensformen sie visuell konsumieren, während das Schiff an der Küste entlangfährt.

Vor Kurzem wurde von der Reederei Royal Caribbean Cruise Lines das größte Kreuzfahrtschiff der Welt in Betrieb genommen; es verfügt über knapp 2.000 Gästekabinen, eine Eisbahn, den ersten Surfpark auf See, freitragende Whirlpools, die sich mehr als 3,5 Meter über die Seiten des Schiffes hinaus erstrecken, einen Wasserpark mit Fontänen, Geysiren und einem Wasserfall, eine

Kletterwand und eine Royal Promenade.[20] Einige Superreiche arbeiten an der Errichtung dauerhafter, sich selbst verwaltender Wohnstätten auf dem Meer. So hat das Seasteading Institute Untersuchungen in Auftrag gegeben über den Bau von Hochseekolonien, die gewissermaßen von Ländern »unabhängig« sein würden.[21]

Diese Orte des Vergnügens und des Abgetrenntseins sind auch Arbeitsplätze für Menschen, die diese Dienstleistungen ermöglichen, für die zahlreichen Migranten, die diese Attraktionen errichten und den Konsumenten »zu Diensten« stehen. Von besonderer Bedeutung in diesem Zusammenhang ist das Sexgeschäft, das mit Frauenhandel durch kriminelle Netzwerke verbunden ist. Zu den Methoden, die dabei verwendet werden, gehören Versprechungen von Urlaubsreisen oder Visa, aber auch Entführung und Vergewaltigung.[22] Viele der betroffenen Frauen sind vor ihrer Abreise regelmäßig sexueller Gewalt ausgesetzt und landen schließlich in Offshore-Zonen, die durch Konsumexzesse gekennzeichnet sind. Die Opfer werden von den Frauenhändlern aus ihren Heimatländern geholt, in Wohnungen untergebracht und unter Bewachung gestellt, sie haben häufig auch kein Geld, keine Pässe und keine Papiere. Nach ihrer Ankunft werden sie immobilisiert und sind anschließend organisierter männlicher Gewalt ausgeliefert, ohne regulierende nachbarschaftliche Einwirkung. Ein beträchtlicher Teil dieser Frauen ist noch minderjährig.

Zudem tätigen die »offshore« lebenden Reichen einen Teil ihrer »Geschäfte« an diesen Örtlichkeiten, wo Zwangsprostituierte zur Verfügung stehen oder Teil des Dienstleistungsangebots bilden, um geschäftliche Verhandlungen »zu erleichtern«. Häufig werden wichtige Geschäftsabschlüsse in Bordellen besiegelt, in Bars oder Tanzclubs, wo Frauen gezwungen werden, sich zu prostituieren.[23] Die »globale Sexindustrie« hat einen enormen Aufschwung genommen und ist mittlerweile ein fester Bestandteil der Attraktionen oder des Images vieler Orte, etwa der Karibik, von Dubai, Thailand und den Philippinen.[24] In der Ära des Neoliberalismus ist fast alles und fast jeder ein handelbares Gut, und es gibt keine Grenzen, vor allem wenn der Konsum und die Ausbeutung »offshore« stattfinden und daher nicht allgemein sichtbar sind.

Viele Orte, die sexuelle Vergnügungen anbieten, liegen an oder in der Nähe von Meeresstränden. Rachel Carson bezeichnete einmal den Saum des Meeres als einen eigenartigen und wunderbaren Ort, weil er sich in jedem Augenblick verändert.[25] Es ist ein Zwischenort, nicht ganz Land und nicht ganz Wasser, nicht mehr Festland, aber auch noch nicht offenes Meer. Im Laufe der beiden vergangenen Jahrhunderte entwickelte sich der Meeresstrand von einem Ort der Abstoßung und der Gefahr zu einem Ort der Anziehung und der Sehnsucht, und zunehmend auch zu einem Ort, der gestaltet und bebaut wird. Er wurde ein bewohnbarer Ort für Menschen, die ihn eher zum Vergnügen als zur Arbeit aufsuchen, zu einem Ort insbesondere für mobile Besucher anstatt für gebietsansässige Einheimische. An den Stränden können die Besucher sich zeitweilig ihrer Kleidung entledigen und zeigen, inwieweit ihre Körper der angestrebten sonnengebräunten Idealfigur entsprechen, die von einem dem Vergnügen gewidmeten Leben Zeugnis ablegt.

Für viele Bewohner des reichen Nordens ist der Strand ein affektgeladener Bereich, der eine symbolische Gegenwelt zu den Fabriken, Büros und dem häuslichen Leben darstellt. Diese dünne Linie zwischen Meer und Land ist von zentraler Bedeutung für die vielfältigen Darbietungen der zeitgenössischen Vergnügungsindustrie. Der Strand als sinnbildlicher Raum für ein freizeitbetontes Leben erscheint besonders attraktiv, wenn er »offshore« liegt und eine weite Anreise erfordert. Obwohl beispielsweise Australien viele wunderbare Strände besitzt, reisen die Australier in großer Zahl zu Stränden in anderen Teilen der Welt.[26]

Auch die Karibik verfügt über zahlreiche paradiesische Strände.[27] Hier sind »All-inclusive«-Anlagen für den Offshore-Konsum weit verbreitet, die zum großen Teil vom umgebenden Land und von der einheimischen Bevölkerung abgetrennt sind, mit Ausnahme jener Personen, die diese »Dienstleistungen« erbringen. Abgeschlossen und häufig auch befestigt, schirmen diese Ferienanlagen den Konsum vor den neugierigen Blicken der Einheimischen und auch der »Zuhausegebliebenen« ab, die diese Vergnügungen möglicherweise missbilligen könnten.

Bisweilen werden sogar ganze Inseln für den exzessiven Konsum reserviert. Inseln müssen im wörtlichen Sinn nicht »abgeschlossen« werden, da sie durch eine natürliche Grenze von der Außenwelt getrennt sind. Mehrere karibische Inseln wurden in der Vergangenheit in exklusive Erholungsorte für die Superreichen umgewandelt und der Verwaltung und Kontrolle durch die örtlichen Gemeinschaften und ihrer Regierungen entzogen. Mimi Sheller zeichnet die Entwicklung dieser Inseln nach; sie sind »eine Verbindung aus Infrastruktur, Architektur und Software [...] den lokalen Gemeinschaften, den Bürgern und der Öffentlichkeit entzogen und neu zurechtgemacht als hochkapitalisierte Zielorte für Luxustouristen und ausländische Immobilienerwerber.«[28]

Einige dieser Einrichtungen zielen auf den »privaten Jetset«, jene Gruppe von Menschen, die Flugzeuge, Häuser und Bedienstete sammeln wie andere Leute beispielsweise Autos. Lucy Budd zeigt, wie Besitzer von Privatjets die herkömmlichen Formen des Transports und der Flugpläne umgehen und sich in einer personalisierten und maßgeschneiderten Geographie bewegen. Indem es die Bewegungsmuster der Superreichen von jenen der weniger Begüterten trennt, erzeugt und reproduziert das System der Privatjets exklusive Räume physischer Mobilität.[29]

Ein Beispiel für eine Offshore-Insel, die gewöhnlich von Privatjets angeflogen wird, ist Saint-Barthélemy, ein französisches Überseegebiet in den Kleinen Antillen und einer der exklusivsten Orte der Welt. Aus einem ärmlichen kleinen Eiland entwickelte sich Saint-Barthélemy zu einem elitären Urlaubsort, insbesondere nachdem der Bankier David Rockefeller 1957 ein Anwesen auf der Insel gekauft hatte. Bald kamen weitere reiche Offshore-Besucher und erwarben Land. Saint-Barthélemy wandelte sich zu einem Ort, der den Mitgliedern des Jetsets und anderen Berühmtheiten vorbehalten ist. Die Exklusivität wird dadurch gewährleistet, dass die Insel nur mit kleinen Privatflugzeugen erreichbar ist, dass im Hafen keine großen Schiffe anlegen können, dass es keine öffentlichen Transportmittel gibt und dass praktisch keine Baugenehmigungen mehr erteilt werden.

Die Superreichen können sich auf Saint-Barthélemy räumlich von den einfachen Reichen separieren. Entscheidend für die Attraktivität Saint-Barthélemys ist die Tatsache, dass die Insel ein Offshore-Ort ist, an dem die Mitglieder der »Klasse der Reichen« unter sich sind, sich gehen lassen können und untereinander Kontakte knüpfen und Vertrauen aufbauen können, nicht zuletzt weil ihre Superyachten in der einen oder anderen verborgenen Bucht einträchtig nebeneinanderliegen.[30] Die Offshore-Marke Saint-Barthélemy steht für die Exklusivität einer Insel, die Exotik der Karibik sowie französischen Geschmack und französische Küche. Der Luxury Brands Club bringt es auf den Punkt: »Für hoch vermögende Privatpersonen ist Luxus kein Lebensstil, sondern eine Grundvoraussetzung«.[31]

Anthony Elliott zeigt, wie die Bewegungssphäre der »global Aktiven«, die »überall« leben, durch ein wurzelloses, agiles, flüchtiges Leben geschaffen wird.[32] Ein Beobachter berichtet – und das gilt zumindest für Milliardäre –, dass »man nicht an einem festen Ort lebt, auch das eigene Geld nicht. Vielmehr lebt man überall, und das tut auch das Geld«.[33] Zu dieser Welt gehören Wohnungen, die über die ganze Erde verstreut sind, schier endlose Geschäftsreisen, Privatschulen, ein Familienleben, das durch episodische Zusammenkünfte strukturiert wird, luxuriöse Fortbewegungsmittel, Flughafen-Lounges, Privatjets und Orte der Distinktion und des Luxus, an denen man andere Superreiche trifft und sein »Netzwerkkapital« mehren kann. William Carroll beschreibt, wie sich gewissermaßen eine globale »Offshore-Klasse« herausbildete durch Netzwerke und Beziehungen zwischen Firmenchefs, die in den großen urbanen Zentren im nordwestlichen Europa und im nordöstlichen Nordamerika sitzen, wobei London, New York und Paris eine herausgehobene Rolle spielen.[34] Wohnort, Besitz und Macht fördern in ihrem Zusammenwirken die Bildung und Festigung einer solchen vernetzten Klasse der Reichen.

Diese elitären Offshore-Orte begründen Modelle eines schönen, angenehmen Lebens, von denen Projektentwickler dann Kopien für den Massenmarkt herstellen, wie beispielsweise billigere Kreuzfahrtschiffe, auf ein Massenpublikum ausgerichtete

Ferienanlagen und Urlaubsinseln sowie Einkaufszentren in städtischen Vororten. Was zunächst für die Eliten erdacht und umgesetzt wurde, breitet sich dann »überallhin« aus, oder man kann auch sagen, eine bestimmte Entwicklung wird an den Massenmarkt angepasst, was gegenwärtig beispielsweise in Dubai zu beobachten ist. Offshore-Welten für die Superreichen erzeugen Idealbilder eines sorgenfreien, unbeschwerten Lebens, die durch die Medien und den globalen Tourismus auch bei den weniger Betuchten den Wunsch nach ähnlichen Erlebnissen, nach Konsum, Exklusivität und Sicherheit wecken.[35]

Natürlich existieren unterschiedliche Arten des Konsums, der Exklusivität und der Sicherheit. Viele »jüngere« Menschen setzen ihren Körper einem »spielerischen Risiko« aus, wenn sie die Nächte durchtanzen (wie in Goa und Ibiza) oder sich exzessiv betrinken (wie auf Pauschalreisen für die »Party-Jugend«). Von besonderer Bedeutung ist die Rolle, die »überzeugte und überzeugungsfähige Auswanderer« bei der Entwicklung von Freizeitangeboten an zahlreichen anderen alternativen Orten spielen. Anthony D'Andrea untersucht das soziale und rituelle Leben solcher überzeugter und überzeugungsfähiger Auswanderer, die, wie er es bezeichnet, in den globalen Kreisen der New-Age- und Techno-Gegenkulturen leben, umherreisen und herumexperimentieren. Er beschreibt Ibiza als »Knotenpunkt eines transnationalen Stroms exotizierter Menschen, Verhaltensweisen und Vorstellungen, deren Verbreitung und Vermischung über weit entfernte Orte auf ein globalisiertes Phänomen schließen lässt«.[36] Diese abenteuerlichen Aktivitäten junger Menschen in Koh Phangan, Byron Bay, Goa oder Ibiza sind dem Blick der Daheimgebliebenen entzogen (sofern sie nicht auf Facebook dargestellt werden). Solche Vergnügungssucher und Repräsentanten einer Gegenkultur leben abgetrennt von ihrem Zuhause. Ihre globalisierten Zirkel sind auf ähnliche Weise in den Offshore-Bereich verlagert wie jene der Superreichen.

Bisher habe ich mich mit Menschen an Orten befasst, die Vergnügungs- und Konsummöglichkeiten bieten. Aber Vergnügungen lassen sich auch an Orten der Gefahr finden, die vom Verbrechen und der Angst um die persönliche Sicherheit bestimmt werden. Der Reiz der Karibik liegt zum Teil auch darin, dass hier die »Gefahr« gewissermaßen hinter der Ecke lauert oder gleich unter der Oberfläche sichtbar wird, angefacht durch Geschichten über Piraten, Rastafaris, Drogen und die Straßengangs auf Jamaika. Es gibt sogar Handbücher für »gefährliche Reisen«, die Besuchern helfen wollen, sich auf risikoreiche Weise in den Offshore-Bereich zu begeben.

In Rio de Janeiro verbinden sich Tourismus und Kriminalität auf besonders eindringliche Weise in den so genannten Favela-Touren. Die Besichtigung der Armut ist neuerdings zu einem großen Geschäft geworden. Bianca Freire-Medeiros arbeitet heraus, wie ganz unterschiedliche soziale Akteure und Institutionen die »touristische Armut« im Stadtviertel Rocinha in Rio de Janeiro, aber auch in Kapstadt, Soweto und Mumbai in Szene setzen und konsumierbar machen. Wachsende Ungleichheiten eröffnen neue Chancen touristischer Vermarktung insbesondere für Besucher, die das Außergewöhnliche, das Andere suchen. Freire-Medeiros beschreibt die »Armutstouren«, die darin bestehen, »das Meer zu überqueren und Zielorte im globalen Süden anzusteuern, die auf dem touristischen Markt als ikonische Orte der Armut beworben und kritiklos konsumiert werden«.[37] Sogar die Armut kann vom reichen Norden also »offshore« konsumiert werden, indem besonders gefahrvolle Orte den relativ reibungslosen Konsum des »Armutserlebnisses« ermöglichen.

Es gibt weitere extreme physische Erfahrungen, die nicht von der Familie oder den Freunden zu Hause verfolgt oder überwacht werden können. Dazu gehören das Bungee-Jumping, Skifahren abseits der Piste, Gleitschirmfliegen, Fallschirmspringen, Wildwasser-Rafting und Höhenbergsteigen. Neuseeland bietet zahlreiche Möglichkeiten für derartige Vergnügungen: »Die Natur stellt einen Ort dar, an dem die Touristen ihren Träumen von der Beherrschung der Erde nachhängen können; sie können Abenteuerhelden sein, die in ihren eigenen Filmen auftreten«, weil junge Menschen auf stets neue Weisen dem Tod ein Schnippchen zu schlagen versuchen.[38] Neuseeland schirmt die

Landschaft, die für den Konsum durch junge Menschen bereitgestellt wird, vor den forschenden Blicken der »Daheimgebliebenen« ab.[39] Doch Offshore-Aktivitäten lassen sich nicht unbedingt vor Facebook oder den Kameras der Smartphones von Personen verbergen, die zufällig vorbeikommen.[40]

Dubai

Noch um 1960 gehörte Dubai zu den ärmsten Gegenden der Welt. Es bestand aus einer Ansammlung kleiner, am Meer gelegener Lehmdörfer, hinter denen sich eine ausgedehnte, unwirtliche Wüste erstreckte, die von keinem einzigen Fluss durchzogen wurde. Niemand hielt es für möglich, dass hier einmal eine Stadt entstehen könnte. Die Siedlung ohne elektrische Stromversorgung verbrauchte buchstäblich keine Energie. Das wichtigste Fortbewegungsmittel war das Kamel.[41] Dubai erlangte erst 1971 seine Unabhängigkeit von Großbritannien und wurde Teil der Vereinigten Arabischen Emirate. Zu dieser Zeit betrug die Analphabetenrate noch mehr als 70 Prozent, und es gab keine Universitäten.

Zu Beginn des 21. Jahrhunderts rangierte Dubai dann auf der Liste der meistbesuchten Städte der Welt auf dem 8. Platz und war die größte Baustelle der Welt. Das außergewöhnliche Wachstum dieser »Stadt aus Gold«, die in einem der trostlosesten Winkel eines trostlosen Landes ohne jegliche historische Stätten liegt, veranschaulicht viele charakteristische Merkmale der gegenwärtigen Tendenzen der Offshore-Verlagerung.

Die Erdölförderung begann 1966, aber im Unterschied zu den benachbarten Ländern ist Dubai heute nur ein kleiner Erdölproduzent. Es machte sich aber die Ölfunde in anderen Gebieten zunutze und baute eine Wirtschaft auf, die auf ausländischen Besuchern, Immobilien, Verkehr, Steuervermeidung und Konsum beruht. Dubai verbraucht Öl, um künstliche Inseln, Hotels und andere außergewöhnliche Attraktionen zu errichten; es bringt große Massen von Besuchern, Bauarbeitern und Personen, die im Sexgewerbe arbeiten, über seinen modernen Flughafen (den achtgrößten der Welt) und seine Fluggesellschaft (Emirates Airlines) ins Land; es importiert über den größten von Menschen geschaffenen Seehafen enorme Mengen an Nahrungsmitteln und Gütern, die in den zahlreichen Shoppingzentren feilgeboten werden; es ist zu einem globalen Verkehrszentrum geworden und besitzt einen der zehn größten Containerhäfen der Welt; es hat aufgrund der zahlreichen Meerwasserentsalzungsanlagen den höchsten Pro-Kopf-Wasserverbrauch der Welt; und es wendet beträchtliche Energie auf, um durch klimatechnische Anlagen die Wüstentemperaturen auf ein erträgliches Maß zu senken.[42]

Schneller als anderswo entwickelte sich in Dubai die Infrastruktur einer modernen Gesellschaft, die einen großen Teil ihres »Erbes« gewissermaßen über Nacht beseitigte. Die Modernisierung der Infrastruktur vollzog sich in einer islamischen Gesellschaft, die von einer nicht-gewählten, patriarchalischen Stammesdynastie beherrscht wird.[43] Dubai wandelte sich in erster Linie zu einem globalen Zentrum für den Konsum westlicher Güter und Dienstleistungen. Nach dem Jahr 2000 wurde es zum wichtigsten Ort auf der Welt für demonstratives Luxus-Shopping, für exzessives Essen und Trinken, für Glücksspiel und Prostitution (mit Tausenden von Zwangsprostituierten). Und dies war im Wesentlichen ein Konsum durch Männer – Frauen machen nur ein Viertel der offiziell angegebenen Bevölkerung Dubais aus. In diesem islamischen Land gilt es als Verfehlung, nicht über die Maßen zu konsumieren. Es gibt mehr als 70 Shoppingzentren, obwohl nur zwei Millionen Menschen in dem Emirat leben. Der offizielle Nationalfeiertag Dubais ist das einen Monat dauernde Shopping Festival.

Zu den spektakulären Bauprojekten in Dubai gehören zwei künstliche Inselgruppen, die sich über 120 Kilometer entlang der Küste erstrecken; eine Kette neuer Inseln, die entsprechend den Ländern der Welt geformt sind; ein überdachtes Skiresort und viele weitere große Sportstätten; das höchste Gebäude der Welt – der 828 Meter hohe Burj Khalifa; das größte Hotel der Welt – das Asia-Asia mit 6.500 Zimmern; das einzige Sieben-Sterne-Hotel der Welt – das Burj al Arab, das einen Ausblick über mehr als

150 Kilometer bietet; und die größte Party der Welt, die bei der Eröffnung des Atlantic-Hotelkomplexes stattfand.[44] Es gibt aber noch viele weitere Sehenswürdigkeiten: die Hängenden Gärten von Babylon, das Tadsch Mahal, die Pyramiden sowie einen schneebedeckten Berg. Diese Nachbildungen der »realen« Bauwerke sind vollkommener als die Originale, wofür Umberto Eco die Bezeichnung »hyper-real« fand.[45] Bis zum Zusammenbruch 2008 wuchs die Wirtschaft Dubais, getragen vom Streben nach visuellem und ökologischem Exzess, jährlich um 18 Prozent.[46]

Einheimische schwärmen, Dubai sei ein Ort für »Lebensart auf höchstem Niveau«. Dubai stellt seine Exzesse zur Schau; es ist ein Ort, an dem man erleben kann, was Luxus wirklich ist und wie er verkörpert wird. Den Gästen im Hotel Burj al Arab steht Frischwasser in nahezu unbegrenzter Menge zur Verfügung – aus Wasserhähnen, in Duschen, in übergroßen Badewannen, privaten Whirlpools, Springbrunnen, Wasserfällen, Kanälen und künstlichen Seen. Doch dieses Wasser kommt fast vollständig aus enorm energieaufwendigen Meerwasserentsalzungsanlagen.[47]

An diesem Ort des Übermaßes konnte man ab dem Beginn des 21. Jahrhunderts auch Immobilien kaufen. Es setzte ein regelrechter Goldrausch ein: Dubai wurde die am schnellsten wachsende Stadt der Welt, in großem Stil wurden Häuser und Wohnungen gebaut, die spekulativen Zwecken dienten.[48] Die Jumeirah Beach Residence beispielsweise ist mit 36 Wohntürmen der größte Wohnkomplex der Welt und bietet Unterkunft für insgesamt 10.000 Menschen; fast alle Käufer dieser Wohnungen kamen von außerhalb Dubais.

Vor allem aber ist Dubai eine Oase des freien Unternehmertums; hier gibt es keine Einkommenssteuer, keine Gewerkschaften, keine Planungsgesetze, keine Oppositionsparteien oder Wahlen und auch keine Umweltvorschriften. Es ist, zumindest für einige, ein Offshore-Paradies. Aber das ist nur möglich, weil ein Großteil der Arbeit von ausländischen Vertragsarbeitern aus Indien und Pakistan verrichtet wird. Diese Arbeitskräfte sind gewöhnlich an einen einzigen Arbeitgeber gebunden und müssen bei der Einreise ihre Pässe abgeben. Sie werden in weit außerhalb gelegenen Lagern untergebracht, deren bekanntestes Sonapur ist, das in der Nähe der Mülldeponie angesiedelt ist und häufig mit Abwasserproblemen zu kämpfen hat.[49] Bis zu 300.000 Menschen leben dort unter beengten Verhältnissen. Die Arbeiter werden mit Lastwagen oder Bussen zu den Baustellen gebracht, sind auf der Hin- und Rückfahrt jeweils mindestens eine Stunde unterwegs und arbeiten dann in 14-Stunden-Schichten in der erbarmungslosen Hitze. Angenehme Erholung und schlechte Arbeitsbedingungen sind in Offshore-»Paradiesen« wie Dubai gewöhnlich eng miteinander verbunden.

Freizeit und Vergnügen »offshore« verlagert

In diesem Kapitel sind wir bislang davon ausgegangen, dass »offshore« tatsächlich offshore ist, also vom Land entfernt, vor der Küste gelegen. Doch es gibt einige rechtliche Körperschaften, die in der Lage sind, »onshore«, also an Land, Gebiete einzurichten, die wie Offshore-Zonen funktionieren. Ich habe bereits die Sonderwirtschaftszonen erwähnt, aber es gibt auch »Sondervergnügungszonen«, die einen besonderen rechtlichen und steuerlichen Status besitzen. Dazu gehören beispielsweise die Olympiaparks. Nach den Regeln des Internationalen Olympischen Komitees (IOC) müssen solche Parks als steuerbefreite Enklaven konstruiert werden. Darin spiegelt sich die Tatsache, dass das IOC, wie auch viele andere große internationale Sportverbände, als »nicht-gewinnorientierte Organisation« in der Schweiz registriert und ansässig ist. Das IOC ist von der Steuer befreit, obwohl sein »Geschäft« viele Milliarden Dollar schwer ist und es Hunderte von Mitarbeitern beschäftigt.[50] Sogar offenkundig korrupte internationale Sportverbände genießen in der Schweiz Steuerfreiheit, wofür »im Gegenzug« viele große Sportveranstaltungen im Land ausgetragen werden.

Die Olympischen und die Paraolympischen Spiele von 2012 in London waren steuerfrei und wurden »offshore« abgehalten, obwohl sie in East London stattfanden.[51] Eine Vorbedingung dafür, dass London den Zuschlag erhielt, bestand darin, dass die beteiligten Organisationen und Personen per Gesetz für einen bestimmten Zeitabschnitt von der britischen Einkommens- und Körperschaftssteuer befreit wurden (in der Praxis über die Dauer der Spiele hinaus). Nutznießer dieser Steueroase auf Zeit waren die Athleten, die Medienmitarbeiter, die Repräsentanten offizieller olympischer Körperschaften, ausländische Regierungen, Techniker, Teamoffizielle, Kampf- und Schiedsrichter, Partner und Sponsoren wie etwa McDonald's, Coca-Cola und Visa, Künstler, die bei der Eröffnungs- oder Schlussfeier auftraten, sowie das Londoner Organisationskomitee. Dadurch, dass dieses Gebiet in East London für ein paar Monate gewissermaßen einen Offshore-Status erhielt, entgingen dem britischen Staat Steuereinnahmen in Höhe von 600 bis 700 Millionen Pfund.[52]

Jedes Land, das Olympische Spiele ausrichten möchte, muss sich der Olympischen Charta verpflichten, die nicht die körperliche Ertüchtigung, die Bedeutung des Breitensports oder das Spielerische in den Vordergrund stellt, sondern Olympische Spiele als »Wettkämpfe zwischen Athleten« definiert. Daraus erwächst eine eigene Logik, eine Welt der Rekorde, der Leistungssteigerung, des täglichen Trainings, der Dopingkontrollen, der Sportmedizin und des internationalen Managements.[53] Die Olympischen Spiele sind monopolisiert, da sie eine Veranstaltung des IOC sind, das sämtliche Rechte daran und alle Daten darüber besitzt. Vor den Olympischen Spielen 2012 garantierte die britische Regierung dem IOC ein umfassendes Monopol, indem sie

den rechtlichen Schutz [erweitert] auf sämtliche Embleme, die mit den London 2012 Olympic and Paraolympic Games in Zusammenhang stehen. Darüber hinaus untersagt sie allen Unternehmen, sich selbst oder ihre Erzeugnisse oder Dienstleistungen mit den Olympischen Spielen in Zusammenhang zu bringen, um daraus einen wirtschaftlichen Vorteil zu erlangen. Das Gesetz stattet darüber hinaus die örtlichen Behörden und das Londoner Organisationskomitee (LOCOG) mit den entsprechenden Instrumenten aus, um Guerilla-Marketing wirksam zu bekämpfen und den unerlaubten Verkauf von Olympia-Tickets und andere parasitäre Marketingaktivitäten an einer Austragungsstätte von Wettkämpfen oder in deren Umgebung zu unterbinden.[54]

Auch allgemein wird der Sport zunehmend in Offshore-Zonen verlagert. So befanden sich 2012 zum Beispiel elf der zwanzig Fußballvereine der britischen Premier League im Besitz ausländischer Personen oder Unternehmen, von denen viele in Steueroasen residieren. Diese Steueroasen bieten den Investoren Diskretion und ermöglichen es ihnen, die britische Kapitalgewinnsteuer und manchmal auch die Einkommenssteuer zu umgehen. Dieser Offshore-Status ist paradox, da diese Fußballclubs zum wesentlichen Teil von der Unterstützung ihrer Anhänger leben, die sich durch eine stark lokal oder regional definierte Identität auszeichnen und sich als die »Seele« der Vereine verstehen, die teilweise mehr als hundert Jahre alt sind.[55]

Viele Fußball-Stars und andere berühmte Sportler leben in gewisser Weise »offshore«, da Steuervermeidungsstrategien fester Bestandteil ihrer Gehaltsvereinbarungen sind, die durch ihre mächtigen Agenten mit den Clubs ausgehandelt werden.

Sicherheit

Ein weiteres markantes Merkmal der olympischen Zone in East London war ihre materielle Form. Der Hauptbereich war ein zwei Quadratkilometer großes Gelände, das vorher allgemein für die Öffentlichkeit zugänglich gewesen war. Mittlerweile jedoch ist es abgesperrt. Der Park war von einem knapp 18 Kilometer langen Sicherheitsgürtel aus Stahl umgeben, über dem ein mit 5.000 Volt geladener Stacheldrahtzaun angebracht war, der durch mindestens 900 Überwachungskameras »gesichert« wurde. Der Olympiapark wirkte wie ein Gefängnis. Die Einzäunung des Geländes wurde von Kritikern als eine moderne Form der »Einhegung« von

Land bezeichnet, wie auch schon bei den Olympischen Spielen in Peking, wo nach Schätzungen mehr als eine Million Menschen beim Bau des Olympiaparks vertrieben wurden.[56]

Sportarenen, internationale Hotels, Einkaufszentren und Themenparks arbeiten zunehmend mit einer Sicherheitsarchitektur, die die Konsumenten innerhalb des Lagers nach außen abschottet. Das olympische Dorf in London war ein in sich abgeschlossenes »Lager«, in seiner Gestaltung eher einem modernen Flughafen vergleichbar, bei dessen Betreten man zunächst einen Ring von »Einkaufsgelegenheiten« passieren musste.

Kontrollierte Räume wie Flughäfen sind typisch für »wichtige Orte« in der heraufziehenden neuen Weltordnung.[57] Die Herauslösung eines kontrollierten Raums wird die Regel, vor allem beim Bau neuer Vergnügungs- und Freizeiteinrichtungen. Nicht nur Passagiere wandern mehr und mehr in Offshore-Zonen, auch die Systeme der Fortbewegung und der Gewährleistung von Sicherheit diffundieren um die Welt und landen schließlich in unterschiedlichen Städten und Orten, insbesondere dort, wo sich Freizeit- und Vergnügungsmöglichkeiten bieten. Gillian Fuller und Ross Harley vertreten die Meinung, dass »der Flughafen die Stadt der Zukunft ist«, vor allem wenn die Städte voll sind mit Menschen von auswärts, die einer »Sicherheitskontrolle« unterworfen werden »müssen«, zumindest nach Auffassung der Sicherheitsbranche.[58]

Anonymität wird in solchen Städten illusorisch, da in Vergnügungszonen wie den Olympiaparks eine allumfassende Überwachung stattfindet. Es wird nicht nur eine große Zahl von Sicherheitskräften eingesetzt, auch digital gesteuerte Überwachungskameras sind rund um die Uhr in Betrieb. Daher gilt:

> Der alles sehende, durchdringende Blick der Kamera
> gefährdet die Möglichkeit von Anonymität, welche die
> öffentliche Sphäre seit jeher zu bieten versprach. Ausgeklügelte Systeme der Videoüberwachung [...], die mit
> Datenbanken und/oder automatischer Identifikationssoftware verbunden sind, registrieren unauffällig die

Individuen und ihre Bewegungen – selbst in Räumen und in Situationen, in denen man legitimerweise erwarten kann, anonym zu bleiben, ein unerkanntes Mitglied der Öffentlichkeit zu sein.[59]

Touristen und Besucher von Sportveranstaltungen werden regelmäßig von einem mächtigen panoptischen Apparat erfasst, der dadurch gerechtfertigt wird, dass es vermutete Gefahren durch Verbrechen, Gewalt und Terrorismus abzuwehren gelte. Auch wenn man sich »onshore« aufhält, kann man von Offshore-Techniken behelligt werden, die sich immer weiter ausdehnen und einen Großteil der Menschen dem Sicherheitsverlangen einer Offshore-Welt unterwerfen.

6. Energie

Das Energie-Problem

Wie Gesellschaften mit Energie versorgt werden, ist von entscheidender Bedeutung für ihre Organisation im räumlichen und im zeitlichen Zusammenhang. Es gibt viele verschiedene Systeme der Erzeugung, Verteilung und Nutzung von Energie, wodurch vielfältige und manchmal auch sehr ungleiche wirtschaftliche, soziale und politische Muster in den einzelnen Gesellschaften entstehen. Energie bringt in gewisser Weise Gesellschaften den Sauerstoff, denn ohne die richtige Energie an den richtigen Orten muss eine Gesellschaft untergehen.

Bis ins 18. Jahrhundert hinein lieferte die Muskelkraft der Tiere und der Menschen 80 bis 85 Prozent der Energie. Der Rest wurde aus Wind, Wasserkraft, der Sonne sowie aus dem Verbrennen von Holz und Torf gewonnen. Diese Formen von Energie wurden zum größten Teil an Ort und Stelle verbraucht und nicht über größere Entfernungen hinweg transportiert. Es waren lokalisierte, ortsgebundene, schlichte Energieformen, die auch nur einen sehr geringen »Energieüberschuss« aufwiesen.[1] Vor der Verwendung fossiler Brennstoffe gab es wenig oder überhaupt keinen zeitlich-räumlichen Abstand zwischen ihrer Erzeugung und ihrem Verbrauch.

Die Gesellschaften sind heute wesentlich abhängiger von weit entfernten Energiequellen, zum Teil auch deshalb, weil die Weltbevölkerung im Laufe des 20. Jahrhunderts von zwei auf sechs Milliarden Menschen angewachsen ist. Städte, Dörfer und Haushalte sind zu Zentren hohen Energieverbrauchs geworden, die angewiesen sind auf neuartige »Energieumwandler«, die den Transport der unterschiedlichen Energieträger über große Entfernungen voraussetzen.

Energie aus fossilen Brennstoffen

Die fossilen Brennstoffe Kohle, Erdgas und Erdöl decken gegenwärtig rund vier Fünftel des weltweiten Energiebedarfs.[2] Ihre Verbrennung hat im Laufe der vergangenen drei Jahrhunderte die bislang weitreichendste Transformation der globalen Wirtschaft und der einzelnen Gesellschaften hervorgebracht. Diese Brennstoffe ermöglichten die Entwicklung und verstärkte Nutzung zahlreicher neuer Energieumwandler.

Von besonderer Bedeutung war die auf der Nutzung von Kohle beruhende Dampfkraft, die im 18. und 19. Jahrhundert im »Westen« entstand. Bis zur Etablierung von Energieumwandlern, die auf fossilen Brennstoffen beruhen, waren China und Indien die beiden größten Volkswirtschaften der Erde.[3] Doch bald trennten sich die Wege des Ostens und des Westens. Kohle, die sich an der Oberfläche der Erde findet, wurde zwar schon lange zum Heizen verwendet, doch durch zwei Erfindungen im 18. Jahrhundert entstanden neue Formen der Umwandlung des Energieträgers Kohle, die den Gesellschaften neue Perspektiven erschlossen. Zum einen wurde die Bergbautechnik wesentlich verbessert, insbesondere durch den Einsatz von Grubenholz, durch das die unterirdischen Stollen abgestützt werden konnten. Kohle wurde zum wichtigsten Energieträger der ersten industriellen Revolution der Welt. Mit der Kohle als bedeutendster Energiequelle bestimmten die in Fabriken konzentrierte Produktion und das auf Dampfkraft beruhende Transportwesen fortan maßgeblich die gesellschaftliche Entwicklung. Neue Lebensformen brachten den Bruch mit der vorindustriellen Welt zum Ausdruck. Nach Ansicht von Paul J. Crutzen eröffneten diese Innovationen des 18. Jahrhunderts eine neue geochronologische Epoche der Menschheitsgeschichte, das »Anthropozän«, in dessen Verlauf der Mensch den Zustand, die Dynamik und die Zukunft des Systems Erde nachhaltig veränderte. Diese menschlichen Aktivitäten seien in ihrer Bedeutung einer Naturgewalt vergleichbar.[4]

Zum Zweiten führte die Dampfkraft zu einer enormen Vervielfachung der Energie. Dank kohlebetriebener Dampfmaschinen konnten immer größere Fabriken errichtet werden; sie ermöglichten es, neue Branchen und Produkte zu entwickeln, neue Städte zu planen und das Eisenbahnnetz aufzubauen. Durch ihr Zusammenwirken veränderten diese neuen Systeme die physische Welt.[5] Ebenso bedeutsam war die Nutzung der Kohleverbrennung für die Erzeugung mechanischer Bewegung – die Dampfeisenbahnen, die sich ab Mitte des 19. Jahrhunderts weit verbreiteten. Im Jahr 1901 prognostizierte der Schriftsteller H. G. Wells, dass künftige Historiker »eine Dampfmaschine, die auf einem Gleis fährt«, als das wichtigste Symbol des 19. Jahrhunderts betrachten würden.[6]

Doch 1901 begann auch die erste Ölquelle der Welt zu sprudeln, in Spindletop in Texas. Ab diesem Zeitpunkt wurden die Dimension und die Wirkung von Energie und Bewegung durch die zunehmende Verbrennung von energiedichtem Erdöl verändert. Es entstand eine auf Öl beruhende Kultur, die geprägt war durch die Verbreitung von Autos, Lastkraftwagen, Flugzeugen, ölbefeuerten Schiffen, dieselbetriebenen Zügen und Ölheizungen.[7] In dieser neuartigen Kultur wurde vieles erstmals mit Energie ausgestattet oder kam nun in Bewegung, auch Menschen, Unternehmen, Gegenstände, Geld und Abfall. Im Laufe des 20. Jahrhunderts entwickelten sich zahlreiche neue Strukturen und Aktivitäten, während ältere »auf schöpferische Weise« zerstört wurden.

Öl hat eine hohe Energiedichte, ist lagerfähig, mobil, vielseitig verwendbar, bequem zu handhaben und war zudem während des größten Teils des 20. Jahrhunderts auch außergewöhnlich billig. In der heutigen Welt ist es der einzige Rohstoff, der Freundschaften, wirtschaftliche Aktivität, berufliche Tätigkeiten und zum großen Teil auch das Familienleben erst ermöglicht. Mit Öl lassen sich auch Bauteile, andere Rohstoffe und Waren sowie Nahrungsmittel rund um die Welt transportieren. Nahezu sämtliche Aktivitäten, die Bewegung voraussetzen – also in der modernen Welt fast alle –, sind von Öl abhängig.[8] Die Verlagerung von Aktivitäten in Offshore-Zonen beruht darauf, dass der Rohstoff Öl in reichlichem Maß zur Verfügung steht.

Diese Ölkultur nahm in den USA mit mobilen Energieumwandlern ihren Anfang, die ihren eigenen Energieträger mit sich führten. Aufgrund der Energiedichte und der historischen Erschwinglichkeit von Öl schuf dieses System die Grundlage für die »Ölabhängigkeit« der USA.[9] Billiges, reichlich vorhandenes Öl wurde von zentraler Bedeutung für die Aufrechterhaltung der wirtschaftlichen, kulturellen und militärischen Macht der USA im 20. Jahrhundert. In den USA ist fast ein Drittel aller weltweit angemeldeten Autos unterwegs (und nach wie vor die meisten größeren Autos), und auf die USA entfällt knapp die Hälfte der weltweit vom Transportwesen erzeugten Kohlendioxidemissionen.[10]

Als um 1970 immer mehr Ölfelder in Betrieb genommen wurden, entstand der Anschein, als könne man aus Öl unbegrenzt Energie gewinnen, und zwar zu rückläufigen Kosten. Nach Berechnungen ist der Gesamtwert der weltweiten Ölindustrie höher als jener aller Banken: Bei einem Preis von 100 Dollar pro Barrel beläuft sich der Wert der bekannten Ölreserven der Welt auf 104 Billionen Dollar und ist damit um die Hälfte höher als das Bruttoinlandsprodukt der gesamten Welt.[11] Doch rückblickend ins Jahr 1901 muss man feststellen, dass es die falscheste Idee war, all dieses Öl in den Antrieben von Autos, Lastwagen, Zügen, Schiffen und Flugzeugen zu verbrennen. Jeff Rubin erläutert die Hintergründe: »Bei der Herstellung von Kunststoffen aus Öl findet eine weit größere Wertschöpfung statt als bei der Produktion von Benzin oder Diesel aus Öl. [...] Wenn man aus Öl oder Erdgas ein petrochemisches Produkt herstellt, lässt sich damit fünfmal mehr Geld verdienen, als würde man es als Treibstoff verkaufen«.[12]

In der Zwischenkriegszeit erfolgte in den USA zudem der rasche Ausbau der Stromversorgung. Es wurde ein nationales Stromnetz geschaffen, in die Häuser in den Vorortsiedlungen hielten strombetriebene Konsumgüter Einzug. Elektrische Energie wird von elektromechanischen Generatoren erzeugt, die durch Dampf aus der Verbrennung fossiler Brennstoffe angetrieben werden oder durch die Hitze, die aus Kernreaktionen freigesetzt wird, oder durch kinetische Energie, die aus Windkraft oder fließendem Wasser gewonnen wird. Die Dampfturbine, die Charles Parsons

1884 erfand, wird auch heute noch zur Erzeugung von ungefähr vier Fünftel der elektrischen Energie eingesetzt.

Infolge der Zunahme der erzeugten und verbrauchten Energie zur Beleuchtung, zu Heizzwecken und für den Transport wurden die USA zur energiegetriebensten Gesellschaft der Menschheitsgeschichte. David Nye beschreibt, wie in Amerika im 20. Jahrhundert »das energieintensive Regime alle Aspekte des täglichen Lebens beeinflusste. Es versprach eine Zukunft, die gekennzeichnet sein würde durch wundersame Fabriken, preisgünstige Nahrungsmittel, größere Vorstadthäuser, schnelleres Reisen, billigeren Treibstoff, Klimaschutz und unbegrenztes Wachstum«.[13]

Energie, so schien es, musste nicht in die »ökonomischen Kalkulationen« einbezogen werden. Die fossilen Brennstoffe Kohle, Erdgas und Öl waren in solcher Fülle vorhanden, dass ihr Verbrauch nicht als die Grundlage für die relativen Wachstumsraten der Volkswirtschaften betrachtet wurde.[14] Es gab einen Überfluss an Energie, gewissermaßen eine Goldmine voller Energie am Ende des kapitalistischen Regenbogens. So wurden im Laufe des 20. Jahrhunderts die Energieressourcen der Erde überausgebeutet, vor allem durch das reichste und am meisten Energie verbrauchende Zehntel der Weltbevölkerung. John McNeill berichtet, dass die Menschen seit 1900 mehr Energie verbraucht haben als in der gesamten Menschheitsgeschichte vor 1900.[15] Die beschleunigte Verbrennung fossiler Brennstoffe führte zu Kohlendioxidemissionen, die Hunderte Jahre in der Atmosphäre verbleiben und anscheinend Veränderungen des Weltklimas nach sich ziehen. Im Mai 2013 überstieg der CO_2-Gehalt in der Atmosphäre zum ersten Mal seit 3 bis 5 Millionen Jahren den Wert von 400 ppm (parts per million). Dieser Wert wurde vom Keeling-Labor auf Hawaii ermittelt, das die längsten ununterbrochenen, bis 1958 zurückreichenden Messungen der CO_2-Konzentration in der Atmosphäre durchführt.[16]

Die Erzeugung von CO_2-Emissionen steht auch im Zusammenhang mit der globalen Ungleichheit. Im Bericht zur Lage der Welt des World Watch Institute für 2010 wird darauf hingewiesen, dass die reichsten 500 Millionen Menschen der Welt (rund 7 Prozent der Weltbevölkerung) gegenwärtig für 50 Prozent der weltweiten Kohlendioxidemissionen verantwortlich sind, während die ärmsten 3 Milliarden Menschen nur 6 Prozent dieser Emissionen zu verantworten haben [...] Es sind die Reichen, die die größten Häuser besitzen, Auto fahren, mit Flugzeugen um die Welt fliegen, elektrischen Strom in großer Menge verbrauchen, mehr Fleisch und verarbeitete Nahrungsmittel essen und sich mehr Konsumgüter kaufen.[17]

Könnte man diese 500 Millionen reichsten Konsumenten und ihre Emissionen neutralisieren, würden sich die weltweiten CO_2-Emissionen halbieren.

Die »westliche Zivilisation«, darauf muss hingewiesen werden, war nicht von vornherein den Kulturen in anderen Teilen der Welt überlegen. Vielmehr hat es die beschleunigte Ausbeutung der begrenzten und klimaverändernden kohlenstoffhaltigen Rohstoffe Kohle, Öl und Gas den Energieumwandlern im »Westen« in den vergangenen drei Jahrhunderten ermöglicht, eine beherrschende Stellung einzunehmen. Nicht nur die Aufklärung, die westlichen Naturwissenschaften oder das liberale Wirtschaftsmodell haben die westliche Zivilisation begründet und abgesichert, sondern auch die von ihr genutzten kohlenstoffbasierten Ressourcen, die zunehmend über größere Entfernungen transportiert und in bemerkenswert ungleicher Weise verbrannt wurden.

Energie aus der Ferne

In der zweiten Hälfte des 20. Jahrhunderts wurden die meisten Gesellschaften in Hochenergie-Systeme eingebunden, in denen die Energie häufig von weit entfernten und darauf spezialisierten Orten herbeigeschafft wurde. William Freudenburg und Robert Gramling verweisen auf die unendliche Suche nach »Mitteln des Massenkonsums«, auf die Nutzung entfernter, häufig auch

»offshore« liegender Öl- und Gasvorkommen.[18] Die US-amerikanische Regierung erleichtert die Nutzung dieser Energiequellen, indem sie von Öl- und Gasunternehmen wesentlich niedrigere Abgaben als alle anderen Länder verlangt für das Recht, diese Rohstoffe auf ihrem Territorium zu fördern.[19]

Die meisten Gesellschaften sind heute von groß angelegten Liefer- und Versorgungssystemen abhängig, die weit in die Ferne ausgreifen und Energie »just in time« liefern. Da die strategischen Reserven Chinas, des zweitgrößten Ölimporteurs der Welt, nur für vierzehn Tage reichen, muss das Land sicherstellen, dass regelmäßig Öltanker seine Häfen anlaufen; ungefähr 80 Prozent dieses sich langsam bewegenden Erdöls passieren das Südchinesische Meer.[20] China könnte nicht die billige Werkbank der Welt bleiben, wenn diese Ölversorgung beendet oder auch nur für kurze Zeit unterbrochen würde. Die Globalisierung hängt heute stärker von den Transporten im Südchinesischen Meer ab als von jenen im nordatlantischen Luftraum.

Neben den rund 5.500 Öltankern und 6.000 Kohlefrachtern wird Energie auch durch zwei Arten von »Röhren« transportiert. Das sind zum einen die Rohrleitungen, durch die Öl und Gas gepumpt wird, und zum anderen die Kabel, die elektrischen Strom weiterleiten, der aus Kohle, Erdgas, Öl, Wasserkraft, Geothermie oder Nuklearanlagen gewonnen wurde. Durch diese »Röhren« wird Energie transportiert, so dass auch an weit entfernten Orten große Energieumwandler errichtet werden können, die sich beträchtliche Skaleneffekte zunutze machen. Es entstanden ausgedehnte Offshore-Systeme, die auf der durch Schiffe oder Rohrleitungen erfolgenden mobilen Anlieferung von Energie beruhen.

James Marriott und Mika Minio-Paluello beschreiben die Öl-(und Gas-)Route, auf der Energieträger unter dem Kaspischen Meer hindurchgeleitet werden, nicht um den Bedarf der örtlichen Konsumenten zu decken, sondern um die Volkswirtschaften Westeuropas und insbesondere die deutschen Autofabriken mit Energie zu versorgen.[21] Öl und Gas werden über Tausende Kilometer zu Raffinerieanlagen gepumpt oder verschifft, um das hohe Einkommens- und Konsumniveau Mittel- und Westeuropas aufrechtzuerhalten. Dass Öl vom Kaspischen Meer in den »Westen« geleitet wird, beruht auf einer Reihe von Abkommen und Vereinbarungen zwischen Energiekonzernen, Staaten, Anwaltskanzleien und der Europäischen Union. Auf Grundlage dieses Vertragswerks werden »Rohstoffe« über Pipelines oder Tanker aus den Förderländern herausgeschafft, um den westlichen Konsumenten Energie zur Verfügung zu stellen. Diese Pipelines werden oft auch als »Energiekorridore« bezeichnet, doch ihr Inhalt bewegt sich nur in eine Richtung.

Nahezu alle Gesellschaften sind heute auf Offshore-Energiequellen angewiesen, Taiwan jedoch nimmt dabei die unangefochtene Spitzenposition ein, denn dieses Land importiert mehr als 98 Prozent seiner Energie.[22] Die meisten Gesellschaften sind von Energielieferungen abhängig und müssen Preise akzeptieren, die an anderen Orten bestimmt werden. Japan und Frankreich importieren das gesamte Öl und Gas, das sie verbrauchen; Südkorea führt 97 Prozent seines Rohöls ein. Der drittgrößte Ölproduzent der Welt, die USA, deckt gleichzeitig drei Viertel seines Rohölbedarfs durch Einfuhren.[23]

Die Volkswirtschaften und Gesellschaften beruhen auf hohem Energieeinsatz, doch sie beziehen den Großteil ihrer Energieträger von auswärts. Die in jüngster Zeit aufgekommene Idee der Entwicklung von so genannten Biokraftstoffen oder der Gewinnung von Energie aus nachwachsenden Rohstoffen ist ein gutes Beispiel für das »Offshoring« von Energie. Auf landwirtschaftlichen Flächen werden Pflanzen angebaut, die anschließend in Kraftstoff umgewandelt und von Autofahrern aus unterschiedlichsten Ländern genutzt werden. Zur Rechtfertigung wird häufig der Aspekt der »Nachhaltigkeit« angeführt, doch die Nutzung von Agrarpflanzen und landwirtschaftlichen Flächen als Offshore-Ersatz für Öl zieht viele negative Folgen nach sich. Dazu gehören eine verminderte Nahrungsmittelproduktion und höhere Preise, eine Schädigung der örtlichen Landwirtschaft und der Belange von Frauen und Kleinbauern, eine zu starke Abhängigkeit von einer einzigen Anbaupflanze, Abholzung und höhere Emissionen.[24]

Ein Großteil der Energie, wie beispielsweise Biokraftstoffe, wird von großen privaten oder öffentlichen Unternehmen importiert, die oft in ganz anderen Ländern angesiedelt sind oder von dort verwaltet werden. Diese Offshore-Unternehmen werden häufig die »nationalen« Zielsetzungen dieser anderen Staaten verfolgen. Die größten Ölkonzerne befinden sich allesamt in staatlichem Besitz: Auf die Saudi Aramco, die National Iranian Oil Company, die Iraq National Oil Company und die Kuwait Petroleum Company entfällt die Hälfte der Welt-Ölreserven. Saudi Aramco ist das größte Ölförderunternehmen der Welt, während der größte »westliche« Ölkonzern, Exxon, erst auf dem 12. Platz folgt.[25]

Es gibt enge Grenzen für die künftige Versorgung mit billiger und leicht zugänglicher Energie; im Falle von Öl dürfte bereits der Höhepunkt erreicht sein. Die Ausbeutung von Ölvorkommen hat einen Anfang, eine mittlere Phase und ein Ende. Öl erreicht ein Ertragsmaximum, wenn die Hälfte des potentiellen Öls gefördert ist. Danach wird Rohöl nur noch komplizierter und damit teurer zu fördern sein.[26] Wenn sich die Fördermenge nach dem Überschreiten des Höhepunkts auf dem absteigenden Ast befindet, wird die Ölförderung weniger profitabel und es wird mehr Energie benötigt, um dieselbe Menge zu gewinnen. Gegenwärtig geben die USA und »Europa« täglich die enorme Summe von einer Milliarde US-Dollar für den Import von Öl aus.[27]

Die größten Ölfelder der Welt wurden vor mehr als einem halben Jahrhundert entdeckt, 1965 war das Jahr mit den meisten Entdeckungen. Seit den siebziger Jahren wurden keine wirklich großen Ölvorkommen mehr gefunden. Für jedes neu entdeckte Barrel Rohöl werden mindestens vier Barrel konsumiert. Einige Forscher meinen sogar, dass dieses Verhältnis bald auf 10:1 steigen wird.[28] Der Chefökonom der Internationalen Energieagentur vertritt die Auffassung, dass vier neue Vorkommen von der Größenordnung des saudi-arabischen erschlossen werden müssen, wenn die Welt in den kommenden 25 Jahren die gegenwärtige Fördermenge beibehalten möchte. Der Zeitpunkt des Fördermaximums (»Peak Oil«) sei um 2006 erreicht worden.[29] In ähnlicher

Weise geht auch die Versicherungsbörse Lloyd's of London davon aus, dass für die Aufrechterhaltung des gegenwärtigen Förderniveaus alle drei Jahre ein neues Saudi-Arabien in Betrieb genommen werden muss.[30] Aufgrund der wachsenden Bevölkerung und des hohen Anteils von »neuen« Ölverbrauchern vermindert sich bereits heute die Ölmenge, die weltweit pro Kopf verbraucht werden kann. Nach Berechnungen von BP hat der weltweite Pro-Kopf-Ölverbrauch bereits 1979, also vor mehr als einer Generation, seinen Höhepunkt überschritten.[31]

Gegensätzliche Ansichten vertreten optimistische Forscher wie etwa Dieter Helm, der erklärt, dass »die Verfechter der Peak-Oil-Theorie uns zu einer falschen Energiepolitik verleiten«, da es in Wirklichkeit zu viele und nicht zu wenige fossile Brennstoffe gebe.[32] Dennoch machen sich viele offizielle Stellen und halboffizielle Einrichtungen zunehmend Sorgen über die Sicherheit der Energieversorgung. Die meisten Länder sind von unsicheren Offshore-Vorkommen abhängig. Die britische »Industry Taskforce on Peak Oil and Energy Security« berichtete 2010 über die wachsende Gefahr einer »Ölkrise«, die für die Weltwirtschaft und die künftige Entwicklung des »Offshoring« ähnliche katastrophale Folgen haben werde wie die Kreditkrise der Jahre 2007/08.[33] Es ist zwar auch darauf hinzuweisen, dass Kohle gegenwärtig fast ein Drittel der weltweit verbrauchten Energie liefert und dass dieser Anteil stark ansteigt.[34] Viele Forscher glauben indes, dass die Welt-Kohleförderung bereits 2025 ihren Höhepunkt erreichen wird, darüber hinaus werden die Angaben über die bekannten Kohlereserven immer häufiger nach unten korrigiert.[35]

Unkonventionelle Energiearten

Diese Unsicherheiten werden dadurch verstärkt, dass im 21. Jahrhundert zunehmend auf Energiequellen zurückgegriffen werden wird, die in einem »extremen« Umfeld liegen, in dem die Arbeiter unter gefährlichen Bedingungen arbeiten müssen und auch die jeweiligen Ökosysteme stark gefährdet sind. Ein großer Teil dieser unkonventionellen Energiequellen befindet sich im wörtlichen Sinne »offshore«, weit draußen auf dem Meer oder auf dem Meeresgrund. Das Meer und seine dunklen Geheimnisse sind der Schlüssel für viele künftige Entwicklungen auf dem Gebiet der Energiegewinnung. Der Import oder Export von Energie ist gewöhnlich mit Aktivitäten in oder auf den Meeren verbunden, etwa der Errichtung von Offshore-Windanlagen, mit Tiefseebohrungen, der Verlegung von Unterseekabeln und dem Bau von Tankern und Pipelines. Die Nutzung dieser »extremen« Energiearten geht mit hohen Kosten einher, mit Unsicherheiten und Risiken, zumal diese Energiequellen häufig von Unternehmen verwaltet werden, die ebenfalls »offshore« sind.

Außerdem gibt es auf den Weltmeeren zahlreiche Engstellen, wo der Transport von Öl und anderen Rohstoffen durch Piraten oder Terroristen gestört oder unterbunden werden kann. Die wichtigste Meerenge ist die Straße von Hormus, die aus dem Persischen Golf herausführt. Sie ist nur etwa 35 Kilometer breit, aber dennoch passiert ein Fünftel des Rohöls, das täglich auf dem Weltmarkt gehandelt wird, diese Meerenge. Fast ebenso bedeutend ist die Straße von Malakka zwischen Indonesien, Malaysia und Singapur, die von Öltankern genutzt wird, die nach China oder anderen asiatischen Ländern unterwegs sind. An ihrer engsten Stelle ist sie nur drei Kilometer breit.[36]

Es gibt verschiedene unkonventionelle Energiearten, etwa das über Tiefseeförderung erschlossene Öl und Gas im Golf von Mexiko, vor Alaska, Nigeria und Brasilien sowie neuerdings auch in der Arktis. Technologische Verbesserungen und der Einsatz ferngelenkter Unterwasserroboter ermöglichen es, die Bohranlagen in größeren Tiefen anzusetzen.

Der Brand und der Untergang der Ölplattform Deepwater Horizon von BP am 20. April 2010 im Golf von Mexiko entfachte hitzige Debatten über diese Form der Energiegewinnung.[37] Deepwater Horizon war eine riesige Halbtaucherkonstruktion; sie lag vor der Küste Louisianas, wo die Offshore-Ölindustrie gewissermaßen erfunden wurde, in einer Meerestiefe von 1.250 Metern, während das angebohrte Ölreservoir noch weitere 4.000 Meter tiefer gelegen war. Solche Ölfelder enthalten Felsgestein, Wasser, Öl und Gas, wobei insbesondere Letzteres einen unkontrollierten Austritt von Öl und Gas aus dem Bohrloch (Blowout) verursachen kann. Der Zement für das Bohrlochabsperrventil (Blow-Out-Preventer) wurde von der Firma Halliburton gegossen, die zu dem System aufgeteilter Zuständigkeiten gehörte, das von BP etabliert worden war. Besitzer der Plattform war das Unternehmen Transocean, das weniger strengen Regulierungen und Anforderungen an die Qualifikation der Belegschaft unterworfen war, da es »offshore« auf den Marshall Islands registriert war, die zu den drei größten »Billigflaggen«-Ländern gehören (siehe dazu Kapitel 9).

BP war auch bekannt für seine rigiden Kosteneinsparungen. Der Konzern wurde als »gnadenlose Raffineriegesellschaft« bezeichnet, wobei es im Golf von Mexiko in den Bohrgebieten von BP in den vorhergehenden fünf Jahren mehr als 12.000 ölbezogene Störfälle gegeben hatte. Die drei wichtigsten Unternehmen, die an diesem Unfall beteiligt waren – BP, Halliburton und Transocean –, hatten eine Explosion zu verantworten, bei der fünf Arbeiter starben und die zur bislang größten maritimen Ölpest führte, bei der nach Schätzungen insgesamt 800 Millionen Liter Öl in den Golf von Mexiko austraten. Auch drei Jahre nach dem Unglück werden immer noch weitere Schadensersatzansprüche angemeldet, die mittlerweile eine Größenordnung erreicht haben, welche die langfristige Überlebensfähigkeit von BP gefährdet.[38]

Vor Brasilien wurden vor einigen Jahren viele Milliarden Barrel Öl »entdeckt«, doch dieses Vorkommen liegt unter einer dicken Salzschicht 320 Kilometer vor der Südostküste des Landes, wo das Meer bis zu 8.000 Meter tief ist. In dieser Tiefe ist gegenwärtig noch keine sichere Bohrung und Förderung möglich. Die Exploration und Förderung von Öl in Tiefseeregionen erfordert ein außerordentlich hohes Maß an Koordination zwischen den beteiligten Unternehmen beziehungsweise den Technologien, die zum Einsatz kommen.

Es ist nicht auszudenken, welche Katastrophen sich ereignen könnten, wenn solche komplizierten Ölbohrungen auch im besonders schwierigen Umfeld der Arktis begonnen würden. Hier bestehen mehrfache Herausforderungen: Es gibt keine entsprechende Infrastruktur, vor allem nicht für den Abtransport des gewonnenen Öls oder Erdgases. Um die Bohrungen durchführen zu können, müssen die Temperaturen noch weiter steigen, damit mehr Eis schmilzt. Die Bohrungsperiode beschränkt sich auf wenige Monate im Jahr und darf sich nicht mit der Walfangsaison überschneiden. Die Besitzansprüche auf das Gebiet sind bislang ungeklärt, die in Frage kommenden Ölfelder liegen weit auseinander, und die vermutete Ölmenge ist begrenzt. Darüber hinaus stellt die Tiefseeförderung unter diesen einzigartigen Bedingungen besondere technologische Anforderungen.[39] Und die gegenwärtige Technologie wäre anscheinend nicht in der Lage, mit einem größeren Ausbruch von Öl oder Gas fertigzuwerden, da die für Gegenmaßnahmen erforderliche Infrastruktur fehlt. Außerdem wurde die Technik zur Bohrlochsicherung noch nicht getestet. Der Ölkonzern Shell hat erst jüngst bestätigt, dass er nicht beabsichtigt, sein Sicherungssystem unter arktischen Bedingungen zu testen. Sollte dennoch jemals die Ölförderung in der Arktis aufgenommen werden, wird das dabei gewonnene Öl einen wesentlich geringeren Energieertrag bringen, zumal ständig die Gefahr eines Blowout oder einer Explosion besteht. Bislang ist überhaupt nicht klar, wie eine mögliche Ölpest in dieser Region behoben werden könnte, und es gibt von den beteiligten Unternehmen auch keine diesbezüglichen Kostenschätzungen.[40]

Manche Beobachter gehen davon aus, dass die Tiefseeprojekte im Golf von Mexiko, in der Arktis und vor der Küste Brasiliens bereits 2015 fast ein Drittel der neuen Ölvorkommen ausmachen könnten. Wenn aber diese Vorkommen nicht erschlossen und nutzbar gemacht werden können, dürfte sich die globale Energieknappheit weiter verschärfen.[41]

Teer- oder Ölsande sind eine weitere unkonventionelle Energiequelle. Ihre Nutzung begann im Jahr 1999, als Shell das Athabasca-Ölsandprojekt in der kanadischen Provinz Alberta startete. Weitere große Vorkommen von Ölsanden gibt es in Venezuela und in Sibirien. Ölsande sind Ablagerungen von Sand und Lehm, die mit Naturbitumen angereichert sind. Dieses Bitumen ist fest oder zähflüssig. Um es zu verflüssigen, muss es auf mehr als 500 Grad Celsius erhitzt werden. Das daraus entstehende »Öl« muss dann in Rohöl umgewandelt werden, welches anschließend zu unterschiedlichen Ölprodukten raffiniert wird. Dieses schwere Öl ist nicht annähernd so wertvoll wie das »leichte Rohöl«. Die Gewinnung von Öl aus Teersanden ist mit verschiedenen technischen Schwierigkeiten verbunden, aufgrund ihrer Umweltauswirkungen politisch heftig umstritten und wegen der erforderlichen langfristigen Investitionen mit hohen wirtschaftlichen Unsicherheiten behaftet.[42] Aus den kanadischen Ölsanden könnten im Zeitraum bis 2035 im Höchstfall 4,7 Millionen Barrel Öl pro Tag gewonnen werden.[43] Die Gewinnung dieser Form von Öl setzt mindestens dreimal so viel Treibhausgase frei wie die herkömmliche Ölförderung. Sie erfordert zudem einen hohen Einsatz von Energie, insbesondere von Erdgas und sehr viel Wasser. Mit der Menge an Erdgas, die zur Ölsandgewinnung in Alberta verbraucht wird, könnte man die Hälfte der Wohnhäuser in Kanada beheizen.

Eine weitere Form unkonventioneller Energie ist Schieferöl, das vor allem in den USA gewonnen wird. Es handelt sich dabei um einen festen Stoff namens Kerogen, der noch nicht viel mit Öl zu tun hat. Nach einem aufwendigen Gewinnungsverfahren kann man aus einer Tonne Schieferöl jene Menge an Benzin herstellen, die benötigt wird, um ein Auto zwei Wochen lang fortzubewegen. Das Schiefergestein wird zunächst mit bergbaulichen Mitteln abgebaut und abtransportiert. Im Extraktionsverfahren wird es mit großen Mengen Wasser versetzt und auf 340 bis 530 Grad Celsius erhitzt, anschließend wird das gewonnene Schieferöl unter Zufuhr von Wasserstoff und Entfernung unerwünschter Stoffe veredelt. Wegen des geringen Energieertrags ist es bislang keinem Unternehmen gelungen, eine groß angelegte und dauerhafte Schieferölproduktion aufzubauen.

Das Desertec-Projekt – ein ausgedehntes Netz aus Solar- und Windkraftanlagen, das sich über die MENA-Region (Middle East & North Africa) in der Sahara erstrecken und mittels Hochspannungs-Gleichstrom-Übertragung mit den europäischen Verbrauchsregionen verbunden werden soll – stellt eine weitere

Form unkonventioneller Energiegewinnung dar. Diese Idee wurde in den vergangenen Jahren vor allem durch deutsche Firmen vorangetrieben. Die erste Bauphase soll sich auf Marokko konzentrieren. Der Großteil der erzeugten Energie soll aus solarthermischen Kraftwerken gewonnen werden, die mithilfe von Spiegeln das Sonnenlicht bündeln, in Wärmeenergie verwandeln und damit Dampfturbinen antreiben. Den Planungen zufolge sollten bis zum Jahr 2050 15 bis 20 Prozent des europäischen Elektrizitätsbedarfs durch diesen Solarstrom aus Nordafrika gedeckt werden. Ein großes Hindernis ist die Unwirtlichkeit der Wüste, da durch die starken Winde ständig Sandstaub verwirbelt wird und die Anlagen somit täglich gereinigt werden müssen. Auch dieses Projekt ist nicht nur sehr kostenaufwendig, sondern auch politisch umstritten. Da es in den Ländern der MENA-Region noch keine flächendeckende Stromversorgung gibt, kann und sollte ein großer Teil des Wüstenstroms eigentlich in den afrikanischen Staaten selbst verbraucht werden.[44] Im Oktober 2014 wurde schließlich das vorläufige Scheitern der Desertec-Initiative bekanntgegeben; der Stromexport nach Europa erwies sich als nicht realisierbar, die bereits bestehenden Einzelanlagen sollen für die regionale Stromversorgung genutzt werden.

Alle diese außergewöhnlichen Energiearten sind aufgrund zunehmender extremer Wetterereignisse stark risikobehaftet. In den vergangenen zwei bis drei Jahren hat es mehrere derartige Vorkommnisse gegeben, auch in rohstoffreichen Ländern wie Australien, wo mehrmals große Waldbrände und Überflutungen auftraten, oder in New York, wo der Wirbelsturm Sandy 2012 Schäden im Wert von 50 Milliarden Dollar anrichtete.[45] Durch diese extremen Wetterereignisse müssen zusätzliche Energieressourcen eingesetzt werden, um den Opfern, die häufig ihr Hab und Gut verlieren, Unterkunft, Nahrung, Heizung und Beleuchtung zur Verfügung zu stellen, während zugleich die herkömmliche Energieversorgung zusammenbricht.

Ein weiteres Beispiel sind die Wirbelstürme Katrina und Rita, die 2005 über die Küstengebiete von Louisiana hinwegfegten. Die dadurch hervorgerufene Überflutung des Mississippi-Deltas verursachte Millionenschäden an den Öl- und Gasförderanlagen. Die Ölraffinerien in anderen Teilen der Welt arbeiteten bereits an ihrer Kapazitätsgrenze und konnten ihre Produktion nicht weiter steigern. Diese Wirbelstürme zeigten, wie verwundbar die Weltölversorgung ist und wie schnell der wichtigste Rohstoff knapp werden kann, was die Tendenz zum »Offshoring« unterstützt. Da die Lieferungen aus dem Golf von Mexiko nicht ersetzt werden konnten, schoss der Ölpreis in die Höhe, was schließlich auch zum finanziellen Zusammenbruch der amerikanischen Vorstädte in den Jahren 2007/08 beitrug, deren Häuser vielfach mit Subprime-Krediten finanziert wurden.[46]

Finanzialisierung

Neben der Vergrößerung der Transportentfernungen und der Nutzung unkonventioneller Energiearten zeigt sich als Phänomen auch eine Finanzialisierung von Energie. Sowohl die Energie- wie auch die Finanzmärkte wurden in den vergangenen zwei bis drei Jahrzehnten dereguliert, wodurch Energie zunehmend zu einem Objekt von Finanzspekulationen wurde.

Die Auswirkungen der Deregulierung zeigten sich beispielhaft im dramatischen Aufstieg und Fall des US-amerikanischen Energieriesen Enron, die sich vor ungefähr einem Jahrzehnt vollzogen. Der Präsident und Vorstandschef von Enron, Jeffrey Skilling, vertrat seinerzeit die Auffassung, dass das Unternehmen eigentlich keine echten Vermögenswerte benötige, sondern allein durch Spekulationen auf dem Energiemarkt sein Geld verdienen könne. Es herrschte der Glaube vor, dass alles und jedes finanzialisierbar sei. Ende der neunziger Jahre richtete Enron mehrere Offshore-Abteilungen ein, die ihm Freiraum für seine Währungsgeschäfte und sonstigen finanziellen Aktivitäten schaffen sollten; zeitweise besaß der Konzern 692 Tochterniederlassungen, die auf den Cayman-Inseln registriert waren.[47] Dank dieser Offshore-Gesellschaften erschien Enron gewinnträchtiger, als es in Wirklichkeit war, und es entwickelte sich eine Spirale, in der das Unternehmen immer häufiger zu den Mitteln der Täuschung und des Betrugs greifen musste, um diese Illusion von Gewinnen aufrechtzuerhalten. Enron versteckte seine steigenden Verluste hinter einem Gewirr von Offshore-Einheiten.

Unter der Führung von Skilling übernahm Enron die Bewertungsmethode des »mark to market«, bei der erwartete Gewinne aus künftigen Geschäften ebenso bewertet werden wie bereits realisierte Gewinne. Enron führte in seinen Jahresabschlüssen Gewinne auf, die sich später als Verluste herausstellten, doch die finanzielle Gesundheit des Unternehmens wurde der Steigerung seines Börsenwerts untergeordnet. Enrons Aktivitäten waren häufig riskante Manöver, die dazu dienten, die Fassade aufrechtzuerhalten, den Aktienkurs in die Höhe zu treiben und den Shareholder Value zu steigern. Sechs Jahre in Folge wurde Enron von der Zeitschrift Fortune zu dem »am meisten bewunderten« Unternehmen gekürt, und es entwickelte sich zum siebtgrößten US-amerikanischen Konzern.

Die Händler von Enron trugen maßgeblich zu der Energiekrise bei, die in den Jahren 2000 und 2001 in Kalifornien ausbrach und in größere Stromausfälle mündete. Es kam zu so genannten Lastabwürfen im Stromnetz (Abschaltungen von Netzlast), obwohl der Strombedarf in Kalifornien niedriger war als die installierte Netzkapazität, was verschiedene Energiekonsortien durch Marktmanipulationen und gesetzeswidrige Stilllegung von Leitungen herbeiführten. Durch Dürreperioden, Verzögerungen bei der Genehmigung neuer Kraftwerke und Versorgungsmanipulationen verringerte sich die angebotene Strommenge mit der Folge, dass der Großhandelspreis im Zeitraum von April bis Dezember 2000 um 800 Prozent anstieg. Diese Versorgungslücke wurde durch die Energiekonzerne künstlich geschaffen, in erster Linie durch Enron. Die Energiehändler nahmen Kraftwerke in Zeiten der stärksten Nachfrage zu Wartungszwecken vom Netz, so dass der Strom mit einem Preisaufschlag verkauft werden konnte, manchmal für das Zwanzigfache des normalen Preises. Diese Finanz- und Energiekrise resultierte aus der teilweisen Deregulierung des Energiesektors im Jahr 1996 und kostete Kalifornien 40 bis 45 Milliarden Dollar. Am Ende wurde bekannt, dass Enron Bilanzen manipuliert und fast keine Steuern gezahlt hatte, bevor das Unternehmen 2001 schließlich unter seinem hohen Schuldenberg zusammenbrach.[48]

In der jüngeren Zeit wurden vermehrt Finanzderivate entwickelt, die sich auf die zukünftigen Preise von Öl, Gas und Strom beziehen. Mittlerweile gibt es mehr als 75 verschiedene Erdöl-Kontrakte, während es vor 15 Jahren nur einer war. Ein Derivat ist ein Finanzinstrument, dessen wirtschaftlicher Wert sich vom Zeitwert einer marktbezogenen Referenzgröße ableitet, eines Basiswerts (Underlying) wie beispielsweise des Preises von Erdöl zu einem bestimmten Zeitpunkt in der Zukunft. Dadurch entstehen Sekundärmärkte für Finanzinstrumente, die eine Trennlinie zwischen der in Offshore-Zonen verlagerten finanzwirtschaftlichen Ebene und der Managementebene eines Energieunternehmens ziehen. Dank dieser Finanzinnovationen sind keine »Investitionen« in eine neue Betriebsanlage oder Maschinen erforderlich, um Zusatzeinkünfte zu generieren.

Auf diese Weise verbinden sich neue Formen der Finanzwirtschaft mit der Versorgung einer Volkswirtschaft mit Erdöl. Die Bewegungen des Ölpreises beruhen ebenso sehr auf Spekulation wie auf Veränderungen des Angebots und der Nachfrage nach Öl durch Industrie und Verkehr. Aus einem Bericht für Lloyds of London geht hervor, dass die Spekulation das Angebot und den Preis destabilisiert, wodurch die Sicherheit der Ölversorgung zusätzlich beeinträchtigt wird.[49] In dem Bericht wird beschrieben, wie der Handel mit diesen Finanzinstrumenten die Preise nach oben treibt und instabiler macht, da der Ölpreis auch auf geringe Nachfrageveränderungen außerordentlich sensibel reagiert.[50] Außerdem gibt es angeblich so genannte »Ölhaie«, Tanker, die die Anweisung haben, ihre Fracht erst dann zu entladen, wenn der Preis deutlich gestiegen ist. Bis dahin liegen sie vor der Küste.

Die US-Regierung erlaubt die Spekulation und die Manipulation der Energiepreise durch große Banken und einflussreiche Fonds. Diese nachlässige Regulierung der Ölmärkte ermöglichte es einer Handvoll Banken, Finanzinstitutionen und Energiefirmen, auf manipulative Weise kurzfristig starke Schwankungen des Ölpreises herbeizuführen. Future-Händler wie Banken und Hedgefonds, die nicht den Rohstoff in physischer Form geliefert bekommen wollen, sondern nur einen Papiergewinn erzielen und realisieren möchten, beherrschen heute rund 80 Prozent der Terminmärkte für Energie. Das ist eine Steigerung um 30 Prozent im Verlauf eines Jahrzehnts. Daher liegen immer mehr Öltanker »offshore« und warten auf den geeigneten Moment für eine erfolgversprechende Spekulation. Im Mai 2013 beschuldigte die EU die wichtigsten europäischen Öl- und Gaskonzerne, sie hätten ein Preiskartell gebildet, um die Energiepreise für die Verbraucher auf einem künstlich erhöhten Niveau zu halten.[51]

Die Finanzialisierung wird dadurch unterstützt, dass viele Energieunternehmen heute zumindest teilweise »offshore« registriert sind. So fasst beispielsweise die Firma Caymans 97, die auf den Cayman-Inseln sitzt, an einem einzigen Ort die Kontrollgremien vieler weltweit agierender BP-Zweigunternehmen zusammen. BP ist ein börsennotierter Konzern und daher theoretisch transparent, doch hinter den Kulissen verzweigt sich ein Netz »offshore« angesiedelter Tochterunternehmen, das kaum bekannt ist. Den Regierungen und der Öffentlichkeit ist es dann nicht möglich, zu erkennen, was sich tatsächlich abspielt. Geheimhaltung bildet die Grundlage dieses Verfahrens, das darauf zielt, den Regulierungsbehörden Informationen darüber vorzuenthalten, wie viel Steuern BP in jenen Ländern zahlt, in denen es wirtschaftlich tätig ist.[52] Viele russische Energiekonzerne wie auch die Zentralbank des Landes richteten eigens Offshore-Konten auf Zypern ein, als sich die Öl- und Gasunternehmen ab Anfang der neunziger Jahre aus Russland hinaus in Offshore-Zonen zu bewegen begannen.[53]

Bis sich wegweisende Innovationen im Energiebereich durchsetzen, dauert es meist sehr lange. Das liegt daran, dass eine neue »Technologie« nicht nur ein einzelnes technisches Verfahren ist, sondern eine Vielzahl von Bestandteilen hat, die erst im Verlauf von Jahrzehnten so aufeinander abgestimmt werden können, dass sie ein neues soziotechnisches System bilden. Ein neues System, bestehend aus einer komplexen Verbindung bereits vorhandener

Elemente, das die Tendenzen zur Offshore-Verlagerung umkehren könnte, würde ebenfalls Jahrzehnte benötigen, bis es wirksam werden könnte.[54] Ein Wechsel von einer Art von Energieträgern zu einer anderen erfolgt vielleicht nur einmal in einem Jahrhundert, ist dann jedoch von großer Tragweite.[55] Die Abkehr von einer Zivilisation, die auf der Nutzung fossiler Brennstoffe und der Verlagerung in Offshore-Zonen beruht, ist eine enorme Herausforderung und dürfte den Rest des Jahrhunderts in Anspruch nehmen. Zudem wird verkannt, dass möglicherweise nicht ausreichend Energie zur Verfügung steht, um die unterschiedlichen Formen der Offshore-Verlagerung weiter auszubauen, da Offshore-Welten außerordentlich kohlenstoffintensiv sind.

In zahlreichen Büchern, Berichten und Artikeln wird heute die Ansicht vertreten, dass man die noch vorhandenen fossilen Brennstoffe in der Erde lassen solle, damit die angestrebte Begrenzung des globalen Temperaturanstiegs auf 2 Grad vielleicht doch noch erreicht werden kann.[56] Bislang wurden rund 2.000 Milliarden Tonnen CO_2 in die Erdatmosphäre geblasen, die Hunderte Jahre dort verbleiben werden.[57] Diese Emissionen sind von 1850 bis heute exponentiell gestiegen, und es deutet nichts darauf hin, dass sich der Anstieg verlangsamen oder der Trend sich gar umkehren könnte.[58] Es ist keine befriedigende Lösung in Sicht.

Ein Problem ist die enorme Größenordnung der Finanzwerte, die auf der Möglichkeit beruhen, diese fossilen Brennstoffe zu nutzen. In den Börsenwert der Energieunternehmen fließen auch ihre Reserven an fossilen Brennstoffen ein, obwohl vielleicht nur 40 Prozent davon jemals genutzt und verarbeitet werden können, falls der globale Temperaturanstieg im laufenden Jahrhundert tatsächlich auf 2 Grad begrenzt werden sollte. Nach Ansicht von Will Hutton wird es entweder eine große »Kohlenstoffblase« geben, in der die Investoren und die Unternehmen den Wert der fossilen Brennstoffreserven, die man nie wird nutzen können, in spekulativer Weise auf ein völlig unrealistisches Niveau treiben, oder die großen Konzerne glauben in Wirklichkeit gar nicht an die Chance, die Nutzung fossiler Brennstoffe zu beschränken, um das Temperaturziel noch zu erreichen. Durch eine Verbrennung aller vorhandenen Kohlenstoffreserven würde die globale Temperatur um mindestens 6 Grad ansteigen. Wenn sie jedoch nicht genutzt werden, würden sich Börsenwerte von insgesamt 4 Billionen US-Dollar halbieren, und dies würde ähnlich gravierende Finanzcrashs auslösen wie in den Jahren 2007 und 2008.[59]

Nach Meinung mancher Beobachter könnte man diese enormen Widersprüche durch eine noch extremere Form der Offshore-Verlagerung auflösen, die man als »Off-Earthing« bezeichnen könnte. Darunter ist die Entwicklung groß angelegter Geo-Engineering-Projekte zu verstehen, die einige Wissenschaftler schon während des Kalten Krieges auf den Weg bringen wollten. Geo-Engineering, also großräumige Eingriffe in geochemische Kreisläufe der Erde, würde die Abhängigkeit von fossilen Brennstoffen zwar nicht vermindern, stellt aber einen planetarischen Ansatz dar, um deren fortdauernde schädliche Auswirkungen in den Griff zu bekommen.

Es gibt zwei Formen von Geo-Engineering. In der ersten Variante wird die CO_2-Konzentration in der Atmosphäre reduziert durch große chemische Filter, die Kohlendioxid aus der Atmosphäre herausziehen, oder durch Düngung der Meere mit Eisen oder Phosphor, um das Wachstum der Algen zu fördern, die Kohlendioxid besser absorbieren. Die zweite Methode wird als Solar Radiation Management (Beeinflussung der Sonnenstrahlen) bezeichnet; dabei versucht man, die Abstrahlung des Sonnenlichts zu erhöhen und einen kleinen Teil des Sonnenlichts von der Erde wieder in das All zurückzuwerfen. Dies soll erreicht werden mittels Billionen winziger »Sonnenschirme«, die im All rund um den Planeten platziert werden.[60] Solche globalen »Off-Earthing«-Ansätze erfordern jedoch gewaltige finanzielle und organisatorische Anstrengungen und eine enge wissenschaftliche Zusammenarbeit. »Globale soziale Experimente« dieser Art könnten zudem geopolitische Konflikte in völlig neuer Dimension hervorrufen. Als ein »Plan B« wären sie ein Teufelspakt, in dem ein globalistischer Politikansatz die Demokratie ausschaltet, der nationale Verfahren umgeht.

Wenn das Ausmaß des Klimawandels jedoch eines Tages als »katastrophal« eingestuft wird, könnten sich machtvolle Interessen hinter dem Konzept einer derartigen planetarischen technologischen Lösung versammeln und eine Art von »Klimakapitalismus« hervorbringen.[61] Ein solches globales Experiment könnte dann als der einzig mögliche Weg dargestellt werden, um weiter fossile Brennstoffe verfeuern zu können. Man soll keine Krise ungenutzt lassen, lautet schließlich eine der Maximen des Neoliberalismus.

7. Abfall

Grundlegendes über den Abfall

Die neoliberale Welt ist eine Welt glitzernder Paläste in einstmaligen Wüsten, erstaunlicher Schätze, die in Gütern schlummern, die aus allen Teilen der Welt kommen, einer Vielfalt persönlicher Dienstleistungen, die den meisten Menschen bislang völlig unbekannt waren, und technologischer Artefakte, die neue Verbindungen, Beziehungen und Kontrolle rund um den Globus ermöglichen. Aber ich möchte auch ihre dunkle Seite darstellen, wenngleich dies oft kompliziert ist, da Produkte, Dienstleistungen und Erlebnisse, die in den Offshore-Bereich verlagert werden, aus dem Blickfeld des Forschers verschwinden.

Die dunkle Seite zu zeigen ist besonders schwierig in Bezug auf das große Thema des Abfalls. Der Neoliberalismus bringt eine gewaltige Menge an Abfallprodukten hervor durch die planvolle Veralterung von Gebrauchsgegenständen und Orten; diese Abfallprodukte werden häufig im Verborgenen um die Welt bewegt; sie landen schließlich an irgendwelchen höchst gefährlichen Müllplätzen, weit weg von den Orten, wo sie ursprünglich »als Müll angefallen« sind; manche Länder und Orte haben sich zu Spezialisten für den Umgang mit diesem Offshore-Abfall entwickelt, und manchmal wird dieser Abfall auch wiederverwertet zu Produkten, die in die Zentren der kapitalistischen Produktion zurückkehren, wodurch die lange Kette der »kapitalistischen Lebensweise« aufs Neue ihren Anfang nimmt.

Abfall war schon immer ein zentrales Thema für die Gesellschaften, wobei einige sich als besonders geschickt bei der Wiederverwendung von Abfallprodukten erwiesen. Die chinesische Landwirtschaft beruhte früher auf der Nutzung menschlicher Exkremente (Fäkalien) als Dünger. Klohäuschen wurden häufig in der Nähe von Schweineställen errichtet, und man sammelte aus beiden die Exkremente ein. Die morgendliche Ausbringung der in der Nacht angefallenen Fäkalien war eine alltägliche Verrichtung. Jeden Tag erzeugte Shanghai mehr als 10.000 Tonnen menschlicher Exkremente, die in Fässer gefüllt und dann zu den Feldern in der Umgebung der Stadt transportiert wurden. Noch im 20. Jahrhundert war in Europa in vielen ländlichen Gegenden und Städten der umherziehende »Lumpensammler« ein vertrauter Anblick, der unterschiedlichste Materialien aus den Häusern und Werkstätten sammelte, verkaufte und zum Teil wiederaufbereitete.[1]

In der jüngeren Zeit werden viele industrielle Erzeugnisse wie Glas, Bauholz, Zellstoff, Plastik, Reifen und Papier teilweise wiederverwertet. Bereits während des Krieges und in der Nachkriegszeit wurden komplexe Systeme entwickelt, die es Haushalten und Betrieben ermöglichen, Dinge wiederzuverwerten, die sonst als »Abfall« enden. Das Recycling dieser Erzeugnisse ist teilweise gesetzlich oder durch örtliche Verordnungen geregelt, während andere Abfallprodukte als gefährlich oder giftig eingestuft werden und strenge Vorschriften zu ihrer Entsorgung erlassen wurden. Ausgedehnte Flächen können durch illegale Ablagerung giftiger Materialien kontaminiert und für lange Zeit unbenutzbar gemacht werden. Einige Abfallprodukte aus chemischen oder atomaren Betriebsstätten bleiben andauernd gefährlich und werden »außer Sichtweite« in vermeintlich sicheren Deponien für Zehn- oder Hunderttausende Jahre gelagert.

Das Hauptproblem für die Wiederverwertung erwächst daraus, dass die meisten Produkte nicht so konzipiert werden, dass alle ihre Bestandteile erfolgreich recycelt werden können. Industrieökologen weisen darauf hin, dass Produkte einen »geschlossenen Lebenszyklus« durchlaufen sollten, der für jeden ihrer Bestandteile geplant und sichergestellt wird. Einige Gemeinden suchen nach Strategien, um sich zu »abfallfreien Städten« zu wandeln, die 100 Prozent der Abfallprodukte wiederverwerten oder zur Materialrückgewinnung nutzen. Doch dies ist außergewöhnlich schwierig, weil die heutige »konsumgetriebene Gesellschaft« eine solche Fülle an Abfall hervorbringt, während der Abfallentsorgung in der Stadt- und Regionalplanung oftmals nur geringe Beachtung geschenkt wurde.[2]

Trotz all dieser Wiederverwertungs- und Abfallbeseitigungssysteme bildet sich auf der Welt ein riesiger »globaler Müllberg«. Dieser Berg ist ein eindrucksvoller Indikator für den gegenwärtigen Stand der Globalisierung. Nach einer jüngeren Schätzung der Weltbank wird die Menge des jährlich anfallenden städtischen Hausmülls in den kommenden Jahren von 1,3 Milliarden auf 2,2 Milliarden Tonnen steigen, wobei diese Zunahme zum großen Teil auf die wachsenden Städte in den Entwicklungsländern entfallen wird. Die jährlichen Kosten der Abfallbeseitigung dürften in diesem Zeitraum von 205 Milliarden Dollar auf 375 Milliarden Dollar steigen.[3] Diese Kosten steigen schneller in den ärmeren Ländern, weil hier ein Teil des wiederverwerteten Mülls aus anderen Ländern »importiert« wurde. Im Allgemeinen produzieren die Reichen mehr Abfall, doch ab einem bestimmten Entwicklungsniveau koppelt sich das wirtschaftliche Wachstum vom Wachstum der Müllerzeugung ab.

Darüber hinaus ist »Müll« nicht immer etwas Unerwünschtes. Das hängt zum Teil damit zusammen, dass sich mit Abfall Geld verdienen lässt, wie in vielen Entwicklungsländern zu beobachten ist, wo sich zahllose Menschen durch die Mülldeponien wühlen und noch verwendbare Dinge suchen. Es hat aber auch damit zu tun, wie der Ökonom und Soziologe Thorstein Veblen hervorhebt, dass man durch verschwenderischen, Abfall produzierenden Konsum beweisen kann, dass man zu den Wohlhabenden zählt.[4] Menschen versuchen durch »ostentativen Konsum« andere zu beeindrucken und gewisse Statusvorteile zu erlangen. In manchen Gesellschaften zeigt die demonstrative Vergeudung von Zeit, Mühe und Gütern, dass eine Person wohlhabend ist und einen hohen sozialen Status besitzt. Diese These wurde bereits 1899 in Veblens Werk *Theorie der feinen Leute* entwickelt, und es erscheint reizvoll, darüber nachzudenken, was dieser Autor wohl über den Kapitalismus des 20. Jahrhunderts gesagt hätte, der Konsum, Freizeitvergnügen und Müllerzeugung in solch ungeahnte Dimensionen gesteigert hat.

Abfallerzeugung

Diese Steigerung ist eine Folge neuer Wirtschaftszweige, die Güter produzieren und Dienstleistungen bereitstellen, von denen die Menschen vorher gar nicht wussten, dass sie sie brauchen. Es sind immense Konsumgüterindustrien entstanden, die sich der Befriedigung bis dahin unbekannter »Bedürfnisse« widmen. Beispiele dafür sind etwa die Flaschenwasserbranche, die 60 Milliarden Dollar umsetzt, die Fast-Food-Industrie, die auf 120 Milliarden Dollar kommt, die Heimtierfutterbranche, die 42 Milliarden Dollar Umsatz erzielt, und die Kosmetische Chirurgie, die 40 Milliarden Dollar einnimmt.[5] Alle diese Branchen sind energieintensiv und erzeugen viel Abfall. Der Neoliberalismus möchte die Menschen dazu bringen, dass sie »konsumieren, konsumieren, konsumieren. Bei jeder Gelegenheit wird uns eingebläut, dass Einkaufen oberste Bürgerpflicht ist. Der Raubbau an der Erde ist gut für die Wirtschaft und dient daher höheren Interessen«.[6]

Daher werden die Güter für eine bestimmte begrenzte Lebens- oder Nutzungsdauer produziert, und das gilt in ähnlicher Weise auch für Dienstleistungen und Orte. Diese geplante Veralterung von Gebrauchsgegenständen wurde erstmals vor einen halben Jahrhundert von Vance Packard in seinem Buch *The Waste Makers* kritisiert.[7] Packard zeigte, wie sich die Unternehmen bemühen, die Menschen zu einem verschwenderischen Verhalten zu veranlassen, sich zu verschulden und die Unzufriedenheit mit ihren letzten Einkäufen zu schüren. Die »Müll-Erzeuger« streben danach, die Zeit zwischen den Käufen von Konsumgütern zu verkürzen. Packard behauptete, dass die Verkürzung des Erneuerungszyklus Abfall erzeugt, die Verbraucher ausbeutet und Ressourcen verschwendet, während die Produkte rein kosmetisch verändert werden und nur von geringem Wert sind. Seine Analyse war sehr vorausschauend, und er wäre zweifellos überrascht über das industrielle Ausmaß, das die »Müllerzeugung« heute im Vergleich zu den sechziger Jahren angenommen hat.

Diese »geplante Obsoleszenz« oder sinnlose Vergeudung kann auf vielfältige Weise in die Produkte eingebaut oder in die Dienstleistungen integriert werden.[8] Sie sollen sich abnutzen, veraltern und schließlich ersetzt werden. Produkte und Dienstleistungen werden im Hinblick auf diese Abnutzung konstruiert beziehungsweise konzipiert, so etwa Wegwerf-Produkte wie Papiertaschentücher, Servietten, Packpapier, Einwegkameras, medizinische Handschuhe, Spritzen, Becher, Rasierklingen, Windeln und bestimmte Kleidungsstücke.[9]

Autos sind ein schönes Beispiel für ein Produkt, das schnell unmodisch wird, wenngleich sich das Kernkonzept seit dem späten 19. Jahrhundert nur wenig verändert hat. Bei Autos wird ein hoher Aufwand für Werbung, Markenentwicklung und Präsentation betrieben, um sicherzustellen, dass ältere Modelle schnell als veraltet und überholt gelten. Autobesitzer sollen so dazu veranlasst werden, unverhältnismäßig viel Geld für das jeweils neueste Modell auszugeben, das man »haben muss«. Glamouröse Automessen und -shows mit halbnackten jungen Frauen spielen eine wichtige Rolle dabei, jedes Jahr neue Begeisterung für winzige Modifikationen des Designs, der Funktionen oder des Aussehens eines Autos zu wecken, das anschließend als »innovativ« oder »revolutionär« oder schlicht als »die Zukunft« beworben und vermarktet wird.

Dieses »Erzeugen von Obsoleszenz« findet auch in Bezug auf Städte und Orte statt, die nach einer bestimmten Zeit als uninteressant gelten oder »aus der Mode kommen«. Diese Orte erscheinen als verbraucht und ausgereizt, worauf die Konsumenten und damit verbundene Einrichtungen woandershin ziehen. Es gibt eine periodische Restrukturierung oder thematische Neuausrichtung von Orten, »eine motivierte Form von geographischer Repräsentation, in der prägende Verbindungen hergestellt werden zwischen Einheit stiftenden Ideen, Symbolen oder Diskursen«.[10] Diese Art von thematischer Positionierung wird häufig praktiziert, denn Unternehmen und Orten bleibt auch kaum eine andere Wahl. Das vorhergehende Thema wird schnell unbrauchbar und wertlos und dann im wörtlichen wie im übertragenen Sinne auf einer der allgegenwärtigen Müllkippen entsorgt, die in den Städten und Metropolen der Welt vorzufinden sind. Das alte Thema vermodert auf einer Müllhalde, auf der schon viele andere tote Themen liegen. Eine Neuausrichtung rekonstruiert planvoll zu großen Teilen Themen, die von andernorts übernommen werden, meist aus den »globalen Zentren« der heutigen Welt.

Von besonderer Bedeutung ist die Rolle der Werbung, die Vance Packard schon vor einem halben Jahrhundert einer kritischen Betrachtung unterzog. Die weltweiten Ausgaben für Werbung können sich auf bis zu zwei Prozent des Nationaleinkommens eines Landes belaufen.[11] Der Zweck der Werbung besteht darin, Produkte, Dienstleistungen oder Orte, die vor Kurzem erworben, genutzt oder aufgesucht wurden, als veraltet und überholt erscheinen zu lassen. Werbeanzeigen präsentieren verlockende Möglichkeiten für neue Produkte und Dienstleistungen, die häufig von weither zu beziehen sind oder nur an Orten genutzt werden können, die man mithilfe Kohlendioxid emittierender Transportmittel aufsuchen muss.

Besonders erwähnenswert sind in diesem Zusammenhang die zunehmenden Eingriffe der großen Unternehmen in das Leben der Kinder. Sharon Beder stellt dar, wie die Konzerne mit ihrer Werbung und ihrem Marketing immer jüngere Kinder ins Visier nehmen, um deren Unzufriedenheit zu schüren und sie zu Hyper-Konsumenten zu machen, die sich eher dadurch definieren, was sie haben, als dadurch, wer sie sind. Kinderspielzeug hat sich zu einem bedeutenden Geschäftszweig entwickelt. Eine rückläufige Zahl an Spielzeug wird als abnehmendes Wohlbefinden gedeutet. Sogar die Schulen sind nicht mehr frei von diesem kommerziellen Druck, der auf den kleinen Kindern lastet.[12]

Je größer die Ungleichheit in einer Gesellschaft ist, so hat es den Anschein, umso mehr Abfall wird erzeugt. Dies wird insbesondere durch das wachsende Problem der Lebensmittel-Abfälle unter Beweis gestellt; einem aktuellen Bericht zufolge werfen die Amerikaner bis zu 40 Prozent ihrer Lebensmittel weg, so dass sich auf den Mülldeponien Nahrungsmittel im Wert von insgesamt mindestens 165 Milliarden Dollar ansammeln. Dieses verschwenderische Verhalten hat im Laufe der Zeit zugenommen, wobei die Amerikaner im Durchschnitt heute mehr als zehnmal so viel

Lebensmittel wegwerfen wie die Verbraucher in Südostasien. Insgesamt wird die Hälfte der auf der Welt erzeugten Nahrungsmittel, eine Menge von etwa zwei Milliarden Tonnen, vergeudet oder vernichtet aufgrund von schlechter Lagerung, zu knapp bemessenen Verfallsterminen, Transportschäden und Schlampigkeit der Verbraucher. Nahrungsmittel bilden den größten Bestandteil des Hausmülls in Mülldeponien.[13] Und dies ist mit einer vergleichbaren Wasserverschwendung auf Anbauflächen verbunden, deren Erzeugnisse anschließend weggeworfen werden.

Abfall ist ein klassisches Offshore-Thema. Müll wird entsorgt, und wenn er entsorgt ist, wird er meistens schnell vergessen. Tom de Castella schreibt in diesem Zusammenhang: »Wir werfen Dinge in die Tonne und erwarten, dass sie abtransportiert werden. Wohin sie dann gebracht werden, wissen nur die wenigsten von uns, und es kümmert auch kaum jemanden«.[14] Größtenteils landet der Müll auf Deponien, die normalerweise an abgelegenen Plätzen liegen, sozusagen auf der anderen Seite des Bahngleises, der Rest wandert überwiegend in Verbrennungsanlagen. Ein gewisser Teil wird wiederverwertet, einiges auch in Biomassekraftwerken in Energie umgewandelt.

Müll ist ein globales Problem, und in vielen Gesellschaften sortieren Menschen den Abfall von Hand und wiederverwerten noch brauchbare Materialien. Weltweit wird die Zahl dieser Müllsammler und -sortierer auf 15 Millionen geschätzt; sie leben hauptsächlich in Entwicklungsländern, wo der Abfall meist nicht auf geregelte, organisierte Weise eingesammelt wird. Etwa ein bis zwei Prozent der Städtebewohner beschäftigen sich informell mit dem Recycling von Abfällen und betreiben damit eine wirtschaftliche Wertschöpfung, die sich auf Hunderte Millionen Dollar beläuft. In Brasilien ist die offizielle Recycling-Branche auf diese privaten Müllsammler angewiesen, die *catadores*, die bis zu 90 Prozent des in Frage kommenden Materials finden.[15] Diese Tätigkeit ist natürlich mit hohen gesundheitlichen Gefährdungen und Umweltbelastungen verbunden.

Die Bedeutung dieses privaten Müllsammelns wird noch weiter zunehmen, wenn die Entwicklungsländer vermehrt Produkte im »westlichen« Stil produzieren und die entsprechenden Verpackungstechniken und Nutzungsgewohnheiten übernehmen. Besonders erwähnenswert ist die Tatsache, dass viele Materialien zunehmend durch Plastikteile ersetzt werden, die aus Öl hergestellt werden. Plastik nimmt langlebige organische Schadstoffe (Persistent Organic Pollutants, POP) aus der Umwelt auf und gibt sie auch wieder an die Umwelt ab. POP sind organische (kohlenstoffbasierte) chemische Substanzen und enthalten Pestizide, Industriechemikalien oder Nebenprodukte industrieller Verfahren, die für Menschen und Tiere giftig sind.[16] Plätze der Müllentsorgung sind häufig auch Plätze von hoher Toxizität.

Verschieben und Verteilen von Müll

Bestimmte Orte sind zu Spezialisten für Müllentsorgung geworden. Zsuzsa Gille weist darauf hin, dass Osteuropa zu Sowjetzeiten als »Ödland« betrachtet wurde, sowohl im übertragenen als auch im wörtlichen Sinn. Die Länder Osteuropas waren altmodisch, unmodern, wirtschaftlich abgehängt und ineffizient. Einige Orte in diesem Ödland wurden zu Lagerstätten von Müll aus der Sowjetunion, wie beispielsweise das kleine ungarische Dorf Garé, wo undichte Behälter mit Giftmüll Erkrankungen von Tieren verursachten und die landwirtschaftlichen Erzeugnisse des Dorfes nahezu unverkäuflich machten.

Nach dem Zusammenbruch des Sowjetsystems veränderte sich einiges zum Besseren. Dennoch ist Osteuropa heute noch immer eine Mülldeponie, da es wachsende Mengen an Giftmüll aus den westlichen Ländern aufnimmt, zumindest war dies bis in die Jahre 2007/08 der Fall. Gille beschäftigt sich mit dem Standort einer geplanten neuen Müllverbrennungsanlage in Ungarn, an dem sich die weltweit zunehmende Tendenz zur Verbrennung des Mülls zeigt. Vor allem gefährlicher Müll wird gern in Länder geschickt, in denen weniger strenge Vorschriften und niedrigere Emissionsstandards gelten.[17]

Gille zeigt, wie die Bewohner von Garé die Idee des Baus einer großen Verbrennungsanlage zunächst begrüßten, in welcher der importierte Giftmüll aus Westeuropa entsorgt werden sollte. Die Dorfbewohner stellten sich auf die Seite der globalen Verbrennungsindustrie, um sich diese Entwicklung zunutze zu machen und Teil eines entstehenden neuen Europas zu werden. Die örtlichen Gegner des Projekts suchten nach Unterstützung bei der Grünen Bewegung. Beide Seiten, sowohl die Befürworter als auch die Gegner einer Müllverbrennungsanlage, werden somit mehr durch globale Kräfte beeinflusst als durch innerungarische Debatten. Die Müllthematik wird durch Konflikte zwischen zwei globalen Kräften strukturiert, der Abfallbeseitigungsindustrie und der Umweltbewegung.

Ähnliche Konflikte entwickeln sich im Zusammenhang mit der Verschiffung von Müll über die Weltmeere. Ein Beispiel dafür lieferte die Ölhandelsfirma Trafigura, die 2006 wegen krimineller Machenschaften verurteilt wurde, nachdem es in der Elfenbeinküste zu einer Massenerkrankung gekommen war. Ein von Trafigura geleastes Schiff hatte 500 Tonnen Giftmüll in der Elfenbeinküste abgeladen, anstatt den Abfall, wie ursprünglich vorgesehen, in Amsterdam wiederaufzubereiten. Laut einem UN-Bericht, der von Wikileaks bekannt gemacht wurde, mussten sich wegen des Giftmülls 108.000 Menschen in der Elfenbeinküste in medizinische Behandlung begeben. In der Sendung *Newsnight* der BBC wurde die Beschuldigung erhoben, dass Trafigura die Gefährlichkeit dieses Abfalls bekannt war.

Ein weiteres Beispiel für Offshore-Müllentsorgung betrifft die Schiffe selbst. Mehrere Orte in der so genannten Dritten Welt, wie beispielsweise die Küstenstädte Alang im indischen Bundesstaat Gujarat und Chittagong in Bangladesch, haben sich darauf spezialisiert, »tote« Schiffe abzuwracken und das gewonnene Material zum Teil wiederaufzubereiten. Bevor in Alang 1983 das Abwracken der Schiffe begann, war der Strand noch nahezu unberührt und sauber. Mittlerweile hat sich die Landschaft vollkommen verändert. Hunderte »toter« Schiffe sind auf den Strand geschleppt worden und warten darauf, auf diesen »nautischen

Killing Fields« auseinandergenommen zu werden. William Langewiesche beschreibt das heutige Alang folgendermaßen: »Der Strand war kaum mehr wiederzuerkennen. Es war eine schmale, zehn Kilometer lange, rauchgeschwängerte Industriezone, wo fast zweihundert Schiffe in unterschiedlichen Stadien fortschreitender Zerlegung Seite an Seite standen«.[18]

Früher wurden Schiffe in großen Werften in Nordamerika oder Europa unter Einsatz von Kränen und schwerem Gerät abgewrackt. Heute haben die strengeren Vorschriften und die höheren Löhne im globalen Norden dazu geführt, dass sich diese Branche von den traditionellen Werften weg in den Offshore-Bereich bewegt hat, und zwar an Strände in Indien, Bangladesch und Pakistan. Findige ortsansässige Unternehmer haben hier erkannt, dass man Schiffe mehr oder weniger auch durch Handarbeit zerlegen kann. Es werden dazu nicht unbedingt teure Dockanlagen benötigt, denn viele Männer, die an oder unter der Armutsgrenze leben, arbeiten auch für einen oder zwei Dollar pro Tag.

Diese Arbeiter in Alang wracken ungefähr die Hälfte aller Schiffe ab, die jedes Jahr auf den Meeren der Welt geborgen werden. Große Supertanker, Autofähren, Containerschiffe und auch einige Ozeanriesen werden während der Flut an den Strand gesetzt. Wenn die Flut zurückgeht, beginnen Hunderte von Männern damit, in Handarbeit die Schiffe auseinanderzunehmen, legen die wiederverwertbaren Teile zur Seite und verschrotten den Rest. Insgesamt haben sich in den Entwicklungsländern mittlerweile ungefähr 40.000 Arbeiter zu Spezialisten dieser Form von Müllsammlung in großem Stil entwickelt; sie gewinnen Millionen Tonnen Stahl, der in den jeweiligen Gebieten weiterverwendet wird. Die Arbeiter sind häufig einem strengen Regiment unterworfen und starkem Druck ausgesetzt, damit die ausgemusterten Schiffe möglichst schnell zerlegt werden und der Platz am Strand für ein neues Wrack frei wird. In Chittagong kommt jede Woche mindestens ein Arbeiter ums Leben – die Männer sind meistens barfuß und tragen keine Schutzkleidung, während die Schiffe oft giftige Materialien enthalten.[19]

Die Europäische Union hat vor Kurzem beschlossen, dass in Europa registrierte Schiffe künftig nur noch in zugelassenen Werften abgewrackt werden dürfen, die strenge Umweltauflagen erfüllen. Toxische Materialien müssen vorher von den Schiffen entfernt werden. Doch diese neue Regelung stößt auf heftigen Widerstand in asiatischen Ländern, die diese Arbeitsplätze und die wiederaufbereiteten Materialien für ihre wachsende verarbeitende Industrie brauchen. Strengere Vorschriften und Auflagen, für die sich Greenpeace und andere Organisationen eingesetzt haben, würden allerdings auch zur Folge haben, dass manche Schiffe nicht mehr abgewrackt, sondern irgendwo draußen auf dem Meer still und heimlich versenkt würden. Zudem sind die meisten Schiffe gar nicht in Europa registriert, sondern in Billigflaggenländern. Die ungesetzlichen Zustände auf See erschweren es daher, etwas wieder an Land zurückzuholen, was zuvor zielstrebig in den Offshore-Bereich geflüchtet ist.

Ein weiterer Aspekt der Verlagerung in Offshore-Zonen besteht darin, dass die Entwicklungsländer von den Abfalllieferungen aus den Industrieländern abhängig werden. So gibt es beispielsweise in Peking 160.000 Müllsammler, die große Mengen von Plastikfolien, Computerausdrucken, Flaschen, Autokühlern und Kartonteilen wiederaufbereiten.[20] China ist sogar der größte Importeur von Abfallmaterial.[21] Doch der Finanzcrash von 2008 führte zu einem Einbruch der Nachfrage aus dem Westen nach wiederaufbereiteten Produkten. Dies traf die chinesische Recycling-Industrie sehr hart, und in den folgenden Jahren mussten vier Fünftel der Betriebe dieser Branche schließen. So fanden die USA, Großbritannien und andere westliche Länder keine Abnehmer mehr für ihren Müll.

In jüngster Zeit hat eine neuartige Form von Müll an Bedeutung gewonnen. Bis um 1990 bildeten gewissermaßen zwei Bereiche die Folie, vor der sich das menschliche Leben entfaltete: die natürliche Welt der Pflanzen und Tiere und die industrielle Welt der hergestellten Gegenstände. Doch dann begann sich eine dritte Folie zu entwickeln, die »virtuelle« oder »digitale« Welt, wozu Gegenstände und Strukturen wie beispielsweise Bildschirme, Kabel, Smartphones, Batterien, Satelliten, Tablet-Computer, soziale Medien, Sensoren, Router, Software, Netzwerke und dergleichen gehören.[22] Diese Objekte veränderten die Art, wie das menschliche Leben im Alltag, Minute für Minute, Tag für Tag erfahren wird. Dies galt für die gesamte Welt, wenngleich sich der Zugang zu den digitalen Mitteln und Möglichkeiten einigermaßen ungleich verteilte.

Ein bestimmendes Merkmal einer »schwerelosen« Welt besteht darin, dass digitale Verbindungen erst auf einer materiellen Grundlage möglich werden – auf der Grundlage von Computererzeugnissen, die sich aus Metallen, vor allem Aluminium, Plastik, seltenen Erden, Drähten, Kabeln, Glas und dergleichen zusammensetzen. Digitale Objekte werden aus spezifischen, oft auch gefährlichen Materialien gebaut. Wenn sie veralten oder aus der Mode kommen, werden diese dann toten Maschinen auf Mülldeponien geworfen oder landen in Verbrennungsanlagen. Doch ihre Entsorgung wird zunehmend in den Offshore-Bereich verlagert, da sich die »westlichen« Gesellschaften der Gefährlichkeit der in diesem elektronischen Abfall vorhandenen Materialien bewusst sind und ihn daher nicht auf ihrem eigenen Gebiet lagern möchten. Von besonderer Bedeutung in der neuen Weltordnung sind Orte, die sich auf die Entsorgung und Zerlegung gefährlicher Materialien konzentrieren.

Guiyu an der Küste des Südchinesischen Meeres ist die »Welthauptstadt für elektronischen Müll«.[23] Rund vier Fünftel des Computermülls aus den USA und ein großer Teil dieses Abfalls aus anderen Ländern werden an diesen kleinen Ort in China exportiert. Viele Materialien, die hier ankommen, begannen ihren Lebensweg im reichen Norden, wo sie dann auch abgegeben wurden, um »recycelt« zu werden. Abfallentsorgungsunternehmen verlangen häufig eine Gebühr für das Wiederaufbereiten und erhalten bisweilen auch Steuerermäßigungen, weil sie eine »grüne« Branche sind; dann verdoppeln sie ihre Gewinne, indem sie das Material an die Chinesen verkaufen, bis der elektronische Abfall schließlich in Guiyu landet. Die chinesischen Arbeiter zerlegen ihn oder bergen die noch verwendbaren Teile aus dem digitalen

Müll. Der einstige Besitzer, der den kaputten oder ausrangierten Computer bei seiner »Recycling-Firma« Tausende Kilometer entfernt abgegeben hat, erfährt davon nichts. Die Ausfuhr von elektronischem Müll aus EU-Ländern ist verboten, nicht jedoch aus den USA, welche die Baseler Konvention nicht unterzeichnet haben.[24] In Guiyu landen auch unerwünschte oder defekte Teile von Neucomputern sowie Computer und Computerteile, die noch während der Garantiefrist zur Reparatur an die großen Hersteller wie Panasonic, Samsung oder HP zurückgegeben wurden.[25]

Die Firmen in Guiyu verdienen jährlich mehr als 75 Millionen Dollar durch die Verarbeitung von 1,5 Millionen Tonnen elektronischem Müll. Dessen Einfuhr ist zwar in China offiziell untersagt, doch die Behörden drücken ein Auge zu. Rohstoffe sind immer knapp, und die chinesischen Unternehmen verlangen nach den Materialien, die von den Müllsammlern geliefert werden. Guiyu ist wirtschaftlich abhängig von dieser »Zerlegungs«-Branche, die ursprünglich durch die Entsorgung von Computern aus dem reichen Norden entstand, mittlerweile aber auch aus China selbst und anderen Entwicklungsländern gespeist wird. Angeblich werden in den USA jeden Tag 30.000 Computer weggeworfen, und in Europa wandern jedes Jahr 100 Millionen Mobiltelefone in den Müll. Doch im Jahr 2016 wird die Zahl der nicht mehr benötigten Computer aus den Entwicklungsländern erstmals jene aus den Industriestaaten übersteigen.[26]

Ungefähr 150.000 Arbeiter schuften in Guiyu in 16-Stunden-Schichten, zerlegen alte Computer, Drucker und Mobiltelefone und sortieren Metalle und andere Teile aus, die wiederverwertet werden können. In Tausenden kleiner Werkstätten zerschneiden Arbeiter Kabel, ziehen Chips aus Leiterplatten, zerkleinern Plastik-Computergehäuse und tauchen Leiterplatten in Säurebäder, um Blei, Cadmium und andere Metalle herauszulösen. Tausende andere Arbeiter ziehen Isoliermaterial von Drähten ab, um die winzigen Mengen Kupfer zu bergen. Arbeiter erhitzen Leiterplatten und andere Bauteile über Kohlefeuern, um das verlötete Blei zu schmelzen und die zahlreichen übrigen Metalle zu gewinnen. Schädliche Gase werden in die Luft freigesetzt, toxische Materialien gelangen in den Boden. Die Männer arbeiten mit bloßen Händen, um die kleinen Teile besser greifen zu können. Die überdurchschnittlichen Löhne locken die Arbeiter nach Guiyu, denn hier verdienen sie fast fünfmal so viel wie in der Landwirtschaft.

Umwelt und Gesundheit werden in hohem Maße belastet. Die Luft in Guiyu eignet sich eigentlich nicht zum Atmen. Das Wasser ist nicht trinkbar, da überschüssiger Druckertoner von den Straßen in den Fluss geschwemmt wird. Das Trinkwasser muss mit Lastwagen herbeitransportiert werden. Überall finden sich Schwermetalle (die teilweise giftig sind), wie Blei, Quecksilber, Zinn und Cadmium. In Guiyu gibt es die weltweit höchste Konzentration krebserregender Dioxine; die Gefahr für Frauen, eine Fehlgeburt zu erleiden, ist hier sechsmal höher als anderswo, und bei sieben von zehn Neugeborenen weist das Blut einen um 50 Prozent erhöhten Bleigehalt auf. Guiyu gilt als die am zweitstärksten verschmutzte Stadt der Welt. Der Abfall der digitalen Welt landet am Ende an Orten, die in ihrem Erscheinungsbild und ihrer Aufmachung als das genaue Gegenteil der schicken Apple-Stores erscheinen. Doch sie sind gewissermaßen Schlüsselstellen der digitalen Welt und haben sich seit 1990 in beschleunigtem Tempo entwickelt.

Es gibt zahlreiche Gründe dafür, warum so viel digitaler Müll anfällt; dazu gehören die Geschwindigkeit der technologischen Innovationen, die Wirkungsweise des Moore'schen Gesetzes (wonach sich die Komplexität integrierter Schaltkreise regelmäßig verdoppelt) sowie die eingebaute, geplante Obsoleszenz der Produkte. Der entscheidende Faktor ist die Fähigkeit des »digitalen Kapitals«, neue Anwendungen für Computer-Hardware zu erfinden, die nur auf neuen Geräten funktionieren, nicht mehr auf den alten. Dazu kommt die Macht der Werbung, die alles daransetzt, die Verbraucher davon zu überzeugen, dass ihre Geräte nach ein paar Jahren auf den Müll gehören, obwohl die meisten Geräte gar nicht voll ausgelastet werden.

Das alles ist vielleicht erst der Anfang, denn die vierte Mobilfunkgeneration (Next Generation Mobile Networks, auch als 4G bezeichnet) wird in den kommenden Jahren zu einer enormen

Flut von ausrangierten Geräten führen. Der 4G-Standard ermöglicht mit bis zu 100 Megabit pro Sekunde eine wesentlich höhere Übertragungsgeschwindigkeit. Er wird nicht nur den 3G-Standard ablösen, sondern auch einen Großteil der kabelgebundenen Breitbandtechnik. Das bedeutet, dass nahezu die gesamte vorhandene Hardware überholt sein und ausrangiert werden wird, weil die aktuellen Geräte nicht mit der 4G-Technik betrieben werden können. Nach 4G könnte also die gesamte Hardware ausgetauscht werden, darunter alle rund fünf Milliarden Mobiltelefone, die gegenwärtig auf der Welt im Einsatz sind.[27] Guiyu und andere Zentren der Verarbeitung von elektronischem Müll werden ihr Geschäft in der Zukunft enorm ausweiten können – und dann wird man vielleicht nicht mehr einen »Silberstreifen am Horizont« sehen, sondern einen »Aluminiumstreifen«.

Verlagerung von Emissionen

Eine weitere Quelle der Verschiebung von Abfall in Offshore-Zonen beruht auf der Verschiffung über die Meere. Der Containertransport von Gütern, die in Offshore-Bereichen hergestellt wurden, geht mit einer weltweiten Umverteilung von CO_2-Emissionen einher. So rühmt sich zum Beispiel Großbritannien, dass es seine CO_2-Emissionen seit 1990 um 18 Prozent vermindert habe. Das Department of Energy and Climate Change (DECC) beharrt auf dem Standpunkt, dass Emissionen aus der Herstellung von Gütern in China, die nach Großbritannien exportiert werden, China zugerechnet werden müssen und nicht Großbritannien. Diese These gerät jedoch zunehmend in die Kritik, und manche Kommentatoren fordern eine »verbrauchsbezogene Emissionserfassung« anstatt der üblichen »produktionsbezogenen« Erfassungsmethode.[28] Berücksichtigt man die Importe, Exporte und internationalen Transporte, so ergibt sich, dass die britischen Emissionen in diesem Zeitraum um 20 Prozent gestiegen sind. Im Jahr 2014 entfielen 30 Prozent der globalen verbrauchsbezogenen Emissionen auf Fertigwaren, die in die Industrieländer eingeführt wurden.[29]

Aufgrund seiner billigen Energie und des staatlich subventionierten Stromverbrauchs ragt Dubais CO_2-Fußabdruck unter allen Ländern deutlich heraus. Dennoch müsste man einen größeren Teil dieser Emissionen jenen Volkswirtschaften zurechnen, aus denen all die Reisenden und die Immobilienkäufer kommen und in die sie wieder zurückkehren.[30]

Dieser internationale Handel von Gütern und Dienstleistungen kehrt den Trend zu rückläufigen Emissionen in den Industrieländern wieder um. Berücksichtigt man die Nettoimporte von Kohlendioxidemissionen in die Industrieländer, so stieg der CO_2-Ausstoß in diesen Ländern von 400 Millionen Tonnen im Jahr 1990 auf 1,6 Milliarden Tonnen im Jahr 2008 und wuchs damit schneller als die Weltwirtschaft oder die globalen Kohlendioxidemissionen insgesamt.[31] Werden auch die Produktion und der Transport von Gütern einbezogen, dann übertreffen die dafür verbrauchten Emissionen die übrigen Quellen von Treibhausgasen ganz erheblich. Die Offshore-Emissionen werden unter den Teppich gekehrt.

Diese in den Offshore-Bereich verlagerten Emissionen stellten einen wichtigen Tagesordnungspunkt auf der Kopenhagener Klimaschutzkonferenz von 2009 dar. Die Verlagerung der kohlenstoffintensiven Produktion nach China, Indien und in andere industrielle Zentren ermöglichte es den Ländern mit hohem Verbrauch, auf die Verminderung ihrer Treibhausgasemissionen hinzuweisen und die Entwicklungsländer dafür zu kritisieren, dass sie ihre Zielvorgaben nicht erfüllten. Die Länder des Südens geraten dadurch in eine prekäre Lage. Sie müssen ein Bekenntnis zu einer strikten Reduzierung der Emissionen ablegen, zugleich aber weiter ihre Güter für die Konsumenten im reichen Norden produzieren. Das eigentliche Problem taucht dann auf, wenn die im Kyoto-Protokoll und anderen internationalen Vereinbarungen beschlossenen Klimaziele rechtlich verbindlich gemacht und die Länder des globalen Südens mit Strafmaßnahmen belegt werden, weil sie diese Ziele nicht erreichen, wofür aber im Grunde das Bestreben des Nordens verantwortlich ist, Güter zu konsumieren, die »offshore« hergestellt wurden.

8. Sicherheit

Ausgelagerte Sicherheit

Dieses Kapitel handelt von geheimen Welten, die sich vielfach mit anderen geheimen Welten überschneiden und sich gegenseitig aufrechterhalten. Sicherheit ist verbunden mit verschiedenen Welten, die sich zwischen Sichtbarkeit und Unsichtbarkeit bewegen, mit den Welten von Staaten, Unternehmen, gewalttätigen und friedlichen oppositionellen Gruppen, mit Forschern, Journalisten und so weiter. Es bestehen komplexe Verbindungen zwischen diesen Bereichen und Akteuren, die sich häufig über nationale Grenzen hinweg erstrecken und auf vielfältige Weise bemühen, die Geheimnisse vor »Feinden« zu schützen und »Freunde« zu überzeugen. Wie man zwischen Feinden und Freunden unterscheidet, hat mannigfache Auswirkungen auf die Natur und die Konsequenzen von Geheimnissen und insbesondere auch darauf, was in Offshore-Zonen verlagert wird und was im eigenen Land bleibt.

Der deutsche Staatsrechtler Carl Schmitt befasste sich in seiner Schrift *Der Begriff des Politischen* (1932) mit der Unterscheidung zwischen Freund und Feind. Diese Problematik hat in der politischen Ideengeschichte und auch im praktischen politischen Handeln viele kontroverse Debatten hervorgebracht, in denen häufig auf Schmitts Gegensatz von »Freund« und »Feind« zurückgegriffen wurde. Schmitt betrachtete das Politische als das Uranfängliche, das dem Staat und der konkreten Politik vorausgeht. Er schrieb: »Die Unterscheidung von Freund und Feind hat den Sinn, den äußersten Intensitätsgrad einer Verbindung oder Trennung [...] zu bezeichnen. [...] Der andere, der Fremde [...] [ist] in einem besonders intensiven Sinne existenziell etwas anderes und Fremdes«.[1] Kriege finden Schmitts Auffassung nach ihre Rechtfertigung nicht dadurch, dass sie für Ideale, für Gerechtigkeit oder für wirtschaftliche Interessen geführt werden, sondern dadurch, dass sie die Existenz des Politischen aufrechterhalten. Jede politische Einheit und ihre Fähigkeit zur Kriegsführung beruhten auf der Existenz eines wirklichen Feindes.

Schmitt wandte sich damit gegen einen falsch verstandenen Universalismus, der die existenzielle Natur des Politischen verdunkelte und es durch den Kampf um formale Rechte ersetzte. Er betonte, dass es keinen »Weltstaat« geben könne, der die gesamte Erde und die ganze Menschheit umfasst. Die politische Welt sei ein Pluriversum verschiedener Völker und Staaten, kein Universum. Schmitt ist überzeugt, dass die Unterwerfung unter das Politische nicht Rationalität oder Berechnung entspringt, sondern gewissermaßen »uranfänglich« ist.

Mit dieser Argumentation lässt sich natürlich auch die Diskriminierung oder gewaltsame Unterdrückung von Gruppen rechtfertigen, die als Feinde ausgemacht werden – Carl Schmitt selbst diskreditierte sich in den dreißiger Jahren mit antisemitischen Äußerungen und seiner Nähe zum NS-Regime. Sein Werk wurde dazu benutzt, politische Vorgehensweisen zu rechtfertigen, bei denen »der Zweck die Mittel heiligt«, auch wenn zu diesen Mitteln Überwachung, Folter, Mord und die Vernichtung jener gehören, die zu Feinden erklärt worden sind. Dies kann auch zur Folge haben, dass die Zahl der Freunde sinkt und jene der Feinde steigt, was sich in nachrevolutionären Situationen vielfach gezeigt hat. Schmitt vernachlässigt zudem die Gefahr, die besteht, wenn Gewalt in einer Gesellschaft so fest verankert wird, dass Freunde wie Feinde in gewaltgeprägten Beziehungen miteinander verbunden sind, wodurch der ursprüngliche Antagonismus von Freund und Feind verstärkt wird, der sich sonst aufgelöst hätte. Darüber hinaus gibt es in der heutigen Welt durchaus auch Beispiele für »Wahrheit und Versöhnung«, die zeigen, dass Feinde in Freunde umgewandelt werden können, gewissermaßen durch einen »Neuanfang«, indem man vergisst, was vorher die Gegnerschaft hervorgerufen oder geschürt hatte. So belegt beispielsweise das neue Südafrika nach dem Ende der Apartheid, dass einstige Feinde zu gemeinsamen Zielen finden können.

Die globalen Menschenströme über Grenzen hinweg erzeugen bei vielen Menschen die Angst, nicht mehr feststellen zu können, wer tatsächlich ein Freund ist und wer auch weiterhin ein Freund bleiben wird. Was ist eigentlich ein echter Freund in der heutigen mobilen Welt, in der es zahllose »halbe« oder »flüchtige« Freunde mit multiplen Bindungen und Loyalitäten gibt – heute hier, morgen fort und am übernächsten Tag wieder da? Sind das wirklich noch Freunde, und wenn ja, wie kann man das erkennen?

Diese systemischen Unsicherheiten bilden zum Teil den Hintergrund dafür, dass in der heutigen Welt die Bedeutung, das Ausmaß und die Reichweite von »Sicherheit« so zugenommen haben, dass bisweilen schon von »Sicherheitsstaaten« und »Sicherheitskapital« die Rede ist. Freund und Feind zu unterscheiden, ist von enormer Wichtigkeit für Konzerne, und mit »Sicherheit« befasst sich ein Großteil der Aktivitäten und Forschungen der Unternehmen, insbesondere mit den neuen Formen der Cyber-Überwachung.[2] Die moderne Politik beruht zum großen Teil auf den vereinfachenden Stereotypen von »wir« und »die anderen«, von Freund und Feind. In der militärischen Ausbildung werden vielfach Hollywood-Techniken medial vermittelter und virtueller Bilder eingesetzt, um zu unterstreichen, wer die »bösen Jungs« sind – jene, denen man nicht trauen kann und deren Leben oft (viel) weniger zählt.[3]

Im vergangenen Jahrhundert bauten die Nationalstaaten umfangreiche Sicherheitsdienste auf, um zu ergründen, wer ihre Freunde und ihre Feinde waren. Dies war sowohl in Kriegen von entscheidender Bedeutung als auch in anderen, ebenfalls gewissermaßen als kriegerisch eingestuften Konflikten, wie etwa dem »Kalten Krieg«. Die tatsächlichen und die erfundenen Taten ganzer Heerscharen von Spionen bildeten ein beliebtes Thema der Populärkultur vor allem während des Kalten Krieges zwischen dem Westen und der Sowjetunion.

Herauszufinden, wen man als Freund ansehen konnte, erwies sich als enorm schwierig, insbesondere da jede »Seite« ihre Fähigkeiten fortlaufend weiterentwickelte, sowohl was die Überwachung der anderen betraf als auch die Verheimlichung der

eigenen Spionageaktivitäten. Geheime Fotos oder schriftlich fest-
gehaltene Informationen waren von entscheidender Bedeutung
in der vordigitalen Welt. Ähnlich wichtig waren die Agenten, die
überallhin reisten und ihre »Augen« einsetzten, um sich ein Bild
von der Lage zu machen und vor allem um festzustellen, wen
man noch als Freund betrachten konnte.

Viel Mühe wurde darauf verwendet, beim Gegner Geheim-
agenten einzuschleusen, wie auch die Spione des Gegners um-
zudrehen und zu Doppelagenten oder sogar zu »Dreifach-Agen-
ten« zu machen.[4] In dieser Zeit waren die Geheimdienste selbst
oft »geheim«. Auf den Landkarten waren ihre Gebäude und die
Gebiete nicht verzeichnet, in denen sie ihre Standorte hatten
und ihre Experimente mit Überwachungstechniken und Waffen
durchführten. Häufig war es selbst für gewählte Parlamentsabge-
ordnete unmöglich, die Agenten ihres eigenen Staates zu befra-
gen oder ihr Verhalten zu untersuchen, da gewisse Einrichtungen
offiziell gar nicht existierten.

Trevor Paglen befasst sich mit der fortbestehenden Unterscheidung zwischen »weißer« und »schwarzer« Welten, wobei Letztere
den umfangreichen Bereich der Sicherheitsarbeit umfasst, die im
Verborgenen stattfindet. Er schreibt: »Die schwarze Welt besteht
aus ausgedehnten Landschaften, Konzernen und Privatfirmen,
deren Beschäftigte zu lebenslanger Verschwiegenheit verpflichtet werden [...] Es ist eine Landschaft, die durch Geheimhaltung
und Aufgliederung in einzelne Bereiche gebildet wird. Ein Großteil dieser Welt [...] liegt versteckt hinter den Bergen entlegener
Wüsten, wie beispielsweise im Nellis Range Complex in Nevada
[...], der angeblich der größte zusammenhängende Grundstücks-
komplex der Welt ist«.[5] Es ist klar, dass in allen Staaten sehr viele
Menschen und Einrichtungen formell oder informell Mitglieder
oder Teile dieser geheimen Welt sind.

Gelegentlich spionieren die Geheimdienste sogar ihre eigenen
Herrscher aus, wie in den sechziger Jahren beispielsweise den
britischen Premierminister Harold Wilson, der von ihnen »nicht
als einer von uns« betrachtet wurde. Bernard Porter weist darauf hin, dass durch »die Geheimhaltung der Regierung [...] über

den längsten Teil des vergangenen Jahrhunderts große Bereiche des öffentlichen Lebens völlig abgeschirmt wurden, gestützt auf einen rigiden Official Secrets Act [...] Uns wurde nicht einmal gesagt, was alles geheim gehalten wurde.«[6] Ähnliche Prozesse gab es in fast allen Gesellschaften, in denen nicht nur ausführliche Akten über Ausländer angelegt wurden, die als potenzielle Feinde verdächtigt wurden, sondern auch viele der eigenen Bürger systematisch mit Argwohn betrachtet und bespitzelt wurden (wie etwa durch die Staatssicherheit in der DDR oder den KGB in der Sowjetunion).

Die Geheimdienste arbeiteten häufig mit Agenten, die weit entfernt, sozusagen »offshore« lebten und mit denen sie auf komplizierte Weise kommunizierten, oft unter Verwendung ausgeklügelter Verschlüsselungstechniken. Gegenüber diesen teilweise auch »schlafenden« Agenten herrschte häufig Unsicherheit, ob man noch auf sie zählen konnte oder ob sie von der Gegenseite »umgedreht« worden waren. So versuchten viele Geheimdienste die Kommunikationssysteme des Gegners zu »knacken«, um herauszufinden, ob ihr Agent mittlerweile zum Feind übergelaufen war. Wenn Spione tatsächlich umgedreht worden waren, wurden sie zu besonders gefährlichen Doppelagenten. Diese Agenten verstanden es meisterhaft, Geheimnisse mittels falscher Berichte, Täuschungen und Lügen zu schützen. Sie arbeiteten mit Tarnnamen, Alibis, gefälschten Lebensläufen und Dokumenten, um diese Geheimnisse vor Aufdeckung zu bewahren. Im vordigitalen Zeitalter war dies fast immer mit ausgedehnten Reisen, mit direkter Beobachtung und Befragung oder auch Folterung von Agenten verbunden, bisweilen auch durch die eigene Seite. Manche Agenten wurden geopfert, um wichtige Geheimnisse schützen oder sich den Zugang zu Quellen oder zu besonders wertvollen Geheiminformationen zu bewahren.

Sicherheit beruht somit auf einem Bündel staatlicher und privatwirtschaftlicher Aktivitäten, die darauf zielen, Geheimnisse aufzudecken, zu enthüllen, zu verkaufen und auszutauschen. Diese Geheimnisse beziehen sich auf Einzelpersonen, auf andere Staaten, Unternehmen oder Oppositionsgruppen legaler wie auch illegaler Art. Viele Menschenleben werden durch Geheimnisse bestimmt, wozu beispielsweise auch gehört, dass Agenten zielgerichtet langfristige Beziehungen zum »Feind« aufbauen, um ihre wahren Interessen zu verschleiern.[7]

Offshore-Kriege

Staaten können auf vielfältige Weise Kriege »offshore« ausfechten, und seit Jahrhunderten tun sie dies auch. Imperiale Kriege wurden gewöhnlich andernorts geführt, auf dem oder in der Nähe jenes Territoriums, das die imperiale Macht sich aneignen, ausbeuten oder unterwerfen will. Offshore-Kriege fanden oft auch im wörtlichen Sinne draußen auf dem Meer statt, wobei eine schlagkräftige Kriegsmarine den Schlüssel zum Erfolg darstellte.

Bei diesen Kämpfen und militärischen Eroberungszügen kamen immer auch sehr viele junge Männer zum Einsatz, die meist aus armen bäuerlichen oder Arbeiterfamilien stammten. Häufig verpflichteten die imperialen Mächte auch Männer aus den unterworfenen Gebieten, wobei diese Hilfstruppen von den Kolonialmächten überwiegend schlecht behandelt wurden.[8]

Als Kriege noch in erster Linie von Armeen geprägt wurden, wurden Soldaten in großer Zahl in den Kampf geschickt, von denen viele auf dem Schlachtfeld ihr Leben verloren. Ihre Leichname wurden in Massen- oder auch Einzelgräbern beigesetzt oder still und heimlich zurück in ihre Heimat überführt. Das Vorrücken dieser Armeen erfolgte oft quälend langsam und war abhängig von langen Nachschublinien, die meist nur schwierig aufrechtzuerhalten waren, vor allem aufgrund der erforderlichen großen Mengen an Nahrungsmitteln und Wasser (eine Armee marschiert »mit ihrem Bauch«, wie Napoleon sagte).

Die Schlachtfelder, auf denen die Armeen kämpften, glichen meist Fabriken des Todes. Am höchsten war der Blutzoll im Ersten Weltkrieg, als im Lauf von vier Jahren 8,5 Millionen Soldaten starben. Insgesamt wurden 37 Millionen Männer verwundet, gefangen genommen, getötet oder sie verschwanden einfach in diesem relativ kurzen Krieg, der von jungen Männern zum größten Teil auf europäischem und russischem Boden ausgefochten wurde.[9]

Dieses Muster veränderte sich ein wenig durch das Aufkommen der Luftwaffe, mit der sich die militärische Mobilität im 20. Jahrhundert transformierte. Der erste Motorflug wurde 1903 in Kill Devil Hills in North Carolina von den amerikanischen Gebrüdern Wright unternommen.[10] Flugmaschinen ermöglichten die Entwicklung einer neuartigen Luftstreitmacht, insbesondere von Flugzeugen, die Bomben abwerfen konnten, während sie schnell den Luftraum über anderen Ländern durchquerten. Militärflugzeuge spielten zwar schon im Ersten Weltkrieg eine gewisse Rolle, doch erst einige Jahrzehnte später veränderte die Luftwaffe die Kriegsführung.

Beginnend mit dem Heißluftballon, beschreibt Caren Kaplan, wie die kosmische Sicht die Entwicklung der Luftwaffe ermöglichte.[11] Die Natur wurde von oben als ein eigenständiger, weiter Raum gesehen. Entfernte Objekte waren klar zu erkennen. Diese kosmische Sicht hatte eine Beherrschung der Welt zur Folge und wurde dazu genutzt, Kriege von oben zu führen, mit Kampfflugzeugen, Hubschraubern, Bomben und Raketen, die aus dem Himmel kamen und den hilflosen Feind am Boden niedermachten.

In einem allgemeineren Prozess wurde der gesamte Bereich oberhalb der Erde militarisiert und zum Kampfplatz von Flugmaschinen unterschiedlicher Art gemacht. Es entstand die Auffassung, dass die Luft über einem nationalen Territorium gewissermaßen auch ein nationaler Luftraum sei.

Kaplan verweist auf die Bedeutung des 1942 erschienenen Buches des Luftfahrtingenieurs Major De Seversky *Victory through Air Power*. Dieses Buch trug entscheidend zur Entwicklung einer einheitlichen strategischen amerikanischen Luftstreitmacht bei, die verhindern sollte, dass andere Länder den amerikanischen Luftraum verletzten.[12] Die Luftwaffe wurde zur wichtigsten Stütze der US-amerikanischen Vorherrschaft in der zweiten Hälfte des 20. Jahrhunderts. So wurde tatsächlich bis zum September 2001 der Rest der Welt davon abgehalten, in den Luftraum der

USA einzudringen, während zugleich amerikanische Militärflugzeuge von Hunderten Stützpunkten weltweit aufsteigen konnten,
um in den Luftraum anderer Länder einzufliegen und schnelle
Luftschläge auszuführen. In der Zeit des Kalten Krieges wären
die USA imstande gewesen, im Falle einer kriegerischen Auseinandersetzung mit der Sowjetunion das Kriegsgeschehen nach
Europa zu verlagern und von ihrem eigenen Territorium fernzuhalten.

Im neuen Jahrhundert gab es weitere Veränderungen in diesem Bereich. Zum einen wurde im Rahmen der US-amerikanischen »Revolution in Military Affairs« (RMA) das Konzept einer
»netzwerkzentrierten Kriegsführung« entwickelt, das auf schnel-
len Bewegungen der Truppenverbände, effizientem Einsatz der
Luftstreitkräfte und verstärkter Nutzung von Satelliten beruht, die
eine effektive Kommunikation in Echtzeit ermöglichen. Dieses
Konzept sollte eine Überlegenheit im gesamten Spektrum mili-
tärischer Operationen gewährleisten. Satelliten spielten die entscheidende Rolle in diesen Fernüberwachungssystemen, wenngleich die Genauigkeit ihrer Angaben etwa bezüglich der kleinen
Nebenstraßen in Bagdad zu wünschen übrig ließ, was in vielen
blutigen Irrtümern Niederschlag fand. Die Satellitenbilder waren
häufig ungenau, insgesamt jedoch hat sich das RMA-Konzept als
sehr effizient bei der Kriegsführung in weit entfernten Ländern
erwiesen, so dass die amerikanischen Verluste gesenkt werden
konnten.

In jüngster Zeit entwickelte sich eine neue Technik der Fern-
überwachung mittels so genannter Drohnen, die von der Vertei-
digungsindustrie als Unmanned Aerial Vehicles (UAV) oder als
Remotely Piloted Aircraft (RPA) bezeichnet werden. Mittlerweile sind nach Schätzungen insgesamt rund 10.000 solcher Drohnen im Einsatz, die auf dem weltweiten Rüstungsmarkt als die
wichtigste technische Neuerung gelten. Ungefähr 1.000 dieser
Drohnen sind bewaffnet, die übrigen werden zu Such- und Ber-
gungszwecken eingesetzt, zur Aufklärung und zur Überwachung.
Diese Tausende von Drohnen haben inzwischen Zehntausende
Einsatzflüge absolviert.[13]

Unter dem Druck der Rüstungsindustrie sind Barack Obama und die meisten anderen wichtigen Staatsoberhäupter zu der Ansicht gelangt, dass Drohnen die Zukunft der Kriegsführung darstellen, einer Kriegsführung, die sicher, einfach und sauber ist und eine »präzise Zielbekämpfung« ermöglicht.[14] Auf der eigenen Seite, bei den »Freunden«, wird niemand mehr zu Schaden kommen, da die Drohnen nicht »am Boden« operieren. Diese intelligenten mobilen Geräte bedienen sich zahlreicher Technologien, die ursprünglich für den Einsatz in Laptops und Mobiltelefonen konzipiert wurden.

Drohnen erledigen die schmutzige Arbeit der Überwachung und des Tötens aus der Ferne. Sie werden gewöhnlich von »Bildschirm-Piloten« bedient, die auf »heimatlichem« Gebiet sitzen und häufig in »Pilotenanzüge« gekleidet sind. Tatsächlich agieren diese Drohnen-Piloten üblicherweise in der Nähe ihrer Wohnorte und ihrer Familien. Diese »Piloten«, die als Kinder mit Videospielen aufgewachsen sind, in denen es darum ging, möglichst viele »Feinde« zu töten, können nun auch in Wirklichkeit ein ihnen zugewiesenes Einsatzgebiet überwachen und dort feindliche Kämpfer töten und zwischendurch nach Hause fahren, um sich mit einem Bier zu erfrischen.[15]

Drohnen verlagern die menschlichen Folgen des Tötens in einen Offshore-Bereich und begründen gewissermaßen ein »post-heroisches Zeitalter«. Drohnen machen den Krieg teilweise unsichtbar und erleichtern dadurch das Töten, da der Feind physisch und moralisch weit weg ist und nur auf dem Bildschirm erscheint – ähnlich wie in den Videospielen. Das Gesicht des Feindes wird entfernt durch den Schirm eingefangen, und daher braucht man sich nicht persönlich verantwortlich zu fühlen für seinen grausamen Tod.

Die Standorte der Einsatzbasen von Drohnen werden häufig geheim gehalten, wodurch sich der Mangel an persönlicher Verantwortlichkeit in der modernen Kriegsführung noch mehr verstärkt. Im Februar 2013 wurde öffentlich gemacht, dass die USA eine Drohnenbasis in Saudi-Arabien für die Ermordung von Führern der Al-Qaida im Jemen nutzten. Diese Basis wurde zwei Jahre lang verborgen, obwohl sie den amerikanischen Medien bekannt war, die sich jedoch einer informellen Zensur der Obama-Administration beugten.[16] Das britische Verteidigungsministerium hat eingeräumt, dass bewaffnete Reaper-Drohnen über Afghanistan im Einsatz sind, aber vom Luftwaffenstützpunkt Wallington in Lincolnshire aus gesteuert werden.[17]

Im Zusammenwirken mit »Spezialeinsatzkräften«, die nicht rechenschaftspflichtig sind, erleichtern es Drohnen, Kriege zu beginnen. Angriffe auf ausländische Staatsbürger mit Drohnen und durch Sondereinheiten sind »kriegsähnlich«, aber weder der Gegner noch die eigene Seite muss offiziell den Krieg erklärt haben. Es gibt keinen wechselseitig anerkannten »Feind«, und dennoch spüren Drohnen viele vermutete »Feinde«, auf und vernichten sie.

Zivile Opfer von Drohneneinsätzen werden von Militärsprechern häufig als »Kollateralschäden« bezeichnet. Nach Berechnungen haben die auf der Welt im Einsatz befindlichen Drohnen mittlerweile mehr Zivilisten getötet, als bei den Terroranschlägen vom 11. September 2001 ums Leben kamen. Insgesamt bedeuten mehr Drohnen auf der Welt also auch mehr Kriege und die Tötung von mehr »feindlichen« Kombattanten und vor allem auch von Zivilpersonen in Offshore-Bereichen.[18] Drohnen operieren gewöhnlich illegal in jenen Ländern, in denen sie eingesetzt werden, nicht zuletzt deswegen, weil sie auch Frauen und Kinder umbringen.

Drohnen können auch kontraproduktiv sein. Der Journalist Simon Jenkins nannte Drohnen »Narrengold«. In Afghanistan, das ab 2008 als Testgelände für die amerikanischen Drohnen diente – oder für die UAV-Technologie –, konnte durch die Drohneneinsätze keine Verminderung der Aktivitäten der Taliban oder von Al-Qaida erreicht werden. Der frühere afghanische Staatspräsident Hamid Karzai bezeichnete Drohnenangriffe als »in keiner Weise gerechtfertigt«. Die pakistanische Regierung, deren Bürger die Drohnen nun vermehrt ins Visier nehmen, hat ihre Erlaubnis zu deren Einsatz zurückgezogen. Und den Einwohnern des Jemen zeigen die Werber von Al-Qaida Bilder von Frauen und Kindern, die durch Drohnen getötet wurden. Die Zahl der Mitglieder von

Al-Qaida im Jemen hat sich nach Schätzungen seit 2009 verdreifacht. Auch der frühere US-Präsident Jimmy Carter erklärte, dass die Menschenrechtsverletzungen der USA durch den massiven Einsatz von Drohnen ebenso den Feinden Amerikas in die Hände spielen wie seine Freunde irritieren.[19]

Drohnen sind preiswert und finden immer weitere Verbreitung. Chris Anderson, der bei der Zeitschrift *Wired* arbeitet, erwartet, dass man eine Drohne bald für 200 Dollar kaufen kann.[20] Die USA verkaufen Drohnen an Japan, die möglicherweise in dem eskalierenden Konflikt mit China zum Einsatz kommen. Auch China baut Drohnenstützpunkte entlang der Küste. Das Pentagon bildet mittlerweile mehr Drohnenlenker aus als Kampfpiloten. Elisabeth Bumiller und Thom Shanker verweisen auf die »schiere Größe, die Vielfalt und die Ambitioniertheit eines sich rasant vergrößernden Drohnen-Universums«.[21] So werden gegenwärtig bereits von mindestens 18 Ländern insgesamt fast 19.000 kleine, nur knapp 2 Kilogramm schwere Flugdrohnen vom Typ »Raven« (AeroVironment RQ-11 Raven) eingesetzt. Diese Geräte wirken eher wie Spielzeugflieger als wie Kriegswaffen.[22]

Die Drohnen werden immer kleiner, und einige wurden sogar so konstruiert, dass sie die Flugtechnik von Insekten wie etwa des Fledermausschwärmers nachahmen. Diese Mikro-Drohnen oder Spionagefliegen entstammen der Science-Fiction-Literatur, sie bewegen sich in die unmittelbare Nähe ihrer Zielobjekte und können sogar auf einem Fensterbrett landen. Drohnen werden zunehmend auch imstande sein, auszuschwärmen. Die Überwachungsdrohnen liefern eine Vielzahl von Daten, da sie in viele Bereiche oder Räume eindringen können, ohne beobachtet oder angegriffen zu werden. Automatisch ablaufende Algorithmen interpretieren diese Daten und können daher in der Theorie Freund und Feind unterscheiden, in der Praxis aber machen sie viele Fehler. Die Datenfülle ist schlicht zu groß. Diese Mikro-Drohnen können Feinde in ausländischen Wüsten überwachen, aber auch Gruppen im Inland. Sie sind Bestandteil eines neuen militärischen Urbanismus, der die Städte »im Belagerungszustand« wähnt.[23]

James Bridle schreibt, dass Drohnen

> nur die letzte in einer langen Reihe neuer militärischer
> Technologien sind, die das Geschäft des Tötens weiter
> vorantreiben, aber sie gehören zu den effizientesten,
> am besten auf Distanz wirkenden und unsichtbarsten
> Techniken. Diese Eigenschaften ermöglichen es ihnen,
> im Verborgenen zu wirken, und dadurch erzeugen sie
> den Kontext für geheime, nicht erklärte, endlose Kriege.
> Egal ob man diese Tötungen für unmoralisch hält oder
> nicht, die meisten davon sind nach allen internationa-
> len rechtlichen Standards illegal.[24]

Man kann sagen, dass der Drohnen-Geist aus der Flasche gelassen wurde. Was wird geschehen, wenn jedes Land Tausende Drohnen besitzt und es an jeder Grenze von ihnen wimmelt?
Jenkins vertritt die Auffassung, dass die größte Gefahr für den
Weltfrieden nicht von den Nuklearwaffen ausgeht, sondern von
der immer schnelleren Verbreitung der Drohnen, die nur schwer
gebremst oder zurückgedreht werden kann.[25] Zwar wurden auch
die Fernlenkwaffen durch das internationale Recht und allgemeine Vereinbarungen in gewisser Weise reguliert. Doch die Drohnen
selbst werden von keinem Gesetz und keiner Vereinbarung erfasst.
Ihr Einsatz ist in den meisten Fällen zudem schlicht illegal. Sie
sind bislang das Nonplusultra der Offshore-Kriegsführung. Doch
in der Zukunft könnten sogar bewaffnete Roboter gebaut werden,
die »automatisch« töten, ohne eine Entscheidung oder Anleitung
durch den Menschen. Das wäre im wörtlichen Sinn die vollendete
Auslagerung des Tötens auf Maschinen und ihre Software.[26]
   Es wird angenommen, dass die USA jeden Tag in irgendeinem
von 70 Ländern an geheimen Operationen beteiligt sind, für die
insgesamt 60.000 Einsatzkräfte zur Verfügung stehen. Zu diesen
Operationen gehören illegale Tötungen, Attentate, Entführungen,
Militärtraining und Überwachung. Diese Operationen finden
überwiegend verdeckt statt, wobei ein Antiterror- und Tötungs-
apparat von fast industriellem Ausmaß agiert.[27]

Das aufsehenerregendste Beispiel für die Operationen dieses Antiterror-Apparats war die »Eliminierung« von Osama bin Laden und seiner Angehörigen in einem Anwesen in der pakistanischen Stadt Abbottabad im Mai 2011.[28] Diese »Operation Neptune Spear« wurde von Mitgliedern der Navy SEALs der Naval Special Warfare Development Group durchgeführt. Die Tötung bin Ladens durch Spezialeinheiten war nach US-amerikanischem, pakistanischem und internationalem Recht illegal. Doch niemand wurde deswegen unter Anklage gestellt. US-Admiral Olsen bekräftigte vielmehr, dass die geheimen Einheiten des Militärs »wieder im Schatten verschwinden [sollen], um zu tun, was ihr Auftrag ist«, ohne sichtbar, zur Verantwortung gezogen oder Gesetzen unterworfen zu werden.[29]

Foltern »offshore«

Zu den besonders wichtigen Aktivitäten vieler Militärapparate gehört es, dem Feind Geheimnisse zu entlocken, wobei die Feinde, und oftmals auch die »Freunde« des Militärs, im Unklaren darüber gelassen werden, was genau ausgeforscht werden soll und weshalb und wo sich diese Informationsbeschaffung vollzieht. Diese Art von Folter findet gewöhnlich im Geheimen statt, und alle Beteiligten bemühen sich, sie vor der Öffentlichkeit zu verbergen.

Folter ist gemäß der UN-Antifolterkonvention (UNCAT), die von 147 Staaten ratifiziert wurde, verboten. Die nationalen und internationalen gesetzlichen Regelungen, die das Foltern von Beschuldigten oder von dritten Parteien unter Strafe stellen, beruhen auf der Ansicht, dass Folter illegal, unmoralisch und auch untauglich ist. Dennoch findet Folter in vielen Gesellschaften statt, sowohl »onshore« als auch »offshore«. Organisationen, die sich um Verletzungen der Menschenrechte kümmern, berichten von einem weit verbreiteten Einsatz von Folter, den viele Länder stillschweigend billigen, auch wenn sie dieses Mittel selbst nicht anwenden. Nach Schätzung von Amnesty International arbeiten gegenwärtig mindestens 81 Staaten mit Folter, einige davon offen, viele verdeckt.[30]

Die Opfer von Folter haben häufig eine gewisse Vorstellung davon, was auf sie zukommt, und werden vielleicht auch dahingehend trainiert, der Folter zu widerstehen oder sich selbst zu töten und damit ihre Geheimnisse mit ins Grab zu nehmen. In jüngster Zeit verstärkt sich die Tendenz, Folter in Offshore-Bereiche auszulagern und damit herauszunehmen aus dem Geltungsbereich von Rechtsnormen und Gesetzen, die es untersagen, gegen Verdächtige Gewalt anzuwenden, insbesondere wenn gegen diese noch keine konkrete Beschuldigung oder Anklage erhoben worden ist. Seit 2001 hat sich die Praxis der »außerordentlichen Auslieferung« herausgebildet.[31] Dabei werden Verdächtige, insbesondere Terrorverdächtige, außergesetzlich an Länder ausgeliefert, von denen bekannt ist, dass sie Folter anwenden oder harte Verhörmethoden einsetzen, die an Folter grenzen.

Viele Menschenrechtsgruppen und Rechtsanwälte vertreten die Auffassung, dass außergesetzliche Auslieferungen gegen Artikel 3 der Antifolterkonvention verstoßen. Auf dem Territorium der USA ist Folter verboten, und die amerikanische Verfassung garantiert Beschuldigten ein ordentliches, gesetzmäßiges Verfahren. Durch außergesetzliche Auslieferungen werden die Schutzrechte ausgehebelt, die für die Gefangenen gelten würden, wenn sie in den USA inhaftiert wären. Ausgelieferten Verdächtigen wird ein ordentliches Gerichtsverfahren verwehrt, da sie ohne Begründung und unter Vorenthaltung eines rechtlichen Beistands verhaftet und in ein anderes Land gebracht werden können, wo sie Folter und anderen Verhörtechniken unterworfen werden, die in den USA nicht erlaubt sind.

Zahlreiche Dokumente, die 2011 nach dem Ende des Bürgerkriegs in Libyen im libyschen Außenministerium gefunden wurden, belegen, dass die CIA und der britische MI6 Verdächtige nach Libyen auslieferten in dem Wissen, dass den Betreffenden dort ihre Geheimnisse unter Folter entrissen werden würden. Libyen wurde es noch unter der Herrschaft Ghaddafis ermöglicht, wieder aus der internationalen Isolation herauszukommen, indem es am Offshore-Folterprogramm des Westens teilnahm, was durch die »außergesetzliche Auslieferung« von Verdächtigen umgesetzt wurde. Als »Verdächtige« werden in diesem Zusammenhang häufig angeblich feindselig gesinnte Personen eingestuft, denen meist keine konkreten Vergehen vorgeworfen werden können. Auch unerwünschte Personen wurden im Wege außergesetzlicher Auslieferungen nach Ägypten, Jordanien, Marokko, Saudi-Arabien und Usbekistan verbracht.[32] Jüngst wurde berichtet, dass 54 Regierungen in das Programm der außergesetzlichen Auslieferungen involviert waren, das von der CIA im Gefolge der Anschläge vom 11. September 2001 in die Wege geleitet wurde.[33]

Die Personen, die man auf diese Weise ins Ausland schafft, werden häufig als »ungesetzliche Kombattanten« klassifiziert, was bedeutet, dass für sie nicht der Schutz der Genfer Konventionen gilt. Nach Ansicht der Anhänger von Folter bezieht sich der gemeinsame Artikel III der Genfer Konventionen nur auf uniformierte Soldaten und Guerilla-Kämpfer, die mit eindeutigen Abzeichen ausgestattet sind, offen Waffen tragen und sich an das Kriegsrecht halten. Kämpfer, die nicht diesen Voraussetzungen entsprechen, haben sich »freiwillig«, wie behauptet wird, außerhalb dieser Gesetze und Konventionen gestellt, wogegen die Kritiker der Folter darauf hinweisen, dass beispielsweise Taliban-Kämpfer, die in Afghanistan gefangen genommen wurden, weder den Status von Kriegsgefangenen nach der Definition der Genfer Konventionen erhalten haben, noch den Status von Personen, die eines Verbrechens beschuldigt werden, die in den meisten Ländern bestimmte Rechte besitzen. Erwähnenswert ist auch, dass im Irak die Aufrechterhaltung der Sicherheit an 20.000 private Auftragnehmer ausgelagert wurde – die »Koalition der Rechnungssteller« (*coalition of the billing*), in Anlehnung an die »Koalition der Willigen« (*coalition of the willing*) –, die öffentlichen oder militärischen Stellen gegenüber nicht rechenschaftspflichtig sind und von ihnen praktisch nicht kontrolliert werden können.[34]

Viele Taliban-Kämpfer, die in Afghanistan gefangen genommen worden sind, wurden in das berüchtigtste Offshore-Folterzentrum gebracht, in das Internierungslager in der Guantánamo Bay Naval

Base, einen abgelegenen Stützpunkt der US-Navy im äußersten Südosten Kubas. Die USA üben in dieser Militärbasis de facto die Rechtshoheit aus, stufen sie jedoch als »ausländisches Territorium« ein. Viele hier internierte Häftlinge sind »Nicht-Bürger«, fristen nur ihr »nacktes Leben«, wie es Giorgio Agamben ausdrückte, und sind praktisch stets vom Tod bedroht.[35] Die Gefangenen werden unterschiedlichen Arten mentaler und körperlicher Folter unterworfen. Durch die völlige Rechtlosigkeit der Insassen werden solche Lager, wie Gregory zusammenfasst, zu »Nicht-Orten für Nicht-Menschen«.[36] Bruce Holsinger zeigt, dass die Insassen von Guantánamo fast wie »Menschen im Mittelalter« behandelt und als barbarisch, rückständig und staatenlos eingestuft werden, die eingesperrt werden müssen.[37]

Guantánamo Bay und ähnliche Internierungslager verkörpern den »Ausnahmestaat«.[38] In einem Ausnahmestaat verlieren Häftlinge die Möglichkeit, ihre Stimme zu erheben und sich vernehmbar zu machen. Ihnen werden das Bürgerrecht und jegliche Handlungsfähigkeit genommen. In einem solchen Kontext ist der Hungerstreik eine Waffe des Widerstands, der jedoch gebrochen wird, indem man die Häftlinge zwangsweise ernährt, damit sie nicht sterben. Seit 2005 wurden immer wieder Fälle von Zwangsernährung in Guantánamo bekannt – in einer von den Medien bestimmten Welt warten Geheimnisse nur darauf, entdeckt und verkauft zu werden.

In Abu Ghraib wurden andere Geheimnisse von den Medien der Welt enthüllt – die routinemäßige Folter und Demütigung der Menschen, die hier gefangen gehalten wurden. Da die hier Internierten als »Häftlinge in Sicherheitsverwahrung« eingestuft wurden und nicht als Kriegsgefangene, fielen sie nicht unter den Schutz der Genfer Konventionen. Während die USA sich bemühten, diese von den Medien aufgegriffenen Vorkommnisse als Ausnahmefälle darzustellen, ergaben spätere Untersuchungen, dass Folter in diesem Gefängnis eher die Regel war denn die Ausnahme.[39]

Überwachung über Grenzen hinweg

Von entscheidender Bedeutung für alle diese Prozesse ist die Frage, wie es den staatlichen Sicherheitsorganen beziehungsweise den mit Sicherheitsaufgaben betrauten Unternehmen gelingt, neue Grenzen physischer wie auch digitaler Art zu schaffen und aufrechtzuerhalten. Innerhalb dieser Grenzen verlieren viele gängige Vorstellungen über das öffentliche Leben, die Demokratie, über Recht und Gesetz ihre Gültigkeit. So berichtet zum Beispiel Trevor Paglen über seinen Besuch auf dem militärischen Testgelände Groom Lake in Nevada, der so genannten »Area 51«: »Dies ist ein Ort, an dem die ›normalen‹ Regeln der Gesellschaft nicht gelten. Es ist ein Ort, an dem bewaffnete Männer in Tarnanzügen, die in Lastwagen ohne Kennzeichen umherfahren, das Recht besitzen, jeden Fremden zu töten oder am Betreten des Geländes zu hindern. [...] Es gibt niemanden, der verantwortlich gemacht werden kann, denn diesen Ort gibt es offiziell gar nicht. Man könnte genauso gut auf dem Mars sein«.[40]

Dieser Ort liegt auf dem Territorium der USA, ist in Wirklichkeit aber »offshore« angesiedelt, ähnlich wie der Bundesstaat Delaware im Hinblick auf die Finanzströme, die in diesen Offshore-Bereich verlagert worden sind. Innerhalb des Camps gibt es weder Legalität noch Illegalität sowie keinerlei rechtliche Zuordnung, und der Ort ist auch auf keiner staatlichen Karte verzeichnet. Es ist ein Ort der »nackten Macht« ohne Verbindung mit dem übrigen Teil der USA. Er ist auf der Grundlage einer alternativen Geographie organisiert, da das Gebiet in verschiedene Bereiche unterteilt ist, in denen unterschiedliche Systeme getestet werden. Zu diesen Orten gehören Terrortown, der Flugplatz Korea und die US-Grenze. Paglen bezeichnet das Gelände als einen Ort, an dem die Geheimhaltung selbst getestet wird, einen Ort, an dem man herauszufinden versucht, wie man außerhalb der staatlichen Gesetze operieren kann, obwohl man sich auf US-amerikanischem Staatsgebiet befindet.[41]

Die Gewährleistung der inneren Sicherheit stellt die US-Regierung vor gewaltige Herausforderungen wegen der enormen

Menschen- und Güterströme, die durch die amerikanischen Städte und Regionen fließen. Integrierte Logistikkonzepte in Verbindung mit der Containerisierung bilden die Grundlage der Just-in-time-Systeme der US-Wirtschaft. Dieser logistische Bereich wird zunehmend mit Sicherheitssystemen überzogen.[42] Die USA versuchen ihre Sicherheit gewissermaßen als ein »Auswärtsspiel« zu gestalten, indem sie ihre Grenze in der Praxis in die Offshore-Zone hinausschieben. Dadurch sollen Gefährdungen der nationalen Sicherheit erst gar nicht in den US-amerikanischen Luftraum, auf US-Territorium oder in die Nähe der US-Küste gelangen, während die Logistik der Menschen- und Warenströme weiter aufrechterhalten wird. Admiral Keating erklärt, dass die Institutionen der amerikanischen nationalen Sicherheit »sich große Mühe geben, die Bösen sehr früh ausfindig zu machen, festzusetzen oder zu töten und ihre Angriffspläne zu durchkreuzen«, lange bevor sie Nordamerika erreichen können.[43]

Diese Verlagerung von Sicherheit in den Offshore-Bereich wird durch besonders leistungsfähige Computersysteme ermöglicht, die in den USA und im Ausland in verschiedenen Feldern eingesetzt werden. Durch die Einbindung der Radiofrequenz-Identifikation (RFID) und/oder der GPS-Technik und/oder biometrischer Technologien in Mobiltelefone, Chipkarten für öffentliche Verkehrsmittel, Kundenkarten, Kreditkarten, Konsumgüter und Ausweise, die Internetnutzung, die Erfassung von Mobiltelefonaten werden die Bewegungen von Menschen und Gütern digital aufgezeichnet und überwacht. Die dabei ermittelten Muster werden durch Computer-Algorithmen analysiert. Diese Techniken werden von privaten Unternehmen entwickelt, die routinemäßig gewaltige digitale Datenströme verarbeiten und dabei nach gefährlichen Personen, fragwürdigen Transaktionen und verdächtigen Bewegungen suchen – oder auch nach Nicht-Bewegungen. Diese digitale Überwachung kann an den meisten Orten praktiziert werden, »offshore« wie »onshore«.

Häufig dehnen sich diese Einsatzbereiche schleichend aus. Systeme, die einem bestimmten Zweck dienen, wie beispielsweise das System zur Erhebung der Londoner Staugebühr (einer Art

Innenstadtmaut), das mit automatischer Nummernschilderkennung arbeitet, werden bald auch für andere Zwecke genutzt, wie etwa für die Rechtsdurchsetzung und die Gewährleistung allgemeiner »Sicherheit«. In gewisser Weise vollzieht sich sukzessive eine unmerkliche Militarisierung des Alltagslebens.

Solche Technologien wurden auch im Irak und in Afghanistan genutzt, wo insbesondere das so genannte »Biometric Automated Toolkit« (BAT) zum Einsatz kam, ein biometriegestütztes und automatisiertes Erkennungsverfahren zur Personenidentifikation.[44] Digitale Systeme zielen stets darauf ab, Informationen aus verschiedenen Datenbanken zu verbinden, was beispielsweise auch durch das Projekt Goldener Schild der chinesischen Regierung angestrebt wird, das auf die Überwachung und Zensur des Internetverkehrs in China ausgerichtet ist.

Ein eindrucksvolles Beispiel für die Verlagerung von Sicherheit in den Offshore-Bereich durch die USA ist die Container Security Initiative (CSI) der amerikanischen Zollverwaltung, die 2002 gestartet wurde. Die Grenzen der USA sollen gewissermaßen nach draußen verlagert werden, indem man Container und deren Inhalt bereits in speziellen Sicherheitszonen in »ausländischen« Häfen kontrolliert, bevor sie auf Schiffe verladen und in die USA transportiert werden. Jährlich wandern durch die Seehäfen der Welt ungefähr 108 Millionen Container, in denen fast 90 Prozent aller Industriegüter befördert werden. Mittlerweile sind 58 ausländische Häfen in das CSI-Programm eingebunden, durch das die potenziellen Sicherheitsrisiken von mehr als zehn Millionen Schiffsladungen vermindert werden sollen, bevor diese in den USA eintreffen.[45]

Flugpassagiere werden einer »automatisierten Risikoprofilbestimmung« unterzogen. Diese beginnt bereits, wenn die Passagiere ihre Flüge buchen, also lange bevor sie an ihrem Ziel eintreffen. Im Falle des britischen »Smart Border Process«, einer Technik, die vom amerikanischen Rüstungsgiganten Raytheon initiiert wurde, werden automatisch 53 verschiedene Informationen über die Reisenden erfasst und überprüft, um potenziell gefährliche oder unnormale Verhaltensweisen im vorhinein zu erkennen.[46] Das

Algorithmusprogramm identifiziert versteckte Verbindungen zwischen Personen, Gruppen, Verhaltensweisen und Transaktionen. Dieses Konzept »algorithmischer Sicherheit«, das von großen Privatkonzernen entwickelt wurde, führt militärische Elemente oder Kräfte in den Pendlerverkehr und in die Passagierabfertigung am Flughafen ein. Dies ist eine weitere Form der Auslagerung von Sicherheit in Offshore-Zonen, zumindest durch die mächtigsten Länder der Welt.[47]

In diesen mächtigen Ländern werden somit viele Bürger als potenzielle »Verdächtige« behandelt und zahlreichen disziplinierenden Technologien unterworfen. Besonders bedeutsam ist in diesem Zusammenhang die »digitale Sektion«, wie Louise Amoore es nennt, die anatomische Zerlegung einer Person in verschiedene Risikograde.[48] Dabei kommt vieles ans Tageslicht, während die überprüften Menschen in der Regel gar keine Ahnung haben, dass sie von Bürgern anderer Staaten einer solchen Sektion unterzogen werden. Die Mitarbeiter dieser Sicherheitsapparate sind in der Lage, Reisende daran zu hindern, an ihr Ziel zu gelangen, selbst wenn sie gültige Tickets und alle übrigen erforderlichen Unterlagen besitzen. Immer wieder werden einzelne Personen präventiv »aus dem Verkehr« gezogen, wenn eine Wahrscheinlichkeit besteht, dass sich aus der Auswertung der Daten und den Berechnungen der Software ergeben könnte, dass sie ein Risiko darstellen.

Im Jahr 2013 wurde bekannt, dass in einigen Ländern Ausmaß, Reichweite und Internationalisierung dieser digitalen Sektion wesentlich stärker ausgeprägt sind, als es die offiziellen Verlautbarungen vermuten lassen würden. Der Whistleblower Edward Snowden enthüllte die Existenz, Funktionen und den außergewöhnlichen Umfang verschiedener geheimer Überwachungsprogramme der USA. Dazu gehören das Überwachungsprogramm Prism, das Daten von Google, Facebook, Yahoo, Verizon und anderen großen Kommunikations- und Internetfirmen auswertet; die Spionagesoftware XKeyscore, die für die Suche und Auswertung von Daten über ausländische Staatsbürger entwickelt wurde und zusammen mit anderen Geheimdiensten wie dem australischen Defence Signals Directorate und dem neuseeländischen Government Communications Security Bureau eingesetzt wird; sowie das Überwachungsprogramm Tempora, das von der amerikanischen National Security Agency (NSA) gemeinsam mit ihrem britischen Partner, dem Government Communications Headquarters (GCHQ), betrieben wird und den gesamten Internet- und Telekommunikationsverkehr aufzeichnet, der über die Glasfaserkabel im Atlantik zwischen Europa und Amerika fließt.[49] Durch den internationalen Charakter dieser umfassenden und geheimen Datensammlung können die USA ihre eigenen Bürger ausspionieren, ohne dies auf ihrem heimischen Territorium tun zu müssen, was formell illegal wäre.

Dieses Bemühen um Cyber-Sicherheit wird damit gerechtfertigt, dass man Terroranschläge verhindern könne, wenngleich in den meisten Ländern diese nur äußerst selten verübt werden. Terroranschläge sind für weniger Gewalt verantwortlich als herkömmliche Verbrechen, Mord und Totschlag, extreme Wetterereignisse oder »Unfälle«, welche die Hauptursache für Todesfälle und schwere Verletzungen sind (1,2 Millionen Todesopfer pro Jahr).

Es verfestigt sich zunehmend ein System aus Geheimhaltung und Überwachung, das mit der Bewertung der tatsächlichen Risiken nur sehr eingeschränkt in Zusammenhang steht. Es ist ein mächtiges System, das sich verselbstständigt hat, sich selbst reproduziert und aus vielen ineinandergreifenden Elementen besteht: aus neuen soziotechnischen Systemen, die eine schnelle Bewegung von Menschen, Nachrichten und Objekten ermöglichen; vermehrter Ungleichheit, die zahlreiche Anreize schafft, privaten und unternehmerischen Reichtum zu verstecken; spezialisierten geheimen Orten, an denen man solche Ressourcen parken kann; der Ausbreitung des Internets, was bedeutet, dass heute nichts mehr für immer geheim gehalten werden kann; lebensbedrohlichen Risiken und Gefahren, die Grenzen überschreiten und die Angst vor weiteren unbekannten Gefahren schüren; tatsächlichen und eingebildeten Risiken, die neuartige Überwachungssysteme hervorbringen und rechtfertigen; spezialisierten Überwachungsfirmen, die häufig aus staatlichen Sicherheitseinrichtungen stammen und sich auf Soft- und Hardware aus dem militärischen Bereich, des Internet und der mobilen Kommunikation stützen; einer unzureichenden wissenschaftlichen Grundlage für die Bewertung und Beurteilung der Gefährlichkeit von Risiken; vielfältigen Problemen bei der Begrenzung des Ausmaßes von Sicherheitsmaßnahmen, weil es sich in der heutigen, von Medien geprägten Welt niemand leisten kann, zu wenig für die Sicherheit zu tun; einer schleichenden Ausweitung von Verwendungszwecken; mehr Sicherheit und Überwachung, durch die jene, die dazu imstande sind, noch mehr Geheimhaltung betreiben, um sich ihre eigene sichere Welt zu schaffen, und dergleichen. Dieses System aus Geheimhaltung und Überwachung entwickelt sich weiter, breitet sich aus und wird zum Wesenskern vieler Gesellschaften. Aber es ist kein vollkommen stabiles System, es bedarf ständiger Verbesserung und Anpassung.

Dieses Buch zeigt, wie Geheimhaltung und Überwachung, die in den Offshore-Bereich verlagert wurden, zu einem entscheidenden Element für das Funktionieren der heutigen Gesellschaften geworden sind. Die Sicherheitsorgane einer Regierung oder eines Unternehmens können durch Techniken der Kriegsführung, durch Folter und Überwachung eine Vielzahl von Geheimnissen aufdecken. Doch dieser Prozess ist keine unmittelbare Folge einer »Verschwörung«, wenngleich es durchaus einige sehr mächtige Verschwörer gibt. Es ist eher ein Systemwechsel. Man sollte diese Entwicklung auch nicht als eine funktionale Konsequenz der grenzüberschreitenden Bewegung von Risiken betrachten oder annehmen, dass sich Überwachung schlicht durch die Dimension solcher Risiken erklären ließe.

»Vollkommene Sicherheit« wird sich ohnehin niemals herstellen lassen. Manche träumen von technologischer Allwissenheit durch den Einsatz der jeweils neuesten Hard- und Software, die den Staaten von mächtigen Sicherheitsfirmen verkauft werden. Doch Stephen Graham macht auch deutlich: »Die neuen technologischen Grenzen sind anfällig für technisches Versagen, für Ineffektivität, für Irrtümer und unbeabsichtigte Effekte«.[50] Es kommt zu zahlreichen Kollateralschäden, wenn die »falschen« Leute an den »falschen« Orten ausgespäht, eingekerkert, gefoltert oder ermordet werden. Dadurch wachsen im Gegenzug wieder neue Feinde heran, die von einem tief empfundenen Gefühl der Ungerechtigkeit angetrieben werden. Die Gegner eines Staates oder eines Unternehmens können geheime Informationen über ungesetzliche oder moralisch verwerfliche Handlungen enthüllen, die sie bisweilen durch eigene verdeckte Aktivitäten erlangt haben. Geheime Welten bringen weitere geheime Welten hervor. Was in den Offshore-Bereich verlagert wurde, kann auch wie ein Bumerang wieder zurückkommen, um die Herren des Universums heimzusuchen. Sicherheit ist nur selten wirklich sicher, so viel können wir festhalten.

9. Hinaus aufs Meer
– aus den Augen, aus dem Sinn

Grundlegendes über das Meer

In den meisten Kapiteln dieses Buches lauert in irgendeiner Weise im Hintergrund das Meer. Die Meere der Welt bedecken nahezu drei Viertel der Erdoberfläche. Die Oberfläche des Planeten besteht zum größten Teil aus Wasser, und diese ausgedehnten Ozeane bergen noch immer eine Vielzahl unerforschten tierischen und pflanzlichen Lebens. Es gibt unbekannte Reichtümer in den Meeren ebenso wie zahllose Gefahren. Die Welt ist in Wirklichkeit eine »Wasserwelt« mit sieben Milliarden Menschen, die sich auf einem Viertel ihrer Oberfläche drängen.[1] Das Meer ist nicht die Ausnahme, sondern die Regel; das Land ist die Ausnahme. Rachel Carson beobachtete schon vor fünfzig Jahren, dass das Meer »ein solch unermesslich weiter Raum und so schwer zugänglich [ist], dass wir trotz all unserer Bemühungen erst einen kleinen Teil davon erforschen konnten«.[2]

Den längsten Teil der Menschheitsgeschichte beschränkten die Meere die Bewegung des Menschen, bildeten Grenzen, die es erschwerten, andere anzugreifen, während sie zugleich Schutz vor den anderen boten. Dadurch konnten verschiedene »Inselvölker« entstehen. Es entwickelten sich Schifffahrtsrouten, die Fischerei, Handel, Seeräuberei und Ausbeutung ermöglichten sowie Fluchtwege boten. Die Seefahrer, die sich hinaus aufs Meer wagten, kamen häufig zu Schaden, wenn gefährliche Stürme, tückische Strömungen, Unterwasserfelsen oder marodierende Piraten manchen Reisenden und den Dingen, die sie mit sich führten, ein »feuchtes Grab« bereiteten. Fast während der gesamten Menschheitsgeschichte gab es eine »gesetzlose See«, die Gefahren, Krankheiten und Tod mit sich brachte. Die meisten Küstensiedlungen wurden mit der Rückseite zum Meer und den von ihm ausgehenden mannigfachen Gefahren errichtet. Erst in jüngerer Zeit, nachdem das Meer gezähmt, domestiziert und dem »touristischen Blick« unterworfen worden war, erschien der »Seeblick« erstrebenswert.[3]

Meere boten schon immer eine Möglichkeit, Dinge zu verstecken oder zu verbergen. »Offshore« gehen heißt, dass man sich an einen Ort begibt, an dem man vom Land aus nicht mehr zu sehen ist, an einen Ort hinter dem Horizont. Nahezu die gesamte Meereswelt ist außer Sichtweite und daher auch außerhalb der Wahrnehmung, sofern man sie nicht von oben aus der Luft betrachtet. Wenn man am Ufer des Meeres steht, ist der Horizont nur rund fünf Kilometer entfernt und fast die gesamte Oberfläche eines Meeres liegt hinter dem Horizont.[4] Diese Wasserwelten sind aber von entscheidender Bedeutung dafür, was diesseits, auf dem Land geschieht. Es ist wichtig, den terrestrisch zentrierten Blickwinkel abzulegen.

Ungefähr 100.000 Handelsschiffe ziehen über diese Wasserwelt; auf diese Schiffe entfallen rund 95 Prozent des Welthandels.[5] Viele dieser Schiffe unterliegen keiner strengen nationalen Regulierung; ihre Belegschaften stammen aus armen Ländern und befördern die Schatztruhen (die Container) mit Gütern für die Reichen der Welt. Immer wieder havarieren Schiffe und sinken. Einige der Schiffe, die kreuz und quer über die Ozeane fahren, sind Tanker, die gewaltige Mengen Kohle oder Öl geladen haben. Auf dem Meeresgrund liegen Kommunikationskabel. Die Weltmeere sind eine Müllhalde für Plastik und andere Abfälle, die riesige Inseln aus Müll bilden, oft so groß wie Länder. Verstreut über die Meere liegen Inseln, winzige Orte, an denen man Geld und Vermögen, das nur minimal versteuert und kaum dokumentiert ist, ebenso abladen kann wie vergnügungssüchtige Touristen, Folteropfer, Müll und Emissionen, allen prüfenden Blicken entzogen.

Diese ausgedehnte Wasserwelt ist wild und ungezähmt, nach Rachel Carson nur »der Bewegung und dem Wandel« unterworfen, vor allem durch die globalen Förderbänder, die die einzelnen Meere miteinander verbinden. Die Meere sind dynamisch, in ihren Tiefen wimmelt es von Lebewesen, sie sind in ständiger Veränderung.[6] Doch sie sind auch unruhig aufgrund der Vorgänge, die an Land stattfinden, etwa der Verfeuerung enormer Mengen fossiler Brennstoffe.

Unregulierte Schiffe

Die Seeschifffahrt ist eine der bedeutendsten Formen der Verlagerung von Arbeit in Offshore-Zonen, und sie ragt heraus durch besonders schlechte Arbeitsbedingungen. Dies hat zum Teil mit der Ausflaggung und Offshore-Registrierung der Schiffe zu tun, die bereits nach dem Ersten Weltkrieg begann, aber erst nach dem Zweiten Weltkrieg breiter genutzt wurde. Die wichtigsten Staaten mit so genannter »Billigflagge« oder auch »Gefälligkeitsflagge« sind Panama, Liberia und die Marshall-Inseln, wo ungefähr zwei Fünftel aller Frachtschiffe registriert sind.[7] Schiffe, die unter Billigflagge fahren, sind keiner bestimmten Nationalität zugeordnet und damit im wörtlichen Sinn fast tatsächlich »offshore«. Das eindrucksvollste Beispiel stellt das mongolische Schiffsregister dar; die Mongolei ist der größte landumschlossene Staat der Welt, dennoch sind in seinem Registeramt, dessen Hauptbüro in Singapur liegt, mehr als 100 Schiffe verzeichnet.[8] Bei ihrer weltweiten Suche nach einer günstigen Registrierung können sich die Schiffseigner für jene gesetzlichen Regelungen entscheiden, die ihnen am meisten zusagen. Da zwischen den verschiedenen Billigflaggenanbietern Konkurrenz herrschte, konnten die Schiffseigner sozusagen auf »Shoppingtour« gehen und darauf setzen, dass »die Angebote immer besser und besser wurden«.[9]

Die Registrierung unter einer Billigflagge ist gewöhnlich recht preiswert und wird zügig abgewickelt (manchmal innerhalb von 24 Stunden); es werden keine Steuern verlangt, und es sind auch nur wenige Regulierungsvorschriften zu beachten. Die Registerämter stellen normalerweise keine besonderen Anforderungen an Größe oder Qualifikation der Schiffsbesatzungen, die außerhalb des Zuständigkeitsbereichs nationaler Gewerkschaften arbeiten, der Gesundheits- und Sicherheitsstandards, der Besteuerung oder der Schiffskonstruktion. Berichten zufolge sind bereits Öltanker auseinandergebrochen, weil keine entsprechenden Vorschriften garantierten, dass bei ihrem Bau die erforderliche Menge Stahl verwendet wurde, wie im Fall der *Prestige* im Jahr 2002.

Besonders problematisch sind die undurchsichtigen Eigentumsverhältnisse auf See, die es nahezu unmöglich machen, die Verantwortlichen zu identifizieren und zu gewährleisten, dass die Schiffe sorgfältig gebaut, gewartet und seetüchtig gehalten werden. Will Hutton erläutert, dass die *Prestige* »von einer in der Schweiz ansässigen Niederlassung eines russischen Mischkonzerns gechartert worden war, auf den Bahamas registriert war, einem in Liberia gemeldeten Griechen gehörte und von den Amerikanern als seetauglich zertifiziert worden war. Als das Schiff auftanken musste, ging es weit vor dem Hafen von Gibraltar vor Anker, um sich einer möglichen Inspektion zu entziehen«.[10] Die 25 Jahre alte *Prestige* ergoss ihre Ölfracht dann in den Atlantik vor Spanien, als sie auseinanderbrach.

Die Menschen, die auf den Schiffen arbeiten, sind weitgehend unsichtbar, aus den Augen und aus dem Sinn. Nach Schätzungen kommen jährlich mindestens 2.000 Mitglieder von Schiffsbesatzungen ums Leben, überwiegend auf Schiffen, die unter Billigflaggen fahren. Viele Schiffsbelegschaften werden von »Leihfirmen« und nicht direkt von den Schiffseignern beschäftigt. Diese Agenturen werden ihrerseits in der Regel von »offshore« angesiedelten Managementfirmen bezahlt. Die Eigentumsverhältnisse an den Schiffen sind meistens vielfach verschachtelt, was anscheinend dazu dient, Verantwortlichkeiten zu verwischen und Anforderungen bezüglich sorgfältiger Sicherheitsüberprüfungen, erträglicher Arbeitsbedingungen und angemessener Besteuerung zu umgehen.[11] Viele Schiffshavarien werden auch durch die geringe Erfahrung und die schlechte Ausbildung der rund 1,2 Millionen überwiegend männlichen Besatzungsmitglieder verursacht, die ihr Leben aufs Spiel setzen, wenn sie zu ihren oftmals monatelangen Arbeitseinsätzen auf den Handelsschiffen aufbrechen. Ein Viertel dieser Arbeitskräfte stammt von den Philippinen.

Ein großer Öltanker hat 20 bis 25 Besatzungsmitglieder, und auch die meisten Handelsschiffe beschäftigen nur eine kleine Crew. Zum Teil aufgrund der Offshore-Registrierung genießen die Beschäftigten nur geringen rechtlichen Schutz. Wer sich auf den Schiffen verletzt, hat kaum Chancen, eine Entschädigung zu erhalten. Zudem werden die Besatzungsmitglieder von der einheimischen Bevölkerung häufig als Sündenböcke herangezogen, wenn durch die Schiffe Schäden verursacht werden oder es zu einer Ölkatastrophe kommt. Die Schiffsunglücke nehmen zu, und sie dürften in den kommenden Jahren weiter zunehmen, da sich die Zahl der Schiffe verdoppeln wird.[12]

Die Schiffe werden bei Schäden zum großen Teil auf See repariert, um die hohen Liegekosten in den Häfen einzusparen. Zu einer Verbesserung dieser Situation könnte paradoxerweise der gegenwärtige Mangel an Seeleuten führen. Denn trotz der weltweit hohen Arbeitslosigkeit schrecken viele Männer aus Angst vor Piraten, Unglücken, schlechter Behandlung oder auch aufgrund besserer Alternativen zu Hause davor zurück, sich auf Frachtschiffen zu verdingen.[13]

Unregulierte See

William Langewiesche schreibt: »Unsere Welt ist eine Meereswelt, und es ist eine wilde Welt«.[14] Die Meere der Welt sind ein ausgedehnter Wilder Westen, aber es ist kein Sheriff in Sicht. Schon in früheren Zeiten waren sich die Menschen der Grausamkeit des Meeres bewusst. Doch es ist auffällig, wie gesetzlos die Meere heute sind, vielleicht noch viel mehr als in vergangenen Jahrhunderten.

Während in der »Moderne« Systeme zur Normalisierung und Disziplinierung der Beziehungen an Land und insbesondere auch in der Luft entwickelt wurden, blieb die See seltsam unreguliert. Man kann von der Bildung und der Verfestigung einer »See des freien Marktes« sprechen,[15] die sich zum Teil aus der Lehre von der »Freiheit der Meere« speiste. Dieser Lehre zufolge dürfen sich die Schiffe aller Nationen in Friedenszeiten ungehindert auf hoher See bewegen, und jeder Staat besitzt die alleinige Rechtsgewalt über seine Schiffe.[16] Dazu kommt das Recht der »friedlichen Durchfahrt«, laut dem Handels- wie auch Kriegsschiffe das Küstenmeer oder die Archipelgewässer eines fremden Staates friedlich durchfahren dürfen, sofern sie für das betreffende Land keine Bedrohung darstellen.[17] Im Krieg genießen neutrale Schiffe Schutz vor Angriffen.

Die See ist ein unruhiger Raum, der zum großen Teil der Kontrolle der Staaten entzogen ist, ein gefahrvoller, freier und unregulierter Bereich. Langewiesche weist darauf hin, dass die Schiffe »wahrscheinlich die unabhängigsten Dinge auf der Erde sind; viele von ihnen unterliegen keinerlei Bindungen, ändern häufig ihre Identität und fahren unter jedweder Nationalität – oder ›Flagge‹ –, die ihnen ihre Freiheit lässt«.[18] Es ist ein neoliberales Paradies, die Vision einer Welt weitgehend ohne Regierung, Steuern und Gesetze, in der nur die starken Schiffe und deren Eigentümer überleben und die übrigen untergehen, oft im wörtlichen Sinne. Es ist ein Grenzland, doch eines, in dem die Grenze den größten Teil der Erdoberfläche einnimmt.

Das Ausmaß der möglichen Schäden, die verursacht werden können, hat sich enorm vergrößert, da auch die menschlichen Siedlungen an Land einen zunehmenden Teil des Unbeherrschbaren in den Offshore-Bereich abschieben. Dazu gehört eine Vielzahl von Prozessen, von der Verklappung von Müll bis zu Piraterie und Terrorismus. Ölkatastrophen ereignen sich immer häufiger. Von besonderer Bedeutung ist in diesem Zusammenhang die »Verkümmerung der Wachsamkeit«. Die Leistungsfähigkeit einer Organisation verschlechtert sich im Laufe der Zeit aufgrund von zu großer Vertrautheit, Langeweile und dem Versuch, schneller zu arbeiten, aber auch weil die Menschen die Sicherheitsroutinen weniger sorgfältig umsetzen. Diese »Verkümmerung der Wachsamkeit« hat eine besondere Tragweite in der Öl- und Gasindustrie, wo die Beschäftigten auf den Förderplattformen und den Tankern oftmals für längere Perioden auf See sind.

Es gibt viele Ölunfälle, über die nie berichtet wird. In der Nordsee haben sich seit dem Jahr 2000 mehr als 4.000 Ölunfälle ereignet, doch insgesamt wurden nur sieben Unternehmen dafür mit Strafen belegt.[19] Weil das Öl weit draußen auf dem Meer gefördert wird, sind von solchen Störfällen gewöhnlich jene Bevölkerungsteile nicht betroffen, für die dieses Öl bestimmt ist. Eine Ölpest wirkt sich stattdessen auf jene Ökosysteme aus, über die sich der Ölteppich legt. Ölunfälle sind eine schlechte Nachricht für die örtliche Tourismusbranche – wie sich beispielsweise im Jahr 2000 bei der durch den Unfall auf Deepwater Horizon verursachten Ölpest im Golf von Mexiko zeigte –, deren Kunden mit hoher Wahrscheinlichkeit mit ölbetriebenen Verkehrsmitteln an- oder abreisen.[20]

Außerdem sind die Weltmeere eine gigantische Deponie für Müll vom Land, aber auch von Schiffen. Ein großer Teil der Abfälle wird auf dem Meer entsorgt, was insbesondere an jenen Stellen sichtbar wird, wo große Oberflächenströmungen oder Wirbel zusammenfließen. Plastikmüll kann sogar richtige treibende Inseln bilden, als größte derartige Insel gilt die Great Pacific Garbage Patch, die ungefähr doppelt so groß ist wie Frankreich. Nach Berechnungen des Umweltprogramms der Vereinten Nationen (UNEP) treiben pro Quadratmeile 46.000 Teile von Plastikmüll auf der Oberfläche der Meere. Diese gewaltige, der allgemeinen Wahrnehmung entzogene Menge an Plastikmüll ist jährlich für den Tod von einer Million Seevögeln verantwortlich.[21]

Dass die Meere zunehmend auch wegen der Piraterie gefährlich werden, ist mittlerweile allgemein bekannt. Gegenwärtig gilt die autonome Region Puntland in Somalia als Hauptstadt der weltweiten Seeräuberei. Sie liegt unweit einer der wichtigsten Schifffahrtsrouten der Welt, die vom Golf von Aden in den Indischen Ozean führt. Dies sind heute die »tödlichsten Gewässer« der Welt.[22]

Somalia war wegen seiner ausgeprägten Stammesstrukturen schon seit längerer Zeit politisch instabil. Als Anfang der neunziger Jahre die Zentralregierung zusammenbrach und Somalia in mehrere, von Warlords beherrschte Regionen zerfiel, verlor das

Land die Kontrolle über seine Küstengewässer, und die Seeräuberei nahm überhand. Jay Bahadur bezeichnet das daraus entstehende System der Piraterie als ein »Konglomerat aus Rebellengruppen, Milizen und Warlords, die jeweils verschiedene Stücke des somalischen Staates übernahmen (zusammen mit den Resten von dessen Armee)«.[23] Einige Seeräuber oder »Retter des Meeres« waren ursprünglich Fischer, deren Lebensgrundlage aber durch die großen Fischereiflotten zerstört wurde. Andere Piraten hatten ursprünglich bei der Küstenwache gearbeitet. Die Piraten bilden jeweils einen lockeren Verbund von einigen hundert Männern. Ein Schiff aufzubringen dauert gewöhnlich ungefähr eine halbe Stunde. Dann wird das Schiff in einen sicheren Hafen gebracht, und falls ein Lösegeld gezahlt wird, wird dieses zwischen den beteiligten Gruppen und der lokalen Gemeinschaft aufgeteilt.

Im Laufe der Zeit hat sich die Piraterie zu einer Art Geschäft entwickelt. Eine mächtige Gruppe namens Somali Marines mit einer gewissermaßen militärischen Hierarchie und alternativen Verwaltungsstrukturen ist in der Lage, Schiffe auch weit vor der Küste anzugreifen. Die Piraterie ist anscheinend aber trotzdem nicht sehr einträglich, zumindest nicht für die einfachen Mitglieder der Gruppen. Bahadur weist darauf hin, dass es in dieser Region jedoch auch anderweitig keine beruflichen Chancen gibt: »Es ist daher kaum überraschend, dass Piraterie für viele ehrgeizige junge Männer eine erstrebenswerte berufliche Tätigkeit darstellt«.[24]

In Anbetracht der Weite des Meeres ist es einfach, Schmuggel und Seeräuberei zu betreiben; Müll, Öllachen und Schiffe kann man leicht verschwinden lassen, und auch Terrorismus von Schiffen aus wird stetig ausgeübt.

Der Meeresraum unterscheidet sich vom Luftraum. Er war schon früher ein gesetzloser Raum, heute aber ist er nicht viel mehr als ein Platz für Gesetzlose. Dieser Raum ist nur schwer zu regulieren, weil sich eine derartige Vielzahl von Schiffen, Objekten, Containern und Menschen vor den Küsten der Meere bewegt und wie aus heiterem Himmel hinter dem Horizont auftaucht.[25]

Unreguliertes Klima

Untersuchungen der »globalen Erwärmung« des Planeten konzentrieren sich gewöhnlich auf die Erwärmung, die auf dem Land stattfindet und jene Menschen betrifft, die dort leben. Die Aufmerksamkeit richtet sich auf einen erwarteten Temperaturanstieg, durch den Dürreperioden, Hitzewellen und Busch- und Waldbrände zunehmen werden und der sich auf die Nahrungsmittel- und Wasserversorgung und somit auf das pflanzliche und menschliche Leben auswirken wird.[26] Diese Folgen werden tiefgreifend sein, insbesondere da sich immer größere Teile des bebaubaren Landes auf der Erde in trockene Wüsten verwandeln, wie beispielsweise im Norden Kenias. In Afghanistan sind viele Bauern nicht zuletzt deshalb zum Mohnanbau und damit zu Opiumherstellung übergegangen, weil diese Pflanze nur ein Sechstel der Wassermenge benötigt, die für Weizenpflanzen aufgewendet werden muss.[27] In vielen Ländern in den Tropen steigen die Temperaturen, und einem Bericht zufolge wird bis zu einem Drittel der Landmasse der Erde bis zum Jahr 2100 Wüste werden.[28] Das bedeutet ein »Klimachaos« für die knapp drei Milliarden Menschen, die in dem Bereich zwischen den beiden Tropenzonen leben.

Doch damit ist nur die eine Seite des Klimawandels erfasst. Darüber hinaus ist es erforderlich zu untersuchen, wie sich die Weltmeere durch diese Entwicklung verändern und wie das wiederum auf das Leben auf dem Land zurückwirkt. Es entstehen zunehmend turbulente »Wasserwelten« infolge der höheren CO_2-Emissionen, der steigenden Wassertemperaturen und der wachsenden Wasserdampfkonzentration in der Atmosphäre. Die Temperatur des Meeres steigt wesentlich schneller als die Landtemperatur.[29] Dies beschleunigt das Abschmelzen der großen Gletscher und Eisplatten, führt zu einem Anstieg des Meeresspiegels, zu heftigeren Stürmen, zu einem Verlust menschlicher und tierischer Lebensräume an das Meer und verändert möglicherweise auch die Meeresströmungen. Die Weltmeere sind nicht friedlich und tendieren nicht natürlicherweise zu einem Zustand der Ausgeglichenheit, auch wenn der Meeresspiegel während des Holozäns ungefähr 11.000 Jahre lang relativ stabil blieb. Von besonderer Bedeutung bei diesen Prozessen, die sich in den Meeren abspielen, ist der Pazifische Ozean; er ist die »Mutter aller Ozeane, und die anderen Meere, die Kinder, gehorchen ihren Signalen«.[30]

Steigende Temperaturen erhöhen die Unberechenbarkeit des Meeres wie auch die Wahrscheinlichkeit heftigerer und verheerenderer Stürme, wenngleich nicht notwendigerweise auch deren Zahl steigen muss. Diese Effekte spielen sich zwar draußen auf dem Meer ab und peitschen zunächst nur die See auf. Schließlich aber erreichen die Stürme das Land, wenn Sturmfluten und Überschwemmungen über die Küsten hereinbrechen. Die Meere üben Vergeltung. Mindestens eine Milliarde Menschen lebt in Küstenregionen, auch viele der großen Städte der Welt liegen an der Küste. James Hansen stellt fest: »Viele Orte in verschiedenen Teilen der Welt haben eine ungewöhnliche Zunahme von ›Jahrhundertfluten‹ erlebt, die wesentlich häufiger auftreten, als es ihre Bezeichnung vermuten lassen würde«.[31]

Die Meere werden durch steigende Temperaturen verändert und destabilisiert. Vor allem Eisschollen reagieren sehr empfindlich auch auf kleine Erhöhungen der globalen Temperatur.[32] Wenn die Temperaturen um mehr als 2 bis 3 Grad Celsius steigen würden, so erläutert Hansen, würden sich ähnliche Bedingungen einstellen, wie sie vor drei Millionen Jahren auf der Erde herrschten. Der Meeresspiegel war damals 25 Meter höher als heute, was in dem Zukunftsszenario bedeutet, dass die meisten großen Städte der Welt dauerhaft unter Wasser stünden.[33] Mike Davis macht deutlich, dass etwa um 2030 »die kombinierten Auswirkungen des Klimawandels, des Ölfördermaximums, der maximal möglichen Wassernutzung und zusätzlicher 1,5 Milliarden Menschen auf der Erde negative Synergien entfalten werden, die wahrscheinlich unser Vorstellungsvermögen überschreiten«.[34]

Zudem sind Staaten und Unternehmen gewöhnlich nicht imstande, mit schnell heraufziehenden und unvorhergesehenen Katastrophen zurechtzukommen.[35] Auch Hilfsorganisationen sind mit dem Ausmaß und der Komplexität von Katastrophen oft über-fordert. Deshalb müssen neuartige Formen von Mobilität und alternative Systeme entwickelt werden. Zwei jüngere Beispiele aus den reichen Ländern belegen diese mangelhafte Belastbar-keit der Systeme: Der Hurrikan Katrina 2005 und der Unfall im Atomkraftwerk Fukushima im Frühjahr 2011, der durch einen heftigen Tsunami ausgelöst wurde, zeigten, dass Organisationen auf Versagen nicht angemessen reagieren können, insbesondere weil sich zwischen den einzelnen Prozessen, die sich entwickeln, unvorhersehbare Wechselwirkungen ergeben. Mimi Sheller analysiert die Folgewirkungen des Erdbebens in Haiti im Januar 2010 und beschreibt, wie das dynamische Ineinandergreifen der Transport-, Kommunikations-, Versorgungs- und Planungssyste-me rasch in eine dauerhafte Krise münden kann.[36]

Ein Sektor der Weltökonomie, der die Dimensionen dieser Entwicklungen durchaus erkannt hat, ist die globale Versiche-rungswirtschaft. Sie dokumentiert das wachsende Ausmaß, die Wirkung und Kosten derartiger klimabezogener Ereignisse. Die gemeldeten Versicherungsschäden sind in jüngster Vergangen-heit sprunghaft angestiegen, wobei vieles darauf hinweist, dass extreme Wetterereignisse dafür verantwortlich sind. Seit den siebziger Jahren des 20. Jahrhunderts haben diese jährlich um durchschnittlich rund zehn Prozent zugenommen. Nach Schät-zungen des Rückversicherers Swiss Re haben sich die Schäden aus diesen Ereignissen seit den achtziger Jahren verfünffacht. Die Organisation Oxfam berichtet, dass in diesem Zeitraum die Zahl der Erdbeben zwar weitgehend unverändert geblieben ist, sich die Zahl der Überflutungen und schweren Stürme jedoch ver-dreifacht hat.

Tim Flannery stellte angesichts der Steigerung von klimabe-dingten Versicherungsschäden fest, »dass um 2065 oder kurz darauf die aus dem Klimawandel resultierenden Schäden dem Gesamtwert von allem, was die Menschheit im Lauf eines Jahres produziert, entsprechen werden.«[37] Die Versicherungswirtschaft hält es für fraglich, ob sie solche horrenden Ansprüche in der Zukunft wird befriedigen können. So verursachte der Hurrikan

Katrina 2005 Schäden im Wert von 120 Milliarden Dollar.[38] Diese Schäden sind vor allem auch deswegen so hoch, weil extreme Wetterereignisse auch in gut organisierten und wohlhabenden Städten der Ersten Welt viele Häuser und Infrastruktureinrichtungen zerstören. Es ist klar, dass steigende Wassertemperaturen und heftiger werdende Stürme langfristig die Wirtschaft und den Wohlstand auf der Welt beeinflussen werden.

Bislang hat die Unbeherrschbarkeit des Meeres den Menschen, die auf dem Land leben, noch nicht begreiflich gemacht, was den Meeren angetan wurde und was die Menschen selbst einander antun, weil der Bumerang zurückkehrt und an Land zuschlägt. Das hängt zum Teil mit der Macht des »Kohlenstoff-Kapitals« zusammen, jenes Komplexes aus Unternehmen, die Kohle, Öl und Gas explorieren, fördern und weiterverarbeiten; den Herstellern von Fahrzeugen, Schiffen und Flugzeugen; den Medien, der Werbeindustrie und Verlagskonzernen sowie zahlreichen Politikern, Denkfabriken und Consultants.

Von besonderer Bedeutung sind in diesem Zusammenhang miteinander verbundene Denkfabriken, überwiegend in den USA ansässig, die systematisch die Klimaforschung bekämpfen und in Bezug auf die Energienutzung ein »Weiter wie gehabt« propagieren.[39] Viele davon sind »Frontorganisationen«, die bestimmten Themen einen »grünen Anstrich« zu geben versuchen. Sie haben maßgeblich dazu beigetragen, dass in mehr oder weniger allen Ländern die Abhängigkeit von fossilen Brennstoffen aufrechterhalten wird, obwohl sich die Belege häufen, dass dadurch mit hoher Sicherheit ein irreversibler globaler Temperaturanstieg verursacht wird.

Diese häufig im Verborgenen wirkenden Denkfabriken verbreiten Zweifel an der Seriosität der Klimaforschung und nutzen es aus, dass Wissenschaft immer auch mit Kontroversen und Ungewissheiten verbunden ist. Sie überbewerten die wissenschaftlichen Unsicherheiten, die beispielsweise in den Berichten des Intergovernmental Panel on Climate Change (IPCC) vorhanden sind, und versuchen dadurch den Anschein zu erwecken, dass es wesentlich mehr Widerspruch zu den Ergebnissen der Klimaforschung gebe, als es tatsächlich der Fall ist; in gewisser Weise handelt es sich um die »Fabrizierung von Unsicherheit«.[40]

Dieses »Kohlenstoff-Kapital« war besonders erfolgreich in den USA, in Russland, in Teilen Asiens und Lateinamerikas und in den meisten Ländern des Nahen Ostens. Diese so genannten »Klimaskeptiker« schüren nicht nur Zweifel an der Klimaforschung, sondern auch an der These, dass die Ölförderung ihr Maximum erreicht habe. Sie sind anscheinend der Auffassung, es habe absolut nichts mit der Verfeuerung fossiler Brennstoffe an Land zu tun, dass die See immer unruhiger und gefährlicher wird.

10. Nach Hause zurückholen

Das Modell Dubai

Dubai symbolisiert die ungezügelte Offshore-Welt, die sich in den vergangenen zwei bis drei Jahrzehnten so ungestüm entwickelt hat. Die islamische Gesellschaft des Scheichtums wurde in kurzer Zeit zu einem der bedeutendsten Zentren der Offshore-Verlagerung – von Steuern, Gütern, Unterhaltung, Immobilienprojekten, Energie, Konsum, Inseln, Expertenwissen und Verbrechen. Die Aufzählung ließe sich beliebig weiterführen.

Dubai zeigt anschaulich, was Nouriel Roubini und Stephen Mihm beschrieben, nämlich dass »der Kapitalismus alles andere als ein reibungslos schnurrendes, sich selbst regulierendes Gefüge ist. Im Gegenteil, es handelt sich um ein äußerst instabiles System«.[1] Viele Offshore-Welten wie Dubai sind das Ergebnis eines solchen irrationalen Überschwangs und eines nachfolgenden tiefen Pessimismus. Insbesondere nach dem Finanzcrash der Jahre 2007/08 erlebten diese Offshore-Welten einen dramatischen Verfall der Immobilienpreise und einen finanziellen Zusammenbruch. Leslie Budd hält fest: »Alle Finanzkrisen wurzeln letztlich in einer Krise des Immobilienmarkts«.[2] Im Zuge des Finanzcrashs wurden Immobilien zum großen Teil unverkäuflich und zu toxischen Anlagen, was weitreichende Konsequenzen nach sich zog. So verkehrte sich auch der beeindruckende Aufstieg Dubais ins Gegenteil. Die aus dem Ausland Zugezogenen kehrten dem Land den Rücken und ließen ihre auf Kredit erworbenen Autos am Flughafen stehen, Tausende Bauarbeiter wurden entlassen, die Immobilien büßten bis zu 60 Prozent ihres Wertes ein, die Hälfte der Bauprojekte wurde vorläufig stillgelegt oder eingestellt. Der künstliche Inselkomplex »The World« begann wieder ins Meer abzugleiten, große Firmen wie Dubai World erstickten an ihren hohen Schulden, die Bevölkerung ging zurück, und Dubai musste schließlich vom Nachbar-Emirat Abu Dhabi gerettet werden.³

Kündet dieser Aufstieg und mögliche Untergang Dubais davon, dass die Offshore-Verlagerung von Konsum, Tourismus, Immobilien und »Steuerminimierung« allgemein ihren Höhepunkt überschritten hat? Ist diese Entwicklung an ihrem Ende angelangt? Oder stellt das »Offshoring« einen unumkehrbaren Systemwechsel dar?

Das Ausmaß der Offshore-Verlagerung

Das Ausmaß und die Auswirkungen der wirtschaftlichen und sozialen Prozesse, die der Aufstieg dieser Offshore-Welten in fast allen Gesellschaften nach sich zog, verändern häufig auf geheimen Wegen die globalen Machtstrukturen. Einige dieser geheimen Wege wurden Anfang 2013 durch den Pferdefleischskandal in Europa aufgedeckt, als in Produkten, die als Rindfleisch deklariert waren, billigeres Pferdefleisch gefunden wurde. Dieses Komplott beruhte auf einem internationalen Netzwerk aus Schlachthäusern, Vermittlern, Transportunternehmen und Supermärkten, die alle anscheinend im Verborgenen operierten. Es wurde auch dadurch ermöglicht, dass es nur unzureichende Kontrollmechanismen für das Fleisch gab, das in Europa auf den Markt kam.⁴ Einige der an diesem Skandal beteiligten Firmen waren »offshore« registriert und zudem in weitere kriminelle Aktivitäten verstrickt.

Das »Offshoring« in seiner gegenwärtigen Form ist der nachhaltigste Angriff auf die nationalstaatlich organisierte Politik und insbesondere auf die Bemühungen, demokratisch legitimierte Kontroll- und Regulierungsmechanismen durchzusetzen. Offshore-Praktiken umgehen Gesetze auf illegale Weise, verstoßen gegen den Geist von Gesetzen oder nutzen Gesetze in einem Staat dazu aus, die Gesetze eines anderen Staates zu untergraben.⁵ Die meisten dieser Praktiken sind keine zufälligen Begleiterscheinungen der heutigen Welt, sondern wurden systematisch geschaffen und rechtlich abgesichert.

Ich habe am Anfang des Buches unter Bezug auf Zygmunt Bauman auf die Möglichkeit des »Entfliehens« hingewiesen, die den Reichen zur Verfügung steht, um sich der Verantwortung für ihr Handeln zu entziehen.[6] Die Eliten können dadurch vielen Sanktionen formeller oder informeller Art ausweichen und sich Bedingungen schaffen, mittels derer sie ihr Einkommen und ihr Vermögen auch in Zukunft steigern können. Durch diese Unerreichbarkeit können die Eliten noch weniger haftbar gemacht und zur Verantwortung gezogen werden.

Wir haben auch gesehen, dass sich diese Eliten häufiger in privatem, nicht-öffentlichem Rahmen treffen. Da die Eliten räumlich mobil sind und ihre Treffen häufig an Orten stattfinden, die als Offshore-Zentren der Freizeit- und Vergnügungsbranche gelten, knüpfen sie vielfältige Verbindungen. Dabei dehnen sie die Offshore-Welten weiter aus und fördern im politischen Diskurs die Praxis der Offshore-Verlagerung. Sowohl private Treffen wie auch öffentlich agierende Denkfabriken haben dazu beigetragen, diese Offshore-Welten zu gestalten und ihre Nutznießer in Unternehmen und Politik wie auch Einzelpersonen miteinander zu vernetzen.

Es ist üblich, »Verschwörungstheorien« wegen ihrer vereinfachenden Analyse gesellschaftlicher oder politischer Vorgänge zu kritisieren. In diesem Fall jedoch gibt es anscheinend eine Reihe halb-geheimer und sich gegenseitig überschneidender Verschwörungen gegen die Macht der Staaten, ihre Durchsetzung kollektiver Interessen und gegen rational geplante Onshore-Welten. In der Nachkriegszeit wurde die meiste Zeit ein Kampf darum geführt, große Konzerne und reiche Privatpersonen vom Joch eines, wie es verstanden wurde, anmaßenden und erdrückenden Staates zu »befreien«.

Zu den Offshoring-Prozessen, durch die die reiche Klasse noch reicher geworden ist, gehören die Fragmentierung und Verlagerung von Güterproduktion an kostengünstigere Standorte; die systematische Verminderung von Steuerschulden, was die Ungleichheit verschärft; die Gründung geheimer Offshore-Unternehmen; die Schaffung neuer Formen der Finanzialisierung; die Marginalisierung bestimmter Gruppen von Beschäftigten; die Ausübung von Druck auf Nationalstaaten, in Infrastruktur zu investieren; die Ausnutzung von Krisensituationen, um einen neoliberalen Umbau in die Wege zu leiten; die Mobilisierung von Diskursen, in denen einer verstärkten Vermarktlichung das Wort geredet wird; sowie die Entwicklung neuer Produkte, die auf neuen »Bedürfnissen« beruhen, darunter auch auf dem Gebiet der Sicherheit. Diese verwirrende »mobile« Welt, die hell und dunkel ist, offen und geheim, frei und zerstörerisch, ist nur schwer zu regulieren, vor allem nachdem sich der anti-keynesianische Diskurs ungefähr ab 1980 durchsetzte und Progressivismus sowie Etatismus systematisch zurückdrängte.

Vor allem beeinträchtigt diese anstrengende »mobile« Welt die notwendige Entwicklung von Formen globaler Kooperation zwischen den verschiedenen Bereichen nationalstaatlicher Politik. Daraus erwächst das Problem eines »globalen Stillstands«.[7] Maßgeblich zur Entstehung dieser verfahrenen Situation hat die Fragmentierung der großen Industrieunternehmen beigetragen. In ihren Eigentümerstrukturen erlangten zunehmend Finanzinstitutionen an Einfluss, deren Interesse dem kurzfristigen Shareholder Value gilt.[8] Zugleich wurde die industrielle Arbeiterschaft einem Prozess der »Desorganisierung« unterworfen, obwohl die globalen Ungleichheiten wuchsen. Diese Zunahme hat stattdessen machtvolle Interessen auf den Plan gerufen, die darauf zielen, die Grundlagen der ungleichen Einkommens- und Vermögensverteilung abzusichern.

Die Offshore-Verlagerung ist ein untrennbarer Bestandteil davon. Diese Ungleichheit ist auch deshalb so entscheidend, weil der Zugang zu »Dienstleistungen« künftig noch stärker vom Einkommen und Vermögen einer Person abhängen wird; und je ungleicher diese sind, umso geringer wird die Chance, dass die Menschen als in jeder Hinsicht gleichwertig anerkannt werden. Die ungezügelte Vermarktlichung nahezu aller Werte und Beziehungen verdrängt viele andere Gründe dafür, warum Menschen zusammenarbeiten können, etwa Fairness, Gefälligkeit, Pflichterfüllung oder soziale Verbundenheit.

Der Begriff »großer Knall« ist eine zutreffende Bezeichnung für diese Abkehr vom Keynesianismus, denn der Kapitalismus wurde daraufhin von oben nach unten »desorganisiert«. Die Banken wuchsen zu Giganten heran. Die Macht des Finanzwesens löste sich von den Formen nationaler Regulierung und überwand die überkommene Trennung von Investment- und Geschäftsbanken. Der Nominalwert der weltweit ausstehenden Derivate-Kontrakte verzehnfachte sich in der Dekade bis 2007/08 und stieg auf die atemberaubende Summe von 500 Billionen US-Dollar, ein Vielfaches des globalen Bruttoinlandsprodukts.[9]

Der desorganisierte oder neoliberale Kapitalismus war verbunden mit der Beseitigung zahlreicher Hemmnisse, die einen freien Kapitalverkehr behinderten, der Entwicklung eines ausgedehnten Offshore-Finanzmarkts und dem Aufkommen des algorithmischen Handels.[10] Unter der Diktatur des beschleunigten Handels mit Finanzpapieren wurden Einkommen und Rechte aus der »Realwirtschaft« abgezogen und in einen geringer besteuerten und weniger regulierten »Casinokapitalismus« verschoben. Die strukturelle Bedeutung von Geldströmen nahm zu und das »Überleben der Fettesten«, nicht mehr der Fittesten, setzte sich durch.[11]

Haldane und Mary weisen darauf hin, dass sehr viele große Finanzinstitutionen »zu groß geworden sind, zu stark miteinander verbunden oder zu wichtig, um zu scheitern«.[12] Die »ausgeprägte Homogenität innerhalb des Finanzsystems – alle Banken tun das Gleiche – kann das Risiko für eine einzelne Bank vermindern, erhöht jedoch die Wahrscheinlichkeit, dass das gesamte System zusammenbricht«.[13] Aus der Perspektive des komplexen Systems wächst damit die Gefahr, dass alle Banken sich ähnlich verhalten, wodurch das Risiko eines Systemversagens wächst.

Dieser neoliberale, in einem Dilemma steckende Kapitalismus wurde in den siebziger und achtziger Jahren »zusammengebaut«. Die entstandenen Offshore-Welten waren nicht in allen Einzelheiten planvoll geschaffen, zeitigten jedoch mannigfache dysfunktionale Auswirkungen für die wirtschaftliche Stabilität, die Sicherheit, das Klima, die Entwicklung der Einkommen und die Demokratie.

Finanzwesen und Demokratie

Steueroasen haben das Wachstum eines unregulierten Schattenfinanzsystems maßgeblich gefördert, dessen Aktivitäten im Verborgenen ablaufen und das vor einigen Jahren die Weltwirtschaft in die Knie gezwungen hat. Das Kapital pendelt zwischen den Nationalstaaten und entscheidet sich für jenes politische Umfeld, das seinen Interessen am förderlichsten ist. Dafür könnte man die Bezeichnung »Regime-Shopping« verwenden. Das Erstarken der Hedgefonds seit den siebziger Jahren stand im Zusammenhang mit der Aufhebung von Devisenkontrollen. Diese Fonds werden nicht von den nationalen Zentralbanken reguliert, müssen ihre Aktivitäten nicht offenlegen und sind meist in Offshore-Zonen angesiedelt. Aufgrund hoher Mindestanlagesummen und anderer Aufnahmekriterien steht der Zugang gewöhnlich nur wohlhabenden Personen offen. Nach Schätzungen gibt es gegenwärtig ungefähr 10.000 Hedgefonds.

Offshore-Verlagerung und Demokratie stehen in einem direkten Gegensatz. Die Dimension und die Bedeutung der Offshore-Strukturen machen es neuen Formen einer postnationalen Demokratie unmöglich, Fuß zu fassen und sich zu etablieren. Der neoliberale Kapitalismus hat stattdessen zu einer systemischen Desorganisation potenzieller demokratischer Strukturen geführt. Die auf vielfältigen Wegen erfolgende Verlagerung von Geld, Arbeitsplätzen, Dienstleistungen, Sicherheit, Abfall und Emissionen in Offshore-Bereiche hat katastrophale Auswirkungen auf die Transparenz des Regierungshandelns. Diese Transparenz gebietet es, dass politische Entscheidungen durch Debatten und Diskussionen zwischen Bürgern zustande kommen, die Kenntnis haben von den im Land vorhandenen Ressourcen und auch die Kontrolle darüber besitzen. Transparenz ist eine unverzichtbare Voraussetzung für eine gute Regierungsführung, aber gerade sie ist in Verdunkelungsoasen nicht gegeben. Es findet gewissermaßen auch eine Offshore-Verlagerung der Demokratie statt, da Geld und Ressourcen unsichtbar und ungreifbar gemacht werden.

Weil Demokratie voraussetzt, dass Geld und andere Ressourcen einem klaren, transparenten und verantwortungsvollen Diskussionsprozess der Mitglieder der Gesellschaft unterworfen werden, müssen bestimmte Aktivitäten »nach Hause« zurückgeholt und die Interessen der Staatsbürger als vorrangig betrachtet werden. Vieles sollte wieder »reshored« werden, um die demokratische Kontrolle der Mitglieder der Gesellschaft über jene Aktivitäten und Ressourcen wiederherzustellen, die für sie von vitaler Bedeutung sind.

Die einzigen politischen Akteure, die eine solche effektive Rückverlagerung durchführen können, sind die Nationalstaaten, in die die Demokratie eingebettet sein muss. Es mag eingewendet werden, dass durch eine solche Betrachtungsweise der Entwicklung neuer Konzepte von globaler und kosmopolitischer Demokratie, die von verschiedenen Theoretikern formuliert wurden, nicht Rechnung getragen wird.[14] Das Problem besteht jedoch darin, dass so viele Ressourcen in Offshore-Bereiche verlagert und versteckt, rechtlich abgeschirmt und einer potenziellen demokratischen Überprüfung, Kontrolle und Regulierung entzogen wurden.

Haldane und May deuten darüber hinaus darauf hin, dass »viele nicht-finanzielle Netzwerke eindeutig und planvoll in einer modularen Struktur aufgebaut sind. Dies gilt für das Design der Computer und des Internets ebenso wie für das Management der Forste und der Stromnetze«.[15] Diese Modularität in den Bereichen außerhalb des Finanzwesens verhindert, dass das gesamte Netzwerk angesteckt wird, wenn einer seiner Teile versagt oder zusammenbricht. Sie sichert die Resilienz des Systems. Wenn es mehr Lücken, Brandmauern, lokale und nationale Besonderheiten oder Grenzen gibt, dann vermindert sich die Gefahr von katastrophalen Ereignissen und Übertragungen. Modularität kann zwar die Profitabilität einzelner Unternehmen beeinträchtigen, sie vermindert aber auch die Wahrscheinlichkeit eines Systemversagens.

Die Rückverlagerung eines großen Teils des wirtschaftlichen und sozialen Lebens würde es ermöglichen, dass die Mitglieder

der Gesellschaft wieder eine demokratische Kontrolle ausüben können über jene Aktivitäten und Ressourcen, die für sie von spezifischer Bedeutung sind. Es bedarf eines einvernehmlichen internationalen Diskurses und robuster Verfahrensregeln, damit die Ressourcen, die in einer Gesellschaft erzeugt werden, der Transparenz und der Besteuerung in der betreffenden Gesellschaft unterworfen werden und die Interessen des verlagerten Geldes nicht besser behandelt werden als die Interessen der Bürger. Dies darf allerdings keinesfalls dazu missbraucht werden, einem fremdenfeindlichen Diskurs Vorschub zu leisten.

Doch diese Ziele werden nur schwer erreichbar sein aufgrund der in den vergangenen Jahrzehnten sehr weit vorangeschrittenen Internationalisierung, Ausgliederung und Auslagerung. Nur sehr wenige Produkte, Dienstleistungen und Verfahrensweisen sind ein spezifisch »nationales« Ergebnis von Aktivitäten, die in einer konkreten sozialen Gemeinschaft lokalisiert sind. Selbst die Bestandteile eines schlichten »Hamburgers« reisen, wie wir mittlerweile wissen, zwischen verschiedenen Gesellschaften hin und her, bevor das Produkt schließlich in einem bestimmten Fast-Food-Restaurant verzehrt wird. In kleineren und ärmeren Gesellschaften ist eine vollständige Onshore-Produktion noch schwieriger zu bewerkstelligen. Die Schaffung von Modularität erweist sich als eine herausfordernde Aufgabe.

In einer Ausarbeitung des britischen Tax Justice Network werden einige Schritte skizziert, die es ermöglichen würden, die nationale Steuererhebung nach einem stärker modular geprägten Modell zu organisieren.[16] In dem Papier wird eine Veränderung der Rechtsgrundlage für die Besteuerung multinationaler Unternehmen vorgeschlagen. Gegenwärtig werden diese Firmen entsprechend ihrer Rechtsform besteuert, wobei sie als ein lockerer Verbund verschiedener rechtlicher/wirtschaftlicher Einheiten aufgefasst werden – eine Vorstellung von Anfang des vergangenen Jahrhunderts, als multinationale Unternehmen noch nicht so stark entwickelt und so komplex waren.

Diese Organisationsform der Multis bringt das systemische Problem hervor, dass die Unternehmen durch so genanntes

Transfer Pricing – verschiedene organisatorisch selbstständige Einheiten eines Konzerns vereinbaren für Güter oder Leistungen Verrechnungspreise, die nicht dem Marktpreis entsprechen – in die Lage versetzt werden, in den einzelnen Ländern unterschiedliche Gewinne auszuweisen. Fast alle transnationalen Konzerne praktizieren eine komplexe Form interner Leistungsverrechnung. Viele unterhalten Abteilungen in Steueroasen, die oft kompliziert verschachtelt sind (wie zum Beispiel von Goldman Sachs). Viele große transnationale Konzerne zahlen in den Ländern, in denen sie tätig sind, nur niedrige »Konzern-Steuern«. So entrichtet beispielsweise die britische Niederlassung von Starbucks eine sehr hohe »Lizenzgebühr« an ihre Zentrale in den Niederlanden und minimiert dadurch ihre potenziellen Steuerzahlungen in Großbritannien, obwohl das Unternehmen dort sehr erfolgreich ist und sich gegenüber den Aktionären mit den hohen Gewinnen brüstet, die von den britischen Cafés erwirtschaftet werden. Meist können die Steuerbehörden nur mühsam feststellen, ob diese Lizenzgebühren oder Verrechnungspreise gerechtfertigt sind.

Das Tax Justice Network empfiehlt, transnationale Konzerne in steuerlicher Hinsicht als eine einzige, geschlossene Einheit zu betrachten. Die Firmen müssten dann in jedem Land einen konsolidierten Konzernabschluss für die Gesamteinheit und deren anteilige Aktivitäten gemäß ihrer »wirtschaftlichen Präsenz« in dem jeweiligen Land vorlegen. Diese Präsenz sollte mithilfe eines bestimmten Schemas ermittelt werden, etwa in Bezug auf die Zahl der Beschäftigten des Unternehmens, die geographische Verteilung seiner Anlagevermögen und seinen Umsatz. Natürlich würden diese Daten nur sehr schwer zu ermitteln sein, vor allem weil Großunternehmen viele Dienstleistungen auslagern.

Die Konzerne werden zweifellos energisch um die Erhaltung des Status quo kämpfen und zahlreiche Gründe benennen, warum eine solche »Einheitsbesteuerung« nicht funktionieren könne.

Dennoch machen verschiedene US-amerikanische Bundesstaaten und die Europäische Union erste Schritte zur Einführung einer solchen einheitlichen Besteuerung. Die EU führte die Gemeinsame Konsolidierte Körperschaftssteuer-Bemessungsgrundlage (GKKB) ein, die für alle Unternehmen gilt, die im EU-Raum tätig sind. Dieses Regelwerk wurde 2012 vom Europäischen Parlament beschlossen, aber noch ist unklar, was es tatsächlich bewirken wird.[17] Das wird zum Teil auch davon abhängen, ob Unternehmen, die Steuerhinterziehung oder aggressive Steuervermeidung betreiben, weiterhin öffentlich kritisiert werden und ob Nichtregierungsorganisationen und soziale Medien/Bewegungen sich gemeinsam des Themas Steuergerechtigkeit annehmen. Werden Unternehmen weiterhin eine schwere Rufschädigung befürchten müssen, wenn sie augenscheinlich zu wenig Steuern zahlen im Verhältnis zu ihren Aktivitäten in einem bestimmten Land und ihren daraus erzielten Gewinnen?

Anfang 2013 wurde berichtet, dass die Organisationen Tax Justice Network, Global Witness, ActionAid und Save the Children gemeinsam eine Kampagne unterstützen, die ein »länderbezogenes« Berichtssystem zur Bemessung der Steuergrundlage fordert. Die EU arbeitet an ähnlichen Plänen für die Banken, die in der Europäischen Union tätig sind.[18] Ein solches steuerliches Berichtssystem ist eine Voraussetzung für Transparenz und Demokratie.

Man muss auch darauf hinweisen, dass die Unternehmen gewöhnlich keine unabhängigen Einheiten sind. Die meisten sind in einer Rechtsform organisiert, in der für die Eigentümer oder die Anteilseigner nur eine begrenzte Haftung im Falle eines Firmenzusammenbruchs gilt. Das ist ein großes Privileg, das von den Nationalstaaten den Unternehmen gewährt wird, die innerhalb ihrer Grenzen tätig sind. Wenn das Unternehmen in Konkurs geht, verlieren die Anteilseigner lediglich ihre Anteile und gehen nicht selbst bankrott. Es ist daher vernünftig, dass die Staaten als Gegenleistung für diese begrenzte Haftung ein gewisses verantwortungsvolles Handeln erwarten, wozu man auch die Verpflichtung zählen kann, dass die Höhe der Steuern, die das Unternehmen entrichtet, im großen Ganzen dem Umfang seiner Geschäftstätigkeit in dem jeweiligen Land entspricht.

Interessanterweise hatten Länder, die an Devisenkontrollen festgehalten haben, in der Vergangenheit ein stärkeres Wirtschaftswachstum als jene, die diese Kontrollen vermindert und sich in der Goldgrube des »Offshoring« und des Steuerdumpings bedient haben. Die einzige Alternative besteht darin, alle diese Aktivitäten wieder nach Hause zurück zu verlagern, und unter diesem »Zuhause« ist das Gefüge nationalstaatlicher Gesellschaften zu verstehen. Aufgrund der Dimension und der Bedeutung der Offshore-Verlagerung kann nur die nationalstaatlich verfasste Gemeinschaft die Form sein, unter der eine Rückholung oder Rückverlagerung stattfinden könnte.[19]

Rückverlagerung des Materiellen

Doch nicht nur die Besteuerung und das Finanzwesen müssen in der beschriebenen Weise wieder zurückgeholt werden. Das Gleiche gilt für die materiellen Bestandteile des alltäglichen Lebens. Es sollte ein nationales Erfassungssystem geschaffen werden, das die materielle Bewegung der Abfallprodukte und der Güter registriert, die in einer Gesellschaft hergestellt wurden.

In Bezug auf die Abfallbeseitigung hat das »Basler Übereinkommen über die Kontrolle der grenzüberschreitenden Verbringung gefährlicher Abfälle und ihrer Entsorgung« das wichtige Proximitätsprinzip verankert.[20] Dieses Prinzip besagt, dass Abfälle so nahe wie möglich an ihrem Ursprungsort entsorgt werden sollen. Dabei gibt es jedoch zwei Probleme. Nicht alle Länder haben bislang dieses Abkommen ratifiziert – insbesondere die USA weigern sich –, und die Entsorgungskette wird nur unzureichend überwacht, so dass eine Umsetzung des Prinzips nicht gewährleistet ist. An einer Entsorgungskette können viele verschiedene Unternehmen beteiligt sein, die untereinander vielleicht nur einen eingeschränkten Informationsaustausch pflegen. Es gibt bislang kein standardisiertes Informationsverfahren, das erfasst, durch wen und wo Abfall transportiert wird, wenngleich klar ist, dass die »Nähe« hier das entscheidende Kriterium sein sollte.

Ein erstes Modell zur Erfassung der Bewegung von Abfall war das »Trash-Track«-Projekt des Massachussetts Institute of Technology (MIT).[21] Durch dieses System wurde nicht die Lieferkette, sondern der »Entsorgungsweg« eines verbrauchten Produkts nachvollzogen. An den Müllteilen wurden kleine, smarte Ortungsetiketten angebracht, die es ermöglichen, den langwierigen und komplexen Entsorgungsprozess zu verfolgen. So konnte gezeigt werden, dass der Müll über große Entfernungen transportiert wurde, was man mit nicht-digitalen Verfolgungstechniken nicht hätte dokumentieren können.[22]

Diese Form der Überwachung in globalem Rahmen umzusetzen ist eine große Herausforderung, doch ein wichtiges Ergebnis des »Trash-Track«-Projekts war, dass die freiwilligen Mitwirkenden großes Interesse dafür aufbrachten, wo ihr Müll am Ende landete. Dieses Interesse der Verbraucher zeigt sich auch darin, dass in manchen Ländern ein relativ hoher Anteil des Hausmülls wiederverwertet wird, was einen gewissen Aufwand an Zeit und Mühe erfordert. Man kann sagen, dass Müll allmählich zu einem politischen Thema wird und sich viele Bürger heute damit befassen und sich auch zu engagieren bereit sind, sofern sie die Überzeugung haben, dass es leistungsfähige Entsorgungssysteme gibt, die sich ihres Abfalls annehmen, wenn er aus ihrem Blick verschwindet.

Aufgrund der Dimension der globalen Abfallproduktion ist es jedoch unmöglich, alle Gegenstände zu etikettieren und zu verfolgen.[23] Außerdem besteht der Hausmüll zum großen Teil aus Nahrungsmitteln, von denen ein beträchtlicher Teil sogar noch zum Verzehr geeignet wäre. Weggeworfene Lebensmittel lassen sich aber nicht verfolgen. Das Verfolgen des Mülls ist zwar in gewissem Maß sinnvoll, zugleich aber bedarf es eines internationalen rechtlichen Rahmens, der dafür sorgt, dass die einzelnen Gesellschaften verantwortungsbewusst mit ihrem Müll umgehen, insbesondere mit weggeworfenen Nahrungsmitteln.

Auch die beschriebene Technologie des 3D-Drucks könnte das Bild der »Herstellung von Gütern« grundlegend verändern, die üblicherweise in großen Fabriken erfolgt, welche häufig Tausende Kilometer von den Verbrauchern entfernt sind. Es könnte sich ein neues System entwickeln, durch das der Fertigungsprozess »relokalisiert« werden, in kleinerem Rahmen und näher bei den Konsumenten stattfinden könnte. Durch diese »Systeminnovation« würden einige Bestandteile des Fertigungsprozesses überflüssig gemacht, die bislang als eigenständige und räumlich abgetrennte Aktivitäten organisiert sind. Produktdesigns herunterzuladen und diese Produkte dann »auszudrucken« würde zum Merkmal einer »Zugriffsökonomie« werden, die sich bereits in anderen Bereichen der digitalen Wirtschaft ausgebreitet hat.[24]

Für den 3D-Druck gibt es verschiedene mögliche Entwicklungswege.[25] Zum einen könnte er zur Grundlage eines neuen Systems lokalisierter Fertigung werden. Dabei würde verteilt über die ganze Welt eine Vielzahl von »Fabriken« entstehen, die Gegenstände »drucken«, welche dann im lokalen Rahmen mittels neuer verbraucherbasierter Logistiksysteme ausgeliefert würden. Additive Fertigungsverfahren, die im lokalen Bereich umgesetzt werden, würden zum großen Teil den Transport der Fertigwaren über weite Entfernungen überflüssig machen, und dies wäre eine grundlegende Innovation, die das »Offshoring« beträchtlich eindämmen könnte.[26]

Eine zweite Möglichkeit ist die rasche Entwicklung gemeinschaftlicher Druckzentren oder »Herstellerräume«. Dadurch würde die Produktion von Gütern gewissermaßen auf eine gemeinschaftliche Grundlage gestellt werden, zum Teil anknüpfend an das Internetmodell einer »demokratisierten Innovation«. Verbraucher und Hersteller würden sich aufgrund der allgemeinen Verfügbarkeit von quelloffenen Designs, Modifikationen und individualisierten Produktionsverfahren auf eine »gemeinnützige«, nicht profitorientierte Wirtschaft ausrichten.[27] Diese Entwicklung würde die Güterherstellung weitreichend verändern, aber die Verlagerung von Fertigungsprozessen in Offshore-Bereiche nicht gänzlich zum Verschwinden bringen.

Eine dritte Möglichkeit wäre, dass sich »Desktop-Fabriken« allgemein ausbreiten. In diesem Fall würde der 3D-Druck überall zum Einsatz kommen, ähnlich wie es 2D-Drucker heute in vielen Haushalten gibt. Im Jahr 2013 wurde in Großbritannien der erste professionelle 3D-Drucker für die Heimanwendung angeboten.[28] Fürs Erste können damit Schmuck, Küchenutensilien, Spielzeuge,

Modelle und Ersatzteile für Gebrauchsgegenstände entworfen und zu Hause hergestellt werden, oft auch von Kindern, so dass diese Dinge nicht auf der anderen Seite der Welt in Massenproduktion gefertigt und dann in Frachtcontainern zu den Verbrauchern geschafft werden müssen.

Diese additive Fertigung könnte eine die Welt verändernde Innovation werden, die eine neue lange Welle soziotechnischer Umwälzungen hervorbringt und dadurch die Offshore-Verlagerung von Fertigungsprozessen zum großen Teil rückgängig macht. Forscher, die sich mit solchen langen Wellen der wirtschaftlichen Entwicklung befassen, haben herausgefunden, dass sich die Struktur von Gütern und Dienstleistungen, der bestimmenden Technologien, der Unternehmen und sozialen Aktivitäten im Laufe der Jahrzehnte immer wieder dramatisch transformiert. Vieles von dem, was es heute gibt, wird nicht notwendigerweise verdrängt und ersetzt werden, sondern neben ihm wird eine Reihe neuer Technologien, Unternehmen und sozialer Aktivitäten entstehen, die heute noch weitestgehend unbekannt sind oder nur in Laboren existieren. Einige dieser »neuen« Systeme werden Mitte des 21. Jahrhunderts zentrale Bestandteile unseres Lebens sein. Wenn tatsächlich die 3D-Herstellung zu einem dieser Systeme werden würde,[29] würde sich die weltweite Geographie industrieller Fertigung und Beschäftigung umfassend verändern. Aber auch die Einkommensverhältnisse und die Anlageentscheidungen würden maßgeblich beeinflusst werden.

Doch es gibt mindestens zwei Gefahren. Die eine besteht darin, dass sich die technologischen Versprechungen der 3D-Technik letztlich doch als begrenzt erweisen und sie lediglich eine Nische für die Herstellung von Prototypen bleibt und keinen durchgreifenden Wandel einleitet. In diesem Fall würde die Auslagerung von Fertigungsprozessen in den kommenden Jahrzehnten wahrscheinlich noch weiter zunehmen und die Containerschiffe würden noch größer werden. Die andere Möglichkeit wäre, dass die Fertigung mittels 3D-Technik so attraktiv und allgemein verfügbar wird, dass größere Stückzahlen produziert werden, was mit einer noch stärkeren Ausbeutung der endlichen Ressourcen der Erde einhergehen würde. Anderson spricht dieses Problem in seiner technikbegeisterten Untersuchung an:»Wir werden erleben, dass am Ende mehr produziert wird statt weniger«.[30]

Doch in globalem Rahmen ist genau das Gegenteil erforderlich – es muss die »materielle Effizienz« der Industrieproduktion verbessert werden, um mehr Dinge mit weniger Material herstellen zu können, oder sogar mit deutlich weniger, wie es der amerikanische Philosoph und Visionär Buckminster Fuller forderte.[31] Um dies zu erreichen, muss die Nutzungsdauer der Produkte verlängert und die Produktion modularisiert werden. Außerdem müssen die Wiederaufarbeitung und -verwertung von Bauteilen ausgeweitet und vor allem Produkte entwickelt werden, die mit geringerem Materialverbrauch auskommen. Es bedarf einer durchgreifenden Entmaterialisierung für eine allgemein kohlenstoffarme Zukunft, wie Forscher auf vielen Gebieten zeigen.[32] Eine »menschliche Ökonomie« muss an die Stelle der vom Finanzwesen beherrschten Wirtschaft treten.[33]

Viele amerikanische Unternehmen sind mittlerweile zu der Ansicht gelangt, dass die Verlagerung zu weit getrieben worden ist, dass die Löhne in den Offshore-Standorten nicht mehr deutlich niedriger sind und zugleich die Transportkosten im Zuge der zunehmenden Ölknappheit stark gestiegen sind.

Einige Forscher vertreten die Auffassung, dass künftig in der globalen Industrie nicht mehr die Produktion im großen Stil der Standard wird, sondern dass in verschiedenen Sektoren oder Branchen eine Regionalisierung oder auch Lokalisierung stattfinden wird, wie etwa im Transportbereich, in der Computer- und Elektronikindustrie, bei Metallfertigprodukten, im Maschinenbau, der Herstellung von Plastik- und Gummierzeugnissen, Elektrogeräten und -ausrüstung sowie Möbeln.[34] Eine vergleichbare Entwicklung wurde in Amerika in die Wege geleitet durch die »Reshoring Initiative: Bringing Manufacturing Back Home«, auf deren Internetseite eine Methode zur Berechnung der Gesamtkosten der Offshore-Verlagerung vorgestellt wird.[35]

»Offshoring« weiter verstärken oder herunterfahren?

Das Offshore-System ist nicht nur unter demokratiepolitischen Gesichtspunkten problematisch, sondern auch im Hinblick auf die Durchsetzung einer wirksamen Politik zur Eindämmung der CO_2-Emissionen. Eine Umkehrung der bisherigen Entwicklung im Interesse einer kohlenstoffarmen Zukunft setzt voraus, dass die Menschen auf der Welt ihre Pflicht gegenüber den künftigen Generationen anerkennen, einschließlich jenen, die noch nicht geboren sind. Diese Überzeugung wird anschaulich zum Ausdruck gebracht in der »Erklärung über die Verantwortung der heutigen Generation gegenüber den künftigen Generationen«, die auf der UNESCO-Generalkonferenz im November 1997 verabschiedet wurde.

Das Bewusstsein eines »sozialen Verpflichtetseins« wurde in weiten Teilen der Welt durch eine Art »finanzielles Verpflichtetsein« ersetzt, das Menschen, Ländern und Unternehmen Verbindlichkeiten auferlegt und sie in Schuldverhältnissen bindet. Diese finanziellen Verpflichtungen und Bindungen und die groß angelegte Offshore-Verlagerung potenzieller Steuereinnahmequellen erschweren es, dass sich ein Bewusstsein sozialen Verpflichtetseins entwickelt und an Zugkraft gewinnt. Ohne ausreichende Steuereinnahmen wird sich eine kohlenstoffarme oder -freie Zukunft nicht verwirklichen lassen, denn sowohl öffentliche Gelder wie auch ein starkes öffentliches Interesse sind vonnöten, um ein solches Umsteuern durchzusetzen. Offshore-Verlagerung und ein effektives »Herunterfahren« der Volkswirtschaften und Gesellschaften stehen in unmittelbarem Gegensatz.

Steueroasen begünstigen große Konzerne gegenüber kleinen und mittleren Unternehmen. Das Offshore-System erschwert es »innovativen kleinen Fischen«, im Wettbewerb zu bestehen, und wenn ihnen dies doch gelingt, werden sie bald von großen, multinationalen Konzernen übernommen, deren Geldströme zum großen Teil in Offshore-Zonen gelenkt werden.[36] Solche innovativen kleinen Unternehmen sind oft einem unfairen Wettbewerb ausgesetzt, denn die Märkte bevorzugen große Firmen, die sich möglicherweise der Besteuerung entziehen und daher kleine und mittelgroße Konkurrenten unterbieten können. In Kapitel 1 habe ich erwähnt, dass 98 Prozent der hundert größten britischen Unternehmen, die im FTSE 100 Index zusammengefasst sind, Offshore-Tochtergesellschaften besitzen. Diese Art der Finanzialisierung läuft einer produktiven kohlenstoffarmen Wirtschaft und Gesellschaft zuwider, in der im Wesentlichen relativ kleine Firmen innovative, kohlenstoffarme Produkte und Dienstleistungen entwickeln, aber auch in eine größere Dimension hineinwachsen können.

Im Hinblick auf das Geldsystem vertritt Mary Mellor die Auffassung, dass eine »stationäre Wirtschaft möglich wäre, wenn das Geldsystem nicht von den Bedürfnissen eines auf Kredit beruhenden Geldes, der finanziellen Akkumulation und eines gewinngetriebenen Wachstums bestimmt werden würde«.[37] Sie fordert, dass das Geld »zurückerobert« und demokratisiert werden solle zum Nutzen der jeweiligen Gesellschaften. Geld und Steuern sollten von den lokalen Gebietskörperschaften und den Nationen kontrolliert werden, in denen das Einkommen erwirtschaftet wird.[38] Die in jüngster Zeit zu beobachtende Entwicklung so genannter Peer-to-Peer-Kredite (P2P), die von Privatpersonen an andere Privatpersonen vergeben werden, ist ein erster Schritt zur Zurückdrängung der Finanzwirtschaft und einer zumindest ansatzweisen Wiederbegründung der öffentlichen Funktion des Geldes. Mittlerweile gibt es Tausende Beispiele für alternative Geldsysteme; dazu gehören etwa LETS, Time Dollars, Bitcoin (eine P2P-Digitalwährung) und Zopa (ein P2P-Kreditsystem). Auf der Internetseite von Zopa findet sich ein interessanter Hinweis: »Zopa ist ein Marktplatz für Geld. Die Darlehensgeber erhalten ansprechende Renditen, die Darlehensnehmer bekommen günstige Kredite, und Geld wird wieder menschlich«.[39]

Viele neue Entwicklungen in verschiedenen Teilen der Welt gehen von »alternativen« wirtschaftlichen Verfahrensweisen aus, insbesondere von kohlenstoffarmen Modellen, die stark auf einer lokal oder regional geprägten Verbundenheit zwischen den Menschen beruhen. Joanna Conill, Manuel Castells und andere beschreiben das Aufkommen alternativer wirtschaftlicher Ansätze in Katalonien, darunter Öko-Landwirtschaftsbetriebe und Verbrauchergenossenschaften, Tauschringe, so genannte »Hackerspaces« (offene High-Tech-Werkstätten), Komplementärwährungen, urbane Obstgärten, ethische Banken und dergleichen.[40] An diesen alternativen Projekten sind mehr als 300.000 Menschen beteiligt. Castells betont auch die zunehmende Bedeutung der zahlreichen sozialen Netzwerke des Internetzeitalters, die vielfach die Macht der Finanzwirtschaft im öffentlichen Leben unterhöhlen oder vermindern.[41] Sie sind gewöhnlich horizontal organisiert, stellen Solidarität und Kooperation in den Vordergrund und werden häufig maßgeblich durch die unterschiedlichen digitalen Welten bestimmt.

Wir beobachten die ansatzweise Entwicklung einer »kohlenstoffarmen Zivilgesellschaft«, die sich zusammensetzt aus Zehntausenden Experimenten, Gruppen, Netzwerken, Prototypen, Laboratorien, Wissenschaftlern, Hochschulen, Konstrukteuren und Aktivisten, die sich um innovative, kohlenstoffarme Techniken und Verfahrensweisen bemühen, die zurückverlagert sind in die betreffenden Gesellschaften. Diese kohlenstoffarme Zivilgesellschaft versucht, vielfältige Arten kohlenstoffreduzierter Prozesse und Verfahren zu fördern, der Öffentlichkeit vorzustellen und weiter voranzutreiben.[42] Dazu entstehen Verbindungen zwischen kohlenstoffarmen Praktiken aus verschiedenen Teilen der Erde unter anderem durch den Aufbau digitaler Welten wie etwa der App-Ökonomie. Dabei handelt es sich um eine neu entstehende soziale Kraft, die in erster Linie eine »Re-Lokalisierung« von Wirtschaft und Gesellschaft anstrebt, obgleich sie mit den mobilen Techniken der digitalen Welten arbeitet.

Das Bruttoinlandsprodukt (BIP) gibt die Summe der messbaren Markttransaktionen an, die innerhalb eines Landes erfolgt sind, obwohl vieles von dem, was hier gemessen wird, offenkundig nichts zum Wohlergehen der Menschen beigetragen hat. Ein Anstieg des BIP kann sogar mit einer Abnahme des Wohlbefindens einhergehen. Es wurde versucht, besser geeignete Maßstäbe für das Wohlergehen der Menschen zu finden, wie beispielsweise den »Happy Planet Index«, der von der New Economics Foundation entwickelt wurde.[43] Vielfach wird die Ansicht vertreten, dass Gesellschaften anhand der Lebensqualität der Menschen bewertet werden sollten und nicht anhand des messbaren BIP, also eines oftmals »offshore« generierten Wachstums.[44] Bezeichnenderweise sind Gesellschaften mit einem hohen Maß an wirtschaftlichem und sozialem Wohlergehen meist auch durch eine relativ stark ausgeprägte soziale Gleichheit und einen hohen gesellschaftlichen Zusammenhalt gekennzeichnet (wie beispielsweise in Norwegen). Richard Wilkinson und Kate Pickett zeigen, dass im Speziellen die Lebenserwartung, das Wohlergehen der Kinder, die Alphabetisierungsrate, die soziale Mobilität sowie das Maß an Vertrauen in Gesellschaften mit mehr sozialer Gleichheit höher sind.[45] Durch größere soziale Ungleichheit wird die Gesellschaft geschwächt. Wenn ein bestimmtes Einkommensniveau erreicht ist, vermehrt ein weiterer Anstieg des Einkommens nicht mehr das Wohlbefinden. Zusätzliche Güter und Dienstleistungen werden in gewissem Sinne »vergeudet«; es wird Geld ausgegeben für einen neuen Fernseher, für weitere Kleidung, die dann nicht getragen wird, für häufigere Reisen an exotische Urlaubsorte, für ungenutztes Spielzeug oder für die Temperierung von Gebäuden, die zu hoch gebaut wurden.[46] Kohlenstoffarme Gesellschaften sollten darum eher die »Fähigkeit zur Entfaltung«[47] fördern, anstatt nur das »Einkommen« weiter zu steigern und den Konsum von »überflüssigen« Dingen.

Daraus ergibt sich, dass in einer kohlenstoffarmen Gesellschaft ein hoher sozialer Status nicht auf der Verfügung über ausgedehnte Offshore-Verbindungen mit weltumspannenden Reise- und Kommunikationsmöglichkeiten beruhen kann. »Erfolg« sollte auch die Leistungen jener unterstreichen, die ein »lokalisiertes« und kein »mobiles« Leben führen.

Viele Studien, die im Gefolge von Jane Jacobs' Werk *Tod und Leben großer amerikanischer Städte* durchgeführt wurden, ergaben, dass das Wohlergehen der Menschen durch lebendige Nachbarschaften und die Entwicklung gegenseitiger Verantwortlichkeit gesteigert wird. Jacobs plädierte für eine gemischte Bebauung innerhalb einer Straße und den Verzicht auf eine Einteilung der Stadt in Zonen für unterschiedliche Nutzungszwecke, stellte die Vorzüge langsamer Fortbewegungsmittel heraus und zeigte, dass es für das soziale Zusammenleben förderlicher ist, wenn es keine zu großen Einkommens- und Vermögensunterschiede zwischen den Menschen gibt.[48] Ihre Darstellung belegt, dass die Abkehr von der Einteilung der gesellschaftlichen Aktivitäten in getrennte Zonen einen wesentlichen Beitrag leisten kann zu einer umfassenden Rückverlagerung.

Untersuchungen der gesellschaftlichen Reaktionen auf eine große Hitzewelle 1995 in Chicago bestätigten die Bedeutung von Nachbarschaft.[49] In jenen Vierteln der Stadt, in denen die Menschen ausgehen, Geschäfte besuchen und örtliche Dienstleistungen nutzen konnten, war die Zahl der Hitzetoten deutlich niedriger. Die Verbindung aus Häusern und bewohnbaren Straßen, öffentlichen Parks, Läden, Cafés und Nachbarn ermöglichte es den Bewohnern, spazieren zu gehen, sich mit anderen Menschen zu treffen und mit ihnen zu sprechen. Wo es vielfältige Möglichkeiten gab, verließen die Menschen ihre Häuser und hatten ein geringeres Risiko, an der Hitze zu sterben. In Wohngegenden jedoch, in denen die Bewohner eher für sich blieben und Ältere weitgehend isoliert waren, lagen die Sterbezahlen entsprechend höher. Ironischerweise entwickelte sich in wohlhabenderen Gegenden, in denen mehr Menschen ein »Offshore«-Leben führten, nur ein schwach ausgeprägtes Gefühl lokaler Zusammengehörigkeit, und die Opferzahlen waren höher als in ärmeren Vierteln.

Eine kohlenstoffarme Gesellschaft muss daher aus vorhandenen nachbarschaftlichen Verhaltensweisen eine Tugend machen – sie muss »die örtliche Gemeinschaft widerstandsfähiger machen in unsicheren Zeiten«, wie es die Anhänger der »Transition-Town-Bewegung« propagieren.[50] Diese Bewegung setzt sich für den Übergang in eine relokalisierte Wirtschaft ein und fordert die Entwicklung lokaler Lösungen für die globalen Probleme des Klimawandels und des bevorstehenden Ölfördermaximums, was auch in der Formulierung des Energy Descent Action Plans (EDAP) Niederschlag gefunden hat.[51] Die »Transition Town«-Bewegung hat weltweit breiten Anklang gefunden; es gibt mittlerweile mehr als 3.000 Städte, Projekte und Initiativen, die sich ihr verpflichtet fühlen und sich für virale, quelloffene und sich selbst organisierende Innovationen einsetzen, die zudem auch noch Vergnügen bereiten.[52]

In einer relokalisierten Welt nach dem Muster der »Transition Towns« würde man sich die Freunde in den Nachbarstraßen suchen müssen, die Familien würden nicht gleich fortziehen können, wenn sich die Zusammensetzung des Haushalts ändert, entfernt lebende Angehörige würde man nicht regelmäßig besuchen können und nur wenige Haushalte würden getrennt leben. Die Bewegungsmuster und die Ausbildung müssten relokalisiert werden. David Owen empfiehlt einen dreiteiligen Ansatz zur Förderung einer kohlenstoffarmen Gesellschaft: auf kleinerem Fuß leben, enger zusammenrücken und weniger reisen.[53] Interessanterweise wird von verschiedenen Forschern darauf hingewiesen, dass im reichen Norden der Welt eine gewisse Plateaubildung bei der Autonutzung erkennbar ist und dass der Anteil der Führerscheininhaber, Autobesitzer und -fahrer in der jüngeren Generation abnehmen dürfte.[54]

Der Übergang zu einer kohlenstoffarmen Wirtschaft und Gesellschaft erfordert es, die meisten jener Systeme »umzukehren«, die im Laufe des 20. Jahrhunderts dieses extensive Ausmaß an Offshore-Verlagerung hervorgebracht haben. Nach Ansicht von Colin Crouch wird dieses Umsteuern besonders erschwert durch den »eigenartigen Nicht-Tod des Neoliberalismus«, auch nachdem klar geworden war, dass er für die schweren weltwirtschaftlichen Verwerfungen in den Jahren 2007/08 verantwortlich war.[55] Die langfristigen pfadabhängigen Muster bestehender Systeme, wozu auch die Offshore-Prozesse und -Praktiken gehören, erzeugen eine vorwärts gerichtete Dynamik, die es schwer macht, den Rückwärtsgang zu finden und auch einzulegen.

Zu berücksichtigen ist zudem die Macht der »kohlenstoffintensiven« Werbe- und Marketingaktivitäten. In diesen Medien werden unablässig Bilder vom angenehmen Offshore-Leben, von der Bedeutung globaler Marken, Produkte und Dienstleistungen verbreitet. Die Verehrung von »Prominenten« und »Berühmtheiten« durch die Medien verträgt sich nicht mit der Entwicklung und Aufrechterhaltung eines wechselseitigen Verantwortungsgefühls, das in einer Gesellschaft erforderlich ist, die auf der Grundlage kohlenstoffarmer Systeme und Verhaltensweisen organisiert ist. Die Macht und die Reichweite jener Medien einzudämmen ist daher maßgeblich, um die Offshore-Ausrichtung der Menschen zu vermindern.

Zahlreiche Schwierigkeiten behindern die Entwicklung eines politischen Ansatzes, der eine Neuausrichtung der globalen Agenda und eine Abkehr von der Konzentration auf die Interessen großer und häufig virtueller Unternehmen und Einzelpersonen ermöglicht. Von entscheidender Bedeutung ist dabei die Einführung einer Besteuerung von Finanztransaktionen, die von der Europäischen Union gegenwärtig ins Auge gefasst wird. Erstaunlicherweise wird auf diese Transaktionen bislang keine der herkömmlichen Umsatzsteuer vergleichbare Steuer erhoben. Schon ein sehr bescheidener Steuersatz würde beträchtliche Einnahmen erbringen und das Ausmaß der Dysfunktionalität vermindern, das durch das Finanzsystem weltweit erzeugt wird. Die Offshore-Verlagerung würde erheblich eingeschränkt werden, und das ist der eigentliche Grund, weshalb sich die meisten Finanzinstitutionen so heftig gegen diese Steuer wehren.[56] Serge Latouche schlägt vor, dass die Welthandelsorganisation (WTO) durch eine »World Localisation Organisation« ersetzt werden sollte, eine Organisation, die eine Relokalisierung der wirtschaftlichen Beziehungen unterstützt.[57]

Die Gesellschaften sollten sich daher bemühen, ein ganzes Bündel »neuer Modelle« zu entwickeln, die das bestehende Offshoring-Modell als überholt erscheinen lassen. Ein Bündel neuer, auf Rückverlagerung ausgerichteter kohlenstoffarmer Systeme und sozialer Praktiken zu entwickeln, das ist die Herausforderung der kommenden Jahrzehnte. Doch diese Bemühungen werden auf Ablehnung und organisierten Widerstand von Seiten jener Eliten stoßen, die heute die reiche Klasse in den Offshore-Zonen bilden.

»Offshoring« oder »Onshoring«?

In diesem Buch wurde dargelegt, dass die Meere der Welt sowohl Wege wie auch Metaphern dafür bereithalten, Dinge zu verstecken und mit einem Geheimnis zu umhüllen, die eigentlich sichtbar und »onshored« angesiedelt sein sollten. Menschen, Gegenstände, Geld und Abfall werden über die Meere bewegt und damit außer Sicht gebracht. Von besonderer Bedeutung dabei sind Inseln und Mini-Staaten, Orte, die sich dazu eignen, weitgehend unversteuertes Geld und Vermögen unterzubringen und Müll, Vergnügung suchende Touristen und Folteropfer abzuladen.

Darüber hinaus gibt es vieles, das ebenfalls in Offshore-Bereiche verlagert, aber nicht im wörtlichen Sinne aufs Meer hinaus verbracht wird. Es existiert eine riesige geheime Welt, die den Globus umspannt und von zentraler Bedeutung für die neoliberale Ordnung ist, die sich in den vergangenen Jahrzehnten herausgebildet und systematisiert hat. Diese ist zum Kern der globalen Wirtschaft geworden, wie auch des globalen Verbrechens, des sozialen Lebens, der Vergnügungsindustrie, des Finanzwesens, der Abfallbeseitigung und der Umweltverschmutzung.[58]

Die Sozialwissenschaften haben dieser mächtigen Offshore-Welt bislang praktisch keine Beachtung geschenkt. Dieses Buch soll auch zeigen, dass sich die Sozialwissenschaften entschlossen der Untersuchung der Veränderungen des Systems dieser mobilen Offshore-Welt und der Durchsetzung ihrer zerstörerischen Interessen zuwenden müssen. Ohne eine Erforschung dieser Offshore-Welten, die aus einer bestimmten Art von internationalem Klassenkampf erwachsen sind, müssen Analysen der Globalisierung oberflächlich bleiben.

Bemühungen, die auf eine Vertiefung der Demokratie und ein »Herunterfahren« der Gesellschaften gerichtet sind, werden keine Dynamik entfalten können, solange nicht auch das System dieser multiplen, sich vielfach überlappenden Offshore-Prozesse in den Blick genommen wird. Die Erforschung der Offshore-Welten ist unverzichtbar für die Bestimmung der künftigen Entwicklungsmöglichkeiten der Welt. »Offshoring« oder »Reshoring«, Auslagerung oder Rückverlagerung – diese Frage wird maßgeblich die wirtschaftliche, politische und gesellschaftliche Entwicklung der kommenden Jahrzehnte bestimmen.

Waren Dubai und andere Offshore-Zentren nur die Vorläufer eines noch stärker durch Offshore-Strukturen geprägten 21. Jahrhunderts? Wird es eine neue Welle des »Offshoring« geben in einem bislang unvorstellbaren Ausmaß? Warten neue Offshore-Zentren in den Kulissen, die das heutige Dubai im Vergleich zu ihnen klein erscheinen lassen? Zielt die Strategie der Reichen auf noch mehr und noch extremere Formen der Offshore-Verlagerung? Oder ist diese Verlagerung bereits zu fortgeschritten und werden viele Gesellschaften in der Zukunft wieder zu stärker »onshore« geprägten Wirtschaftsformen zurückkehren, vor allem wenn die Ressourcenverknappung sich bemerkbar zu machen beginnt und die Gefahr eines gesellschaftlichen »Zusammenbruchs« heraufbeschwört? Werden potenzielle Formen eines »Reshoring« neue Zugkraft entfalten, was gut wäre für die Demokratie und für die Chance, den Klimawandel doch noch abbremsen zu können?

In diesem Buch wurde dargestellt, dass durch die Offshore-Verlagerung in den vergangenen Jahrzehnten viele Gesellschaften nachhaltig umgestaltet wurden. Es ist schwer vorstellbar, wie diese Gesellschaften derart machtvolle globale Prozesse wieder umkehren können, zumal diese Veränderungen mit hoher Dynamik erfolgten und mit den Interessen unterschiedlicher Eliten gekoppelt waren. Alle diesbezüglichen Versuche werden daran ansetzen müssen, ein breites Spektrum an Rückverlagerungs-Prozessen zu entwickeln, für sie zu werben, sie zu organisieren und praktisch umzusetzen.

Doch eine solche Rückverlagerung wird sich nicht mittels nationalspezifischer Programme und Vorgehensweisen bewerkstelligen lassen. Sie wird vielmehr aus der Überzeugungskraft einer »kohlenstoffarmen Zivilgesellschaft« erwachsen müssen, die, wie weiter oben dargestellt, aus Zehntausenden Experimenten, Netzwerken, Prototypen, Laboratorien, Städten, Hochschulen, Konstrukteuren und Aktivisten aus allen Teilen der Welt besteht. Sie alle bemühen sich, insbesondere mit den Mitteln des Internet wie auch durch persönliche Treffen, vielfältige neue Verfahren eines »Reshoring« zu entwickeln. Auch internationale Organisationen können dazu beitragen, die Bedingungen für die Herausbildung neuer, »rückverlagerter« Praktiken zu verbessern, und die Europäische Union kann dazu ebenfalls einen Beitrag leisten.[59]

Eine solche Zivilgesellschaft ist die entscheidende Voraussetzung für die Entwicklung, Präsentation, Förderung und Umsetzung vielfältiger Formen von kohlenstoffarmen, rückverlagerten Praktiken und Prozessen. Sie ist jene soziale Kraft, die eine Relokalisierung der Volkswirtschaften und Gesellschaften vorantreiben kann, auch wenn sie sich der mobilen Techniken der digitalen Welt bedient. Der Kampf gegen das »Offshoring« erfordert eine mächtige soziale Kraft. Es muss eine globale kohlenstoffarme Zivilgesellschaft entwickelt werden, damit in den einzelnen Gesellschaften und zwischen ihnen ein »Reshoring« stattfinden kann. Diese Zivilgesellschaft muss es sich zur Aufgabe machen, dafür zu kämpfen, dass vieles von dem, was in der Vergangenheit in Offshore-Zonen verlagert wurde, »wieder ›onshore‹ zurückkehrt, wieder an den Gesellschaftskörper angegliedert wird, wieder in Einklang gebracht wird mit der Natur, damit die Freiheit die Menschen zueinander führt, nicht voneinander entfernt«.[60]

Anmerkungen

Kapitel 1

1 Paul B. Farrell, ›Rich class fighting 99%, winning big-time‹, www. marketwatch.com/story/rich-class-beating-99-to-a-pulp-2011-11-01 (Zugangsdatum – im Folgenden Z abgekürzt: 28.7.2013).

2 https://www.actionaid.org.uk/news-and-views/ftse100s-tax-haven-habit-shows-need-to-tackle-a-hidden-obstacle-in-the-fight-against (Z: 22.7.2013); www.guardian.co.uk/news/datablog/2013/may/12/ftse-100-use-tax-havens-full-list (Z: 13.5.2013).

3 Nicholas Shaxson, *Schatzinseln. Wie Steueroasen die Demokratie untergraben*, Zürich 2011.

4 http://en.wikipedia.org/wiki/Leona_Helmsley (Z: 30.4.2012).

5 Siehe dazu: http://opencorporates.com/viz/financial/ (Z: 22.7.2013).

6 Shaxson, *Schatzinseln*, S. 15.

7 Siehe dazu z.B. die Studie von Marshall Berman, *All that is Solid Melts into Air*, London 1983.

8 Karl Marx/Friedrich Engels, *Manifest der Kommunistischen Partei*, Stuttgart 1972, S. 27 f.

9 Zu den Veränderungen der räumlichen Formen durch den Kapitalismus siehe: David Harvey, *Das Rätsel des Kapitals entschlüsseln. Den Kapitalismus und seine Krisen überwinden*, Hamburg 2014.

10 Hartmut Rosa/William E. Scheuermann (Hrsg.), *High-Speed Society*, University Park 2009.

11 Kenichi Ohmae, *The Borderless World*, London 1990, S. 269.

12 Materialien und Werke zu diesem Thema werden aufgeführt unter: www.polity.co.uk/global/whatisglobalization.asp (Z: 10.2.2013).

13 Zu den verschiedenen Ansätzen einer globalen Analyse siehe: John Urry, *Global Complexity*, Cambridge 2003.

14 Ulrich Beck, *Der kosmopolitische Blick oder: Krieg ist Frieden*, Frankfurt a. M. 2004; Bronislaw Szerszynski/John Urry, ›Visuality, mobility and the cosmopolitan: inhabiting the world from afar‹, in: *British Journal of Sociology* – 57/1 (2006), S. 113–131.

15 Zygmunt Bauman, *Flüchtige Moderne*, Frankfurt a. M. 2003.

16 Robert Holton, *Global Finance*, London 2012.

17 Manuel Castells (Hrsg.), *The Network Society*, Cheltenham 2004, und *Communication Power*, Oxford 2009.

18 Joseph Stiglitz, *Die Chancen der Globalisierung*, München 2006.

19 In Großbritannien wurde der erste dieser Texte, die den möglichen gesellschaftlichen Untergang thematisierten, von Martin Rees verfasst, dem Präsidenten der Royal Society (*Our Final Century*, London 2003). Jared Diamonds internationaler Bestseller *Collapse* (London 2011) beschrieb, wie und warum immer wieder Gesellschaften zusammenbrechen und verschwinden.

20 Siehe dazu z.B.: Zygmunt Bauman, *Liquid Love: on the Frailty of Human Bonds*, Cambridge 2003; Zygmunt Bauman, *Collateral Damage: Social Inequalities in a Global Age*, Cambridge 2011; Zygmunt Bauman/David Lyon, *Daten, Drohnen, Disziplin. Ein Gespräch über flüchtige Überwachung*, Berlin 2013.

21 Siehe dazu: Ulrich Beck, *Risikogesellschaft. Auf dem Weg in eine andere Moderne*, Frankfurt a. M. 1986.

22 Stephen Gill, ›New constitutionalism, democratization and global political economy‹, in: *Pacific Revue* – 10 (1998), S. 25.

23 Ronen Palan, *The Offshore World*, Ithaca 2006, S. xviii sowie S. 158f.

24 Mit dieser Unterscheidung operiert Karl Marx in vielen seiner historischen Werke.

25 David Runciman, ›Didn't they notice?‹, in: *London Review of Books*, 14.4.2011, S. 20–23.

Kapitel 2

1 Georg Simmel, *Soziologie. Untersuchungen über die Formen der Vergesellschaftung*, Kap. V, 2. Aufl., München/Leipzig 1922, S. 256.

2 Ebd., S. 262.

3 Ebd.

4 Ebd., S. 276, ebenfalls die weiteren Zitate in diesem und im nächsten Absatz.

5 Ebd., S. 298.

6 Szerszynski/Urry, ›Visuality, mobility and the cosmopolitan: inhabiting the world from afar‹.

7 Nigel Thrift, *Non-Representational Theory*, London 2007.

8 Siehe hierzu insbesondere: John Thompson, *Political Scandal: Power and Visibility in the Media Age*, Cambridge 2000; Urry, *Global Complexity*.

9 Bauman, *Flüchtige Moderne*, S. 18f.

10 Ian Richardson/Andrew Kakabadse/Nada Kakabadse, *Bilderberg People: Elite Power and Consensus in World Affairs*, London 2011; Charlie Skelton, ›Bilderberg 2012: bigger and badder and better than ever‹, www.guardian.co.uk/world/us-news-blog/2012/jun/01/bilderberg-2012-chantilly-occupy (Z: 15.5.2013). Siehe auch: Thomas Birtchnell/Javier Caletrio (Hrsg.), *Elite Mobilities*, London 2014.

11 Wiliam Brittain-Catlin, *Offshore: The Dark Side of the Global Economy*, New York 2005, S. 145; Nick Kochan, *The Washing Machine: Money, Crime and Terror in the Offshore System*, London 2006.

12 Brittain-Catlin, *Offshore*, S. 145.

13 David Graeber, *Schulden. Die ersten 5000 Jahre*, Stuttgart 2011.

14 Friedrich von Hayek, *Der Weg zur Knechtschaft*, München 1971.

15 Zur Rolle der Denkfabriken siehe: David Stedman Jones, *Masters of the Universe*, Princeton 2012, Kap. 2; George Monbiot, ›A rightwing insurrection is usurping our democracy‹, www.guardian.co.uk/commentisfree/2012/oct/01/rightwing-insurrection-usurps-democracy (Z: 27.12.2012).

16 John Maynard Keynes, *Ein Traktat über Währungsreform*, Berlin 1924, S. 83. Siehe auch sein grundlegendes Werk *The General Theory of Employment, Interest and Money*, London 1936.

17 https://www.montpelerin.org/montpelerin/index.html (Z: 19.7.2012). Es ist darauf hinzuweisen, dass Keynes zu diesem Zeitpunkt nicht mehr lebte.

18 William K. Carroll, *The Making of a Transnational Capitalist Class: Corporate Power in the 21st Century*, London 2010, S. 50.

19 Eine ausführliche Darstellung der Entwicklung des Neoliberalismus bietet Stedman Jones, *Masters of the Universe*. Siehe auch: Naomi Klein, *Die Schock-Strategie. Der Aufstieg des Katastrophen-Kapitalismus*, Frankfurt a. M. 2007; David Harvey, *Kleine Geschichte des Neoliberalismus*, Zürich 2007; Sylvia Walby, *Globalization and Inequalities*, London 2009; Colin Crouch, *Das befremdliche Überleben des Neoliberalismus*, Frankfurt a. M. 2011; Jacob S. Hacker/Paul Pierson, *Winner-Take-All Politics*, New York 2011.

20 Siehe dazu: Urry, *Societies beyond Oil*, London 2013, Kap. 2.

21 Milton Friedman, *Kapitalismus und Freiheit*, München 1976.

22 Klein, *Die Schock-Strategie*, S. 36.

23 Hacker/Pierson, *Winner-Take-All Politics*, Kap. 5.

24 Harvey, *Kleine Geschichte des Neoliberalismus*, S. 180f.

25 Ebd., S. 9.

26 Hacker/Pierson, *Winner-Take-All Politics*.

27 Michael J. Sandel, *What Money Can't Buy: the Moral Limits of Markets*, London 2012.

Kapitel 3

1 Adam Smith, *Der Wohlstand der Nationen. Eine Untersuchung seiner Natur und seiner Ursachen*, München 1978.

2 Siehe dazu: Anthony Jay, *Corporation Man*, Harmondsworth 1975.

3 Scott Lash/John Urry, *The End of Organized Capitalism*, Cambridge 1987.

4 Gerald F. Davis, ›Re-imagining the corporation‹, Paper für die Jahrestagung der American Sociological Association, August 2012.

5 Richard Sennett, *Der flexible Mensch*, München 2001.

6 Siehe dazu: ›Detroit legal battle over bankruptcy petition‹, www.bbc.co.uk/news/world-us-canada-23381456 [Z: 24.7.2013].

7 Folker Froebel/Jürgen Heinrichs/Otto Kreye, *Die neue internationale Arbeitsteilung*, Reinbek 1983.

8 Alan Blinder, ›Offshoring: the next industrial revolution?‹, in: *Foreign Affairs*, 85 (2006), S. 113–128; Jagdish Bhagwati/Alan Blinder, *Offshoring of American Jobs*, Cambridge, MA 2009.

9 Siehe dazu: Palan, *The Offshore World*, S. 7f.

10 Siehe dazu Bhagwatis Beiträge in: Bhagwati/Blinder, *Offshoring of American Jobs*.

11 ›Dyson to move to Far East‹, http://news.bbc.co.uk/1/hi/business/1801909.stm [Z: 9.5.2012].

12 David Tyfield/John Urry, ›Greening China's 'cars': Could the last be first?‹, www.lancaster.ac.uk/staff/tyfield/GreeningChinaCars_CeMoReWorkingPaper.pdf [Z: 28.11.2012].

13 Chester Dawson, ›Toyota again world's largest auto maker‹, in: *Wall Street Journal*, 28.1.2013, http://online.wsj.com/article/SB10001424127887323337520457826918106049375O.html [Z: 11.5.2013].

14 www.worldshipping.org/about-the-industry/liner-ships/container-vessel-fleet [Z: 29.7.2013]; Brian Cudahy, *Box Boats: How Container Ships Changed the World*, New York 2006, S. 236f.

15 www.worldslargestship.com [Z: 13.9.2009].

16 Allan Sekula, ›Freeway to China‹, in: Jean Comaroff/John Comaroff (Hrsg.), *Millennial Capitalism and the Culture of Neoliberalism*, Durham 2001, S. 147; Alan Sekula/Noël Burch, ›The forgotten space‹, in: *New Left Review* – 69 (Mai/Juni 2011), S. 78f.

17 Siehe dazu: Urry, *Societies beyond Oil*.

18 Marc Levinson, *The Box*, Princeton 2008. Jeder zweite Container legt auf seiner Reise in China einen Zwischenaufenthalt ein: Paul French/Sam Chambers, *Oil on Water*, London 2010, S. 43.

19 Siehe dazu: Urry, *Societies beyond Oil*; Richard Heinberg, *The Party's Over: Das Ende der Ölvorräte und die Zukunft der industrialisierten Welt*, München 2004.

20 Siehe dazu: David Held, *Global Covenant: The Social Democratic Alternative to the Washington Consensus*, Cambridge 2004.

21 Anthony Gucciardi, ›Leaked: US to start 'trade wars' with nations opposed to Monsanto, GMO crops‹, www.activistpost.com/2012/01/leaked-us-to-start-trade-wars-with.html [Z: 9.5.2012].

22 Kevin Casas-Zamora, ›Why the discomfort over free trade‹, in: *Yale-Global*, 12.9.2008.

23 Keller Easterling, ›Zone: the spatial softwares of extrastatecraft‹, http://places.designobservers.com/feature/zone-the-spatial-softwares-of-extrastatecraft/34528/ (Z: 27.6.2012).

24 Blinder, ›Offshoring: the next industrial revolution‹, S. 119.

25 Ebd., S. 125.

26 David Holman/Rosemary Batt/Ursula Holtgrewe, *The Global Call Center Report: International Perspectives on Management and Employment*, Ithaca 2007.

27 Ebd., S. 4ff.

28 Winifred R. Poster, ›Who's on the line? Indian call center agents pose as Americans for US-outsourced firms‹, in: *Industrial Relations Journal* – 46 (2007), S. 271–304.

29 Siehe dazu: Dexin Yang, *China's Offshore Investments*, Cheltenham 2005.

30 Tamzin Booth, ›Here, there and everywhere‹, in: *The Economist*, 19.1.2013, S. 3.

31 Diese Darstellung stützt sich auf eine Untersuchung, die von Thomas Birtchnell und mir mit finanzieller Unterstützung durch das britische Economic and Social Research Council (ESCR) durchgeführt wurde; siehe auch: Thomas Birtchnell/John Urry, ›Fabricating futures and the movement of objects‹, in: *Mobilities* – 8/3 (2013), S. 388–405, http://dx.doi.org/10.1080/17450101.2012.745697.

32 Siehe dazu: ›The printed world‹, www.economist.com/node/18114221 (Z: 16.8.2011).

33 Katia Moskvitch, ›Artificial blood vessels created on a 3D printer‹, www.bbc.co.uk/news/technology-14946808 (Z: 21.11.2011).

34 Charlotte Ricca-Smith, ›Could 3D printing end our throwaway culture?‹, www.guardian.co.uk/technology/2011/nov/17/3d-printing-throw-away-culture (Z: 21.11.2011).

35 Siehe dazu: Chris Anderson, *Makers*, New York 2012.

36 Frank Geels, ›Multi-level perspective on system innovation: relevance for industrial transformation‹, in: Xander Olsthoorn/Anna Wieczorek (Hrsg.), *Understanding Industrial Transformation*, Dordrecht 2006, S. 165.

37 Siehe dazu: ›The third industrial revolution‹, www.economist.com/node/21553017 (Z: 18.11.2012); Anderson, *Makers*.

Kapitel 4

1 Siehe dazu: Javier Caletrio, ›Global elites, privilege and mobilities in post-organized capitalism‹, in: *Theory, Culture and Society* – 29 (2012), S. 139.

2 Siehe dazu die Auflistung der Steueroasen, die auf dem so genannten Schattenfinanzindex beruht: http://en.wikipedia/org/wiki/Financial_Secrecy_Index (Z: 28.1.2012).

3 Siehe dazu verschiedene Schätzungen in: Shaxson, *Schatzinseln*, S. 17–20. Mark Hampton/John Christensen, ›A provocative dependence? The global financial system and small island tax havens‹, in: Feargal Cochrane/Rosaleen Duffy/Jan Selby (Hrsg.), *Global Governance, Conflict and Resistance*, London 2003, S. 194–215; ›The price of offshore‹, www.taxjustice.net/cms/upload/pdf/Price_of_Offshore.pdf (Z: 17.7.2012); ›Revealed: global super-rich has at least $21 trillion hidden in secret tax havens‹, www.taxjustice.net/cms/upload/pdf/The_Price_of_Offshore_Revisited_Presser_120722.pdf (Z: 23.7.2012).

4 Ronen Palan/Richard Murphy/Christian Chavagneux, *Tax Havens: How Globalization Really Works*, Ithaca 2010, Kap. 2.

5 http://en.wikipedia.org/wiki/List_of_countries_by_GDP_(nominal)#-List (Z: 23.7.2012).

6 ›Revealed: global super-rich has at least $21 trillion hidden in secret tax havens‹. Siehe dazu: www.thewealthreport.net/ (Z: 3.1.2013) über die ökonomischen, gesellschaftlichen und politischen Sorgen hochvermögender Privatpersonen. Weniger als ein Prozent der Menschen besitzen dieses Vermögen von 21 Billionen US-Dollar.

7 Es gibt zahlreiche Ratgeber über die »besten« Steueroasen, wie z. B. Lee Hadnum, *The World's Best Tax Havens*, Kirkcaldy 2011, sowie www.taxhavens.biz/ (Z: 4.7.2012). Nach Angaben von Amazon, das sich selbst der Steuerpflicht in Großbritannien oder Deutschland entzieht, indem es seine Europa-Zentrale in Luxemburg ansiedelte, kaufen viele Kunden gleichzeitig das Buch von Hadnum wie auch jenes von Shaxson.

8 Runciman, ›Didn't they notice?‹, S. 20–23; Shaxson, *Schatzinseln*, Kap. 3. Der Roman *Angst* (München 2011) von Robert Harris beschreibt die Anziehungskraft der schweizerischen Fassade auf die Gründer von Hedgefonds.

9 Deborah Bell, ›Tax haven's tax haven pays a price for success‹, http://online.wsj.com/article/SB10001424953111904875404576528123989551738.html (Z: 19.7.2012).

10 Siehe dazu: Tom Bower, *Blood Money*, London 1997.

11 Vivienne Walt, ›Zug's secrets: Switzerland corporate hideaway‹, www.time.com/time/magazine/article/0,9171,2040142,00.html (Z: 19.7.2012).

12 Palan/Murphy/Chavagneux, *Tax Havens*, S. 236.

13 Palan, *The Offshore World*, S. 185.

14 Siehe dazu: www.indianexpress.com/news/high-net-worth-individu-als-india-second-to-only-hong-kong-in-growth/1131137/ (Z: 27.6.2013).

15 Runciman, ›Didn't they notice?‹, S. 20f.

16 www.telegraph.co.uk/finance/personalfinance/offshorefinance/8805-988/Tax-haven-activity-rife-despite-G20-crackdown-promise-says-Tax-Justice-Network.html# (Z: 4.7.2012).

17 Runciman, ›Didn't they notice?‹.

18 Siehe dazu: Brittain-Catlin, *Offshore*.

19 Siehe dazu: *Cayman Islands: Off-Shore Financial Center Assessment Update*, www.imf.org/external/pubs/ft/scr/2009/cr09323.pdf (Z: 13.5.2013).

20 Brittain-Catlin, *Offshore*, S. 21f; Shaxson, *Schatzinseln*, Kap. 6; Carrick Mollenkamp, ›Senators doubtful as HSBC touts money-laundering fixes‹, http://uk.reuters.com/article/2012/07/18/uk-hsbc-compliance-senate-idUKBRE86H03J20120718 (Z: 23.7.2012).

21 Siehe dazu: Bill Maurer, *Recharting the Carribbean*, Ann Arbor 2000, Kap. 8; www.bviincorporation.com/2/Other.Advantages (Z: 23.7.2012). Siehe auch das Video www.icij.org/offshore/video-how-dodge-tax (Z: 4.4.2013); www.bvifacts.info/ (Z: 18.5.2013).

22 Zu den Britischen Jungferninseln siehe Berichte des *Guardian* unter: www.guardian.co.uk/uk/series/offshore-secrets (Z: 27.11.2012); zum Londoner Immobilienmarkt siehe: www.opendemocracy.net/rowland-atkinson/car-parks-for-global-wealth-super-rich-in-london (Z: 20.7.2013).

23 Zu Jersey siehe: Hampton/Christensen, ›A provocative dependence?‹

24 Rowland Atkinson/Sarah Blandy, ›A picture of the floating world: grounding the secessionary affluence of the residential cruise liner‹, in: *Antipode* – 41 (2009), S. 105.

25 www.telegraph.co.uk/finance/personalfinance/offshorefinance/8805988/Tax-haven-activity-rife-despite-G20-crackdown-promise-says-Tax-Justice–Network.html (Z: 4.7.2012).

26 Zu Indien siehe: www.bbc.co.uk/news/world-asia-india-17013314 (Z: 2.8.2012).

27 Hier beziehe ich mich auf Beobachtungen und Informationen von David Tyfield.

28 Zu Chongqing siehe: Jonathan Watts, ›Invisible city‹, www.guardian.co.uk/world/2006/mar/15/china (Z: 18.5.2013).

29 ›Bo's family assets in HK being probed‹, www.ytlcommunity.com/commnews/shownews.asp?newsid=59940&category=featured (Z: 18.5.2013).

30 Siehe dazu: Palan/Murphy/Chavagneux, *Tax Havens*.

31 Die OECD-Regelungen sind nachzulesen unter: Global Forum on Transparency and Exchange of Information for Tax Purposes, www.oecd.org/site/0,3407,en_21571361_43854757_1_1_1_1_1,00.html (Z: 17.7.2012).

32 Pierre Bourdieu, *The Logic of Practice*, Cambridge 1990, S. 133.

33 William K. Carroll, *The Making of a Transnational Capitalist Class: Corporate Power in the 21st Century*, London 2010.

34 Siehe dazu ältere Untersuchungen in: Lash/Urry, *The End of Organized Capitalism*, S. 202–209; sowie Shaxson, *Schatzinseln*, Kap. 5.

35 Shaxson, *Schatzinseln*, S. 120.

36 Ebd., S. 121.

37 Ebd., Kap. 12. Allgemein zu Finanzwirtschaft und Kapitalismus siehe: Geoffrey Ingham, *Capitalism*, Cambridge 2008.

38 Trevor Evans, ›Money makes the world go round‹, in: *Capital and Class* – 24 (1985), S. 99–124; Warren Hogan/Ivor Pearce, *The Incredible Eurodollar*, London 1984; Lash/Urry, *The End of Organized Capitalism*, S. 204 f.

39 Shaxson, *Schatzinseln*, S. 133 f.

40 Hogan/Pearce, *The Incredible Eurodollar*, S. 158 ff.

41 Siehe dazu: Mary Mellor, *The Future of Money*, London 2010.

42 Michel Aglietta, ›World capitalism in the eighties‹, in: *New Left Review* – 136 (1982), S. 5–41; siehe auch: Mellor, *The Future of Money*, Kap. 2.

43 Palan/Murphy/Chavagneux, *Tax Havens*, S. 236.

44 Siehe dazu: Andrew Haldane/Robert May, ›Systemic risk in banking ecosystems‹, in: *Nature* – 469 (2011), S. 351–355; außerdem das YouTube-Video ›Who repealed the Glass-Steagall Act?‹, www.youtube.com/watch?v=x0k2PmF-o5Q (Z: 4.1.2013).

45 Shaxson, *Schatzinseln*, S. 23f.

46 Palan, *The Offshore World*, S. 135.

47 Shaxson, *Schatzinseln*, S. 172.

48 Wie man eine Firma in Delaware registrieren kann: www.incnow.com/?gclid=Ci1rs2uw7gCFfMQtAoddUYAPg (Z: 22.7.2013).

49 Caletrio, ›Global elites, privilege and mobilities in post-organized capitalism‹, S. 135–149; siehe auch: Brittain-Catlin, *Offshore*, Kap. 4.

50 Kochan, *The Washing Machine*, S. 157.

51 Siehe dazu die Schätzungen: Raymond Baker, *Capitalism's Achilles Heel*, Hoboken 2005; Kochan, *The Washing Machine*, S. xxxiv, sowie ›Magnitudes: dirty money, lost taxes and offshore‹, www.taxjustice.net/cms/front_content.g=1&parent=91&subid=91&idcat=103&idart=114 (Z: 1.8.2012).

52 Kochan, *The Washing Machine*, Kap. 3.

53 Brittain-Catlin, *Offshore*, S. 177.

54 Kochan, *The Washing Machine*, S. 124.

55 James Petras, ›The two faces of a police state: sheltering tax evaders, financial swindlers und money launderers while policing the citizens‹, http://axisoflogic.com/artman/publish/Article_64836.shtml (Z: 14.8.2012).

56 Siehe dazu: Stiglitz, *Die Chancen der Globalisierung*; Paul Krugman, *Die neue Weltwirtschaftskrise*, Frankfurt a. M. 2009; George Soros, *Das Ende der Finanzmärkte – und deren Zukunft*, München 2008.

57 www.spiegel.de/international/business/out-of-control-the-destructive-power-of-the-financial-markets-a-781590.html (Z: 12.4.2013).

58 Serge Latouche, *Farewell to Growth*, Cambridge 2009.

59 Felix Salmon/Jon Stokes, ›Algorithms take control of Wall Street‹, www.wired.com/magazine/2010/12/ff_ai_flashtrading/ (Z: 9.2.2013).

60 Zu diesen Verschiebungen: Mike Savage/Karel Williams (Hrsg.), *Remembering Elites*, Oxford 2008.

61 Siehe dazu: Eileen Appelbaum/Rosemary Batt, *A Primer on Private Equity at Work: Management, Employment, and Sustainability*, www.cepr.net/documents/publications/private-equity-2012-02.pdf (Z: 4.1.2013).

62 Shaxson, *Schatzinseln*, S. 241f.

63 Siehe dazu: Susan Strange, *Casino Capitalism*, Manchester 1997; Nouriel Roubini/Stephen Mihm, *Das Ende der Weltwirtschaft und ihre Zukunft: Crisis Economics*, Frankfurt a. M. 2010; Robert Holton, *Global Finance*.

64 Luc Boltanski/Ève Chiapello, *Der neue Geist des Kapitalismus*, Konstanz 2006. Nach Ansicht der beiden Autoren ist die ideale Verkörperung dieses neuen Kapitalismus ein nomadischer »Netzwerk-Erweiterer«, unbeschwert und mobil, tolerant gegenüber Unterschieden und Ambivalenzen, unverkrampft und freundlich.

65 Hampton/Christensen, ›A provocative dependence?‹, S. 204.

66 Siehe hierzu www.ukuncut.org.uk (Z: 27.1.2012). Die Begriffe »Hinterziehung« und »Verkürzung« unterscheiden nicht zwischen Steuervermeidung (legal) und -umgehung (illegal), sondern stufen beides als unentschuldbar ein.

67 Siehe dazu Vanessa Barford/Gerry Holt, ›Google, Amazon, Starbucks: the rise of 'tax shaming'‹, www.bbc.co.uk/news/magazine-20560359 (Z: 31.12.2012).

68 Siehe hierzu: www.icij.org/offshore/how-icijs-project-team-analyzed-offshore-files (Z: 4.4.2013).

69 ›Tax havens cause poverty‹, www.taxjustice.net/cms/front_content.php?idcatart=2&lang=1 (Z: 24.7.2012).

70 Mellor, *The Future of Money*, Kap. 4.

71 www.spiegel.de/international/business/out-of-control-the-destructive-power-of-the-financial-markets-a-781590.html (Z: 28.7.2012).

72 Siehe hierzu: Philip Ball, *Why Society is a Complex Matter*, Berlin 2012, S. 57.

Kapitel 5

1 Jim Krane, *City of Gold*, London 2010, S. 117.

2 Kimberley Peters, ›Taking more-than-human geographies to sea: ocean natures and offshore radio piracy‹, in: Jon Anderson/Kimberley Peters (Hrsg.), *Water Worlds*, Farnham 2014, S. 177–191.

3 Siehe dazu: Kimberly Peters, ›Sinking the radio 'pirates': exploring British strategies of governance in the North Sea, 1964–1991‹, in: *Area* – 43 (2011), S. 281–287.

4 Richard Hoggart, *The Uses of Literacy*, London 2009 [Erstausgabe 1957], S. 49; Barry Smart, *Consumer Society*, London 2010.

5 Siehe dazu: Urry/Jonas Larsen, *The Tourist Gaze 3.0*, London 2011, Kap. 2; John Walton, *Riding on Rainbows*, St. Albans 2007.

6 David Nye, *Consuming Power*, Cambridge, MA 1998, S. 182; Ben Fine, *The World of Consumption*, London 2002, Kap. 5/6.

7 Smart, *Consumer Society*, S. 160–163; Urry, *Societies beyond Oil*.

8 Zu diesen sozialen Verhaltensweisen siehe: Elizabeth Shove/Mika Pantzar/Matt Watson, *The Dynamics of Social Practice*, London 2012.

9 Susan Ossman, *Moving Matters*, Stanford 2013.

10 Barry Schwartz, *The Paradox of Choice*, New York 2004, S. 191.

11 Sharon Beder, *This Little Kiddy Went to Market*, London 2009.

12 Die weltweiten Ausgaben für Werbung beliefen sich im Jahr 2008 auf 643 Milliarden Dollar. Siehe hierzu: Worldwatch Institute, *2010 State of the World*, New York 2010, S. 11.

13 Ebd., S. 13.

14 Avner Offer, *The Challenge of Affluence*, Oxford 2006; Smart, *Consumer Society*, S. 149ff.

15 Mike Davis/Daniel Bertrand Monk (Hrsg.), *Evil Paradises*, New York 2007.

16 Naomi Klein, *No Logo! Der Kampf der Global Players um Marktmacht: ein Spiel mit vielen Verlierern und wenigen Gewinnern*, München 2001, S. 42 f.

17 www.devmdt.macaudailytimes.com.mo\index.php\macau/27277-Over-27-million-tourists-may-visit-Macau.html (Z: 26.8.2012); Tim Simpson, ›Macao, the capital of the 21st century‹, in: *Environment and Planning D: Society and Space* – 26 (2008), S. 1053–79; Tim Simpson, ›'Neo-liberalism with Chinese characteristics': consumer pedagogy in

Macao‹, in: Heiko Schmid/Wolf-Dietrich Sahr/John Urry (Hrsg.), *Cities and Fascination*, Aldershot 2011, S. 187 ff.

18 Dies wird anschaulich dargestellt in Michael Moores Film *Kapitalismus: Eine Liebesgeschichte* aus dem Jahr 2009.

19 Siehe dazu: Jennie Germann Molz, *Travel Connections*, London 2012, Kap. 7.

20 www.royalcaribbean.co.uk/our-ships/features-comparison/ (Z: 25.8.2012)

21 ›Cities on the ocean‹, www.economist.com/node/21540395 (Z: 13.5.2013).

22 Sietske Altink, *Stolen Lives*, London 1995.

23 Kathryn Hopkins, ›City Bankers 'regularly offer prostitutes to clients'‹,www.guardian.co.uk/business/2009/oct/14/banking-prostitution (Z: 9.11.2009).

24 Dennis Altman, *Global Sex*, Chicago 2001.

25 Rachel Carson, *Geheimnisse des Meeres*, München 1952, S. 2.

26 Adrian Franklin hat mich dankenswerterweise darauf hingewiesen.

27 Mimi Sheller, *Consuming the Caribbean*, London 2003.

28 Mimi Sheller, ›Infrastructures of the imagined island: software, mobilities, and the architecture of Caribbean paradise‹, in: *Environment and Planning A* – 41 (2009), S. 1386–1403 (auf S. 1399); Mimi Sheller, ›The new Caribbean complexity: mobility systems, tourism and spatial rescaling‹, in: *Singapore Journal of Tropical Geography* – 30 (2009), S. 189–203.

29 Lucy Budd, ›Areomobile elites: private business aviation and the global economy‹, in: Birtchnell/Caletrio (Hrsg.), *Elite Mobilities*, London 2014.

30 Siehe dazu: Bruno Cousin/Sébastien Chauvin, ›Islanders, immigrants and millionaires: the dynamics of upper-class segregation in St. Barts, French West Indies‹, in: Iain Hay (Hrsg.), *Geographies of the Super-Rich*, Cheltenham 2013, S. 186 ff.

31 Mike Featherstone, ›Super-rich lifestyles‹, in: Birtchnell/Caletrio (Hrsg.), *Elite Mobilities*, S. 99, siehe auch weitere Studien in diesem Sammelband.

32 Anthony Elliott, ›Elsewhere: tracking the mobile lives of the globals‹, in: Birtchnell/Caletrio (Hrsg.), *Elite Mobilities*, S. 21 ff.; Elliott/Urry, *Mobile Lives*, London 2010.

33 Zitiert nach Featherstone, ›Super-Rich lifestyles‹, S. 115.

34 William K. Carroll, *The Making of a Transnational Capitalist Class: Corporate Power in the 21ˢᵗ Century*, London 2010, S. 224 f.

35 Davis/Monk, ›Introduction‹, in: dies., *Evil Paradises*, S. xv.

36 Anthony D'Andrea, *Global Nomads*, London 2007, S. 2 f., sowie im allgemeineren Sinn über »nomadische Ethnographie«.

37 Bianca Freire-Medeiros, *Touring Poverty*, London 2013.

38 Claudia Bell/John Lyall, ›The accelerated sublime: thrill-seeking adventure heroes in the commodified landscape‹, in: Simon Coleman/Mike Crang (Hrsg.), *Tourism: Between Place and Performance*, New York 2002, S. 22.

39 Ebd., S. 36.

40 Siehe Molz, *Travel Connections*, über neue Arten »digitaler« Reiseberichte.

41 Siehe dazu: Krane, *City of Gold*, Kap. 1.

42 Siehe dazu: Urry, *Societies beyond Oil*.

43 Dies wird anschaulich dargestellt in: Krane, *City of Gold*, Kap. 5/6.

44 Siehe www.burj-al-arab.com; siehe ferner: Christopher Davidson, *Dubai: The Vulnerability of Success*, London 2008; Heiko Schmid, *Economy of Fascination*, Berlin 2009; Krane, *City of Gold*.

45 Umberto Eco, ›Reise ins Reich der Hyperrealität‹, in: ders., *Über Gott und die Welt*, München 1987, S. 36–99.

46 Mike Davis, ›Sand, fear, and money in Dubai‹, in: Davis/Monk (Hrsg.), *Evil Paradises*, S. 52.

47 Siehe dazu: Crispin Thurlow/Adam Jaworski, ›Visible-invisible: the social semiotics of labour in luxury tourism‹, in: Birtchnell/Caletrio (Hrsg.), *Elite Mobilities*, S. 176 ff.

48 Siehe dazu: Krane, *City of Gold*, Kap. 6.

49 Davis, ›Sand, fear, and money in Dubai‹, S. 64ff; Krane, *City of Gold*, Kap. 11; Matilde Gattoni, ›Sonapur – Dubai's city of gold‹, http://invisiblephotographer.asia/2011/09/15/photoessay-sonapurdubai-matildegattoni/ (Z: 26.8.2012).

50 Siehe die Internetseite www.playthegame.org für weitere Informationen.

51 Siehe dazu: ›Tax exemptions for the 2012 games‹, www.hmrc.gov.uk/2012games/tax-exemptions/index.htm (Z: 15.7.2012).

52 Tim Hunt, ›The great Olympic tax swindle‹, www.ethicalconsumer.org/commentanalysis/corporatewatch/thegreatolympictaxswindle.aspx (Z: 15.7.2012).

53 Marc Perelman, *Barbaric Sport: A Global Plague*, London 2012, S. 27.

54 Marianne Chappuis, ›The Olympic properties‹, www.wipo.int/wipo_magazine/en/2012/03/article_0003.html (Z: 25.8.2012).

55 Siehe dazu zahlreiche Artikel von David Conn, wie etwa ›Reading, tax havens, secrecy and the sale of homely football clubs‹, www.guardian.co.uk/football/david-conn-inside-sport-blog/2012/aug/21/reading-zingarevich-offshore-tax-havens.

56 Stephen Graham, *Cities under Siege*, London 2011, S. 125; siehe auch: Jacquelin Magnay, ›One year on‹, www.telegraph.co.uk/sport/olympics/10127550/One-year-on-the-transformation-of-Londons-Olym-pic-park.html (Z: 24.7.2013).

57 Saulo Cwerner/Sven Kesselring/John Urry (Hrsg.), *Aeromobilities*, London 2009.

58 Gillian Fuller/Ross Harley, *Aviopolis: A Book about Airports*, London 2004, S. 48.

59 Lynsey Dubbeld, ›Observing bodies: camera surveillance and the significance of the body‹, in: *Ethics and Information Technology* – 5 (2003), S. 151–162 (auf S. 158), außerdem Kap. 8.

Kapitel 6

1 Siehe dazu: Fred Cottrell, *Energy and Society*, Bloomington [1955] 2009.

2 Matthew Huber, ›Energizing historical materialism: fossil fuels, space and the capitalist mode of production‹, in: *Geoforum* – 40 (2009), S. 105–115; zu Energieumwandlern siehe auch: Cottrell, *Energy and Society*, S. 13 f

3 Giovanni Arrighi, *Adam Smith in Beijing: Die Genealogie des 21. Jahrhunderts*, Hamburg 2008.

4 Siehe hierzu: www.anthropocene.info/en/anthropocene (Z: 18.9.2012).

5 Ian Morris, *How the West Rules – for Now*, London 2010, Kap. 10.

6 Zitiert in: Ian Carter, *Railways and Culture in Britain*, Manchester 2001, S. 8.

7 Siehe dazu: Urry, *Societies beyond Oil*.

8 David Owen, *Green Metropolis*, New York 2009, Kap. 2; Urry, *Societies beyond Oil*.

9 Ian Rutledge, *Addicted to Oil*, London 2005, S. 2 f.

10 John DeCicco/Freda Fung, *Global Warming on the Road*, Washington, DC 2006.

11 Manraaj Singh, ›What's all the oil in the world worth?‹, http://daily-reckoning.co.uk/oil/oil-outlook/oil-world-worth-00027.html (Z: 4.9.2013).

12 Jeff Rubin, *Warum die Welt immer kleiner wird*, München 2010, S. 75.

13 David Nye, *Consuming Power*, Cambridge 1998, S. 215.

14 Siehe Timothy Mitchell, *Carbon Democracy*, London 2011, S. 139–142.

15 John R. McNeill, *Blue Planet. Die Geschichte der Umwelt im 21. Jahrhundert*, Frankfurt a. M. 2003, S. 29.

16 ›Carbon dioxide passes symbolic mark‹, www.bbc.co.uk/news/science-environment-22486153 (Z: 10.5.2013); Aradhna Tripati, ›Last time carbon dioxide levels were this high‹, www.sciencedaily.com/releases/2009/10/091008152242.htm (Z: 22.3.2013).

Worldwatch Institute, *2010 State of the World*, New York 2010, S. 6.

18 Siehe dazu: William Freudenburg/Robert Gramling, *Blowout in the Gulf*, Cambridge, MA 2011.

19 Die von der US-Bundesregierung auf die Ölförderung erhobenen Abgaben wurden bereits 1995 reduziert; 2005 erfolgte eine weitere Senkung.

20 www.iea.org/publications/freepublications/publication/key_world_energy_stats.pdf (Z: 15.8.2012). Siehe auch French/Chambers, *Oil on Water*, über die Verwundbarkeit der meisten Länder durch mögliche Unterbrechungen der Energieversorgung.

21 James Marriott/Mika Minio-Paluello, *The Oil Road*, London 2012.

22 http://en.wikipedia.org/wiki/Energy_in_Taiwan (Z: 6.8.2012).

23 Charles Hugh Smith, ›We're no. 1 (and no. 3)!‹, www.dailyfinance.com/2011/02/28/surprising-facts-about-us-and-oil/ (Z: 17.8.2012).

24 Les Levidow/Helena Paul, ›Global agrofuel crops as contested sustainability, Part I: sustaining what development?‹, in: *Capitalism, Nature, Socialism* – 21 (2010), S. 64–86.

25 Siehe dazu: Vaclav Smil, *Oil: A Beginner's Guide*, Oxford 2008, Kap. 1.

26 Im Jahr 1956 prognostizierte M. King Hubbard, ein Geologe bei Shell Oil, dass in den USA der Förderhöhepunkt zwischen 1965 und 1970 erreicht sein würde (tatsächlich wurde das Maximum 1970 erreicht, wenngleich die Fördermenge höher war als erwartet).

27 James Murray/David King, ›Climate policy: oil's tipping point has passed‹, *Nature* – 481 (2012), S. 433–435.

28 Bericht zitiert in: Michael C. Ruppert, *Confronting Collapse*, White River Junction 2009, S. 19. Siehe auch die Zusammenfassung in: James Morgan, ›Peak Oil‹, www.scienceomega.com/article/1135/peak-oil-preparing-for-the-extinction-of-petroleum-man (Z: 26.6.2013).

29 ›The age of cheap oil is over now – and that's official‹, www.irishtimes.com/newspaper/world/2011/0429/1224295673147.html (Z: 13.9.2013).

30 Antony Froggatt/Glada Lahn, *Sustainable Energy Security*, London 2010, S. 13; siehe auch den Bericht des UK Energy Research Centre (UKERC) unter www.ukerc.ac.uk/support/tiki-index.php?-page=0910GlobalOilRelease (Z: 3.6.2012).

31 Jeremy Rifkin, *The Hydrogen Economy*, New York 2002, S. 174.

32 Dieter Helm, ›The peak oil brigade is leading us into bad policymaking on energy‹, in: *The Guardian*, 18.10.2011.

33 UK Industry Taskforce on Peak Oil and Energy Security, *The Oil Crunch*, London 2010.

34 www.worldcoal.org/coal/market-amp-transportation/ (Z: 15.8.2012).

35 Siehe dazu: Murray/King, ›Climate policy: oil's tipping point has passed‹, S. 433–435.

36 Siehe dazu: Gus Lubin, ›A brief tour of the 7 oil chokepoints that are crucial to the world economy‹, www.businessinsider.com/oil-choke-points-suez-canal-20aa-1?op=1 (Z: 27.12.2012); siehe dazu auch die Ausführungen über die Piraterie in Kap. 9.

37 Siehe dazu: Freudenburg/Gramling, *Blowout in the Gulf.*

38 Siehe dazu: ›BP to seek Cameron's help as oil spill costs escalate‹, www.bbc.co.uk/news/business-22549710 (Z: 16.5.2013).

39 Eine jüngste Bohrung der Firma Cairn Energy vor Grönland kostete 1 Milliarde Dollar, erbrachte aber keine nennenswerten Funde: www.the-times.co.uk/tto/business/industries/naturalresources/article3243624. ece (Z: 13.9.2013); Yereth Rosen, ›Time running out for Shell drilling in the Arctic‹, http://uk.reuters.com/article/2012/08/13/us-shell-alas-ka-drilling-idUSBRE87C14V20120813 (Z: 15.8.2012).

40 Siehe dazu den jüngsten Bericht der Kampagnenorganisation Platform, http://platformlondon.org/wp-content/uploads/2012/05/Shell-Arctic-investor-briefing.pdf (Z: 16.8.2012).

41 UK Industry Taskforce on Peak Oil and Energy Security, *Briefing Note on Deepwater Oil Production*, London 2010.

42 Siehe dazu den Bericht von Platform, *BP and Shell: Rising Risks in Tar Sands Investments*, http://platformlondon.org/publications/rising-risks/, sowie: http://platformlondon.org/about-us (Z: 4.9.2013); Morgan Downey, *Oil 101*, New York 2009, S. 43–46.

43 Murray/King, ›Climate policy: oil's tipping point has passed‹.

44 Brit Liggett, http://inhabitat.com/solar-energy-from-sahara-will-be-imported-to-europe-within-5-years/ (Z: 16.8.2012).

45 Louise Boyle, ›After the storm‹, www.dailymail.co.uk/news/article-2225112/Superstorm-Sandy-Death-toll-hits-FIFTY-damage-set-50-BILLION.html (Z: 6.11.2012).

46 Siehe: Urry, *Societies beyond Oil*, Kap. 2.

47 Siehe dazu: Brittain-Catlin, *Offshore: the Dark Side of the Global Economy*, Kap. 5.

48 Siehe dazu die Dokumentation aus dem Jahr 2005: *Enron: The Smartest Guys in the Room*, www.imdb.com/title/tt1016268 (Z: 4.1.2013).

49 Froggatt/Lahn, *Sustainable Energy Security*, S. 13ff. Die Derivatemärkte sind weitgehend unreguliert und trugen maßgeblich zum Finanzcrash der Jahre 2007/08 bei.

50 Siehe dazu: Dan Dicker, *Oil's Endless Bid*, New York 2011.

51 www.bbc.co.uk/news/business-22533993 (Z: 15.5.2013).

52 ›Offshore: tax havens, secrecy, financial manipulation, and the off-shore economy‹, www.multinationalmonitor.org/mm2005/072005/interview-brittain-catlin.html (Z: 15.5.2012).
53 Siehe dazu: Brittain-Catlin, *Offshore*, S. 42f., 191f. Diese Offshore-Verlagerung von Steuern gehört zum Hintergrund des wirtschaftlichen Zusammenbruchs Zyperns im Frühjahr 2013.
54 Brian Arthur, *The Nature of Technology*, New York 2009; Frank Geels/Wim Smit, ›Failed technology futures: pitfalls and lessons from a historical survey‹, in: *Futures* – 32 (2000), S. 867–885.
55 Vaclav Smil, *Energy Transitions*, Santa Barbara 2010.
56 James Hansen, *Storms of my Grandchildren*, London 2011.
57 Mike Berners-Lee/Duncan Clark, *The Burning Question*, London 2013, S. 26.
58 Ebd., S. 12.
59 Will Hutton, ›Burn our planet or face financial meltdown‹, www.guardian.co.uk/commentisfree/2013/apr/21/carbon-problems-financial-crisis-hutton (Z: 3.5.2013); Carbon Tracker Initiative, *Unburnable Carbon 2013: Wasted Capital and Stranded Assets*, London 2013.
60 Royal Society, *Geoengineering the Climate: Science, Governance and Uncertainty*, London 2009; für eine sozialwissenschaftliche Analyse siehe: Phil Macnagthen/Bronislaw Szerszynski, ›Living the global social experiment: an analysis of public discourse on solar radiation management and its implications for governance‹, in: *Global Environmental Change* – 23/2 (2013), S. 465–474.
61 Eine allgemeiner gehaltene Analyse: Peter Newell/Matthew Paterson, *Climate Capitalism: Global Warming and the Transformation of the Global Economy*, Cambridge 2010.

Kapitel 7

1 Dieses Phänomen wurde von der BBC in der Comedy-Serie *Steptoe and Son* aufgegriffen, die vor mehr als 50 Jahren (1962–74) erstmals ausgestrahlt wurde.
2 Atiq Uz Zaman/Steffen Lehmann, ›Urban growth and waste management optimization towards 'zero waste city'‹, in: *City, Culture and Society* – 2 (2011), S. 177–187.
3 Sekretariat der Baseler Konvention, *Vital Waste Graphics 3*, Basel 2012.
4 Thorstein Veblen, *Theorie der feinen Leute: eine ökonomische Untersuchung der Institutionen*, Köln/Berlin 1958.
5 Worldwatch Institute, *2010 State of the World*, New York 2010, S. 14; Barry Smart, *Consumer Society*, London 2010, S. 67; persönliches Gespräch mit Anthony Elliott über die Kosmetikbranche.

6 John Perkins, *Bekenntnisse eines Economic Hitman*, München 2005, S. 16; Offer, *The Challenge of Affluence*.

7 Vance Packard, *Die große Verschwendung*, Düsseldorf 1961.

8 Smart, *Consumer Society*, Kap. 4.

9 Sekretariat der Baseler Konvention, *Vital Waste Graphics 3*, S. 10f.

10 Scott A. Lukas ›The Themed Space: Locating Culture, Nation and self‹, in: ders. (Hrsg.), *The Themed Space*, Lanham 2007, S. 2.

11 Vance Packard, *Die geheimen Verführer*, Düsseldorf 1958; Offer, *The Challenge of Affluence*, S. 68/70/123; Smart, *Consumer Society*, Kap. 4, über die Erzeugung von Obsoleszenz.

12 Beder, *This Little Kiddy Went to Market*.

13 ›UK supermarkets reject 'wasted food' report claims‹, www.bbc.co.uk/news/uk-20968076 (Z: 10.1.2013); Dina ElBoghdady, ›In U.S., food is wasted from farm to fork‹, http://www.washingtonpost.com/business/economy/in-us-food-is-wasted-from-farm-to-fork/2012/08/21/2d5fed94-ebdb-11e1-9ddc-340d5efb1e9c_story.html (Z: 14.9.2012).

14 Siehe dazu: Tom de Castella, ›The tipping point‹, www.tomdecastella.com/?p=429 (Z: 13.9.2012).

15 Sekretariat der Baseler Konvention, *Vital Waste Graphics 3*, S. 19.

16 Ebd., S. 7 f.; hier finden sich auch weitere Ausführungen über Konsumverhalten, Abfall und Ungleichheit.

17 Zsuzsa Gille, ›Cognitive cartography in a European wasteland‹, in: Michael Burawoy u.a., *Global Ethnography*, Berkeley 2000, S. 242–245.

18 William Langewiesche, *The Outlaw Sea*, London 2004, S. 201.

19 Siehe dazu: John Vidal, ›Bangladesh's gigantic graveyard for ships, where workers risk their lives for crap‹, in: *The Observer*, 6.5.2012.

20 Tania Branigan, ›From east to west, a chain collapses‹, www.guardian.co.uk/environment/2009/jan/09/recycling-global-recession-china (Z: 14.9.2012).

21 Dies könnte man als »kohlenstoffintensives Recycling« bezeichnen.

22 Siehe dazu: Nigel Thrift/Shaun French, ›The automatic production of space‹, in: *Transactions of the Institute of British Geographers – 27/3* (2002), S. 309–335.

23 Siehe dazu: ›Electronic waste dump of the world: Guiyu, China‹, http://sometimes-interesting.com/2011/07/17/electronic-waste-dump-of-the-world/; sowie: ›Where does e-waste end up?‹, www.greenpeace.org/international/en/campaigns/detox/electronics/the-e-waste-problem/where-does-e-waste-end-up/ (Z: 12.9.2012).

24 Sekretariat der Baseler Konvention, *Vital Waste Graphics 3*.

25 Siehe dazu den Blog von Shanghai Scrap.

26 Siehe hierzu den Wikipedia-Eintrag über »elektronischen Müll« (Z: 13.9.2012).

27 Ich bin Michael Hulme in Lancaster dankbar für seine Informationen über die 4G-Technik; siehe hierzu außerdem: Lucy Siegle, ›What is the lifespan of a laptop?‹, www.guardian.co.uk/environment/2013/jan/13/lifespan-laptop-pc-planned-obsolescence?INTCMP=SRCH (Z: 16.1.2013).

28 Mike Berners-Lee/Duncan Clark, *The Burning Question*, Kap. 6.

29 Steven Davis/Ken Caldeira, ›Consumption-based accounting of CO_2 emissions‹, in: *Proceedings of the National Academy of Sciences of the United States of America* – 107 (2010), S. 5687–5692.

30 Siehe dazu: Krane, *City of Gold*, Kap. 13.

31 ›The cost of trade‹, www.economist.com/blogs/dailychart/2011/04/greenhouse_gases (Z: 19.5.2012).

Kapitel 8

1 Carl Schmitt, *Der Begriff des Politischen*, Berlin 1932, S. 27.

2 Siehe dazu die Dokumentation in: Graham, *Cities under Siege*, und auch die Enthüllungen über die Praktiken der US-amerikanischen National Security Agency (NSA), www.guardian.co.uk/world/nsa (Z: 26.6.2013).

3 Siehe dazu: James der Derian, *Virtuous War: Mapping the Military-Industrial-Media-Entertainment Network*, London 2009.

4 Dieses Thema behandelte der 2012 herausgekommene Film *Shadow Dancer*, der im Belfast der neunziger Jahre spielt.

5 Trevor Paglen, ›Groom Lake and the imperial production of nowhere‹, in: Derek Gregory/Allen Pred (Hrsg.), *Violent Geographies*, London 2007, S. 237–254.

6 Bernard Porter, ›Classified: Secrecy and the State in Modern Britain by Christopher Moran – review‹, www.guardian.co.uk/books/2013/jan/10/classified-secrecy-state-christopher-moran-review (Z: 16.1.2013).

7 Siehe dazu: Rob Evans, ›Undercover spy allegations cast campaigner verdict in doubt‹, www.theguardian.com/uk-news/2013/aug/01/undercover-spy-environmental-campaigner-verdict (Z: 5.8.2013) über die Einschleusung von Spitzeln in Umweltgruppen.

8 Siehe dazu ›Lumley is target of 'gurkha town' Facebook hate campaign‹, www.dailymail.co.uk/news/article-2038377/Joanna-Lumley-target-Gurkha-town-Facebook-hate-campaign.html (Z: 19.1.2013), zum Umgang mit den Gurkhas in Großbritannien.

9 ›WWI casualties and death tables‹, www.pbs.org/greatwar/resources/casdeath_pop.html (Z: 1.9.2013).

10 Siehe hierzu: Cwerner/Kesselring/Urry (Hrsg.), *Aeromobilities.*

11 Caren Kaplan, ›Mobility and war: the cosmic view of US 'air power'‹, in: *Environment and Planning A* – 38 (2006), S. 395–407.

12 Ebd., S. 399–403.

13 Siehe dazu die Dokumentation in: ›Drones by country: who has all the UAVs?‹, www.guardian.co.uk/news/datablog/2012/aug/03/drone-stocks-by-country (Z: 23.1.2013).

14 Siehe dazu: Simon Jenkins, ›Drones are fool's gold: they prolong wars we can't win‹, www.guardian.co.uk/commentisfree/2013/jan/10/drones-fools-gold-prolong-wars (Z: 19.1.2013); sowie Nick Turse, *The Changing Face of Empire,* Chicago 2012.

15 Siehe dazu: ›Attack of the drones‹, www.aljazeera.com/programmes/peopleandpower/2012/07/201271872041648814.html (Z: 21.1.2013).

16 ›CIA operating drone base in Saudi Arabia, US media reveal‹, www.bbc.co.uk/news/world-middle-east-21350437 (Z: 8.2.2013).

17 ›Armed drones operated from RAF base in UK, says MoD‹, www.bbc.com/news/uk-england-lincolnshire-22320275 (Z: 9.3.2013).

18 Siehe dazu: Bauman, ›On never being alone again‹, www.socialeurope.eu/2011/06/on-never-being-alone-again/ (Z: 21.1.2013).

19 Jenkins, ›Drones are fool's gold‹.

20 ›Attack of the drones‹.

21 Elisabeth Bumiller/Thom Shanker, ›War evolves with drones, some tiny as bugs‹, www.nytimes.com/2011/06/20/world/20drones.html?pagewanted=all&_r=0 (Z: 19.1.2013).

22 Siehe dazu: http://en.wikipedia.org/wiki/AeroVironment_RQ-11_Raven (Z: 21.1.2013).

23 Graham, *Cities under Siege,* S. 174, über die aus dem Bereich der Science-Fiction stammenden Insekten, denen Elektronik eingepflanzt wurde, so dass sie überwacht werden können.

24 James Bridle, ›Dronestagram: the locations behind America's secret drone war‹, www.newstatesman.com/politics/2012/11/dronestagram-locations-behind-americas-secret-drone-war (Z: 21.1.2013); siehe dazu auch Internetquellen wie Dronestagram und TomDispatch.com.

25 Siehe dazu: Jenkins, ›Drones are fool's gold‹; Turse, *The Changing Face of Empire.*

26 Charli Carpenter, ›How scared are people of 'killer robots' und why does it matter?‹, www.opendemocracy.net/charli-carpenter/how-scared-are-people-of-%E2%80%9Ckiller-robots%E2%80%9D-and-why-does-it-matter (Z: 5.7.2013).

27 Turse, *The Changing Face of Empire,* S. 13.

28 http://en.wikipedia.org/wiki/Death_of_bin_Laden#Objective (Z: 30.1.2013).

29 Zitiert in: Turse, *The Changing Face of Empire*, S. 19.

30 ›Human rights violations‹, www.humanrights.com/#/what-are-human-rights/violations-of-human-rights/article_3.html (Z: 4.2.2013).

31 Siehe dazu: www.extraordinaryrendition.org (Z: 4.2.2013). Bei einem normalen Auslieferungsverfahren wird eine Person von einem Land in ein anderes überstellt.

32 Derek Gregory, ›Vanishing points‹, in: Gregory/Pred (Hrsg.), *Violent Geographies*, S. 215–225.

33 www.opensocietyfoundations.org/reports/globalizing-torture-cia-secret-detention-and-extraordinary-rendition (Z: 9.2.2013).

34 Gregory, ›Vanishing points‹, S. 224 f.

35 Giorgio Agamben, *Homo Sacer: Die souveräne Macht und das nackte Leben*, Frankfurt a. M. 2002.

36 Gregory, ›Vanishing points‹, S. 209 sowie S. 216 ff.

37 Bruce Holsinger, *Neomedievalism, Neoconservatism and the War on Terror*, Chicago 2007, S. iv.

38 Giorgio Agamben, *Ausnahmezustand*, Frankfurt a. M. 2004; Gregory, ›Vanishing points‹.

39 Gregory, ›Vanishing Points‹, S. 222–229.

40 Paglen, ›Groom Lake and the imperial production of nowhere‹, S. 244.

41 Ebd., S. 245–248.

42 Siehe dazu: Deborah Cowen, ›A geography of logistics: market authority and the security of supply chains‹, in: *Annals of the Association of American Geographers* – 100/3 (2010), S. 1–21.

43 Zitiert in: Graham, *Cities under Siege*, S. 134.

44 Ebd., S. 125–128.

45 Ebd., S. 135; ›CSI: Container Security Initiative‹, www.cbp.gov/xp/cgov/trade/cargo_security/CSI/ (Z: 30.1.2013).

46 Graham, *Cities under Siege*, S. 138.

47 Zu diesem Bereich siehe: Louise Amoore, ›Algorithmic war: everyday geographies of the war on terror‹, in: *Antipode* – 41/1 (2009), S. 49–69, sowie dies., ›Data derivatives: on the emergence of a security risk calculus for our times‹, in: *Theory, Culture and Society* – 28/6 (2011), S. 24–43.

48 Amoore, ›Data derivatives‹, S. 35.

49 Siehe dazu: http://en.wikipedia.org/wiki/Edward_Snowden (Z: 4.8.2013).

50 Graham, *Cities under Siege*, S. 146.

Kapitel 9

1 Siehe dazu: Philip Steinberg, *The Social Construction of the Ocean*, Cambridge 2011; Langewiesche, *The Outlaw Sea*, außerdem Jon Anderson/Kimberley Peters (Hrsg.), *Water Worlds*, Farnham 2014.

2 Carson, *Geheimnisse des Meeres*, S. vii.

3 Urry/Jonas Larsen, *The Tourist Gaze 3.0.*

4 Langewiesche, *The Outlaw Sea*, S. 36.

5 Anderson/Peters (Hrsg.), *Water Worlds*.

6 Carson, *Geheimnisse des Meeres*, S. ix-x.

7 UNCTAD, *Review of Maritime Transport 2010*, http://unctad.org/en/docs/rmt2010ch2_en.pdf (Z: 8.11.2012).

8 Siehe dazu: French/Chambers, *Oil on Water*, S. 127 ff.; mongolisches Schiffsregister: www.mngship.org (Z: 27.6.2012). Auch im Binnenstaat Bolivien sind Schiffe registriert, während die liberianische Billigflagge von einem Büro im US-amerikanischen Virginia aus verwaltet wird.

9 Langewiesche, *The Outlaw Sea*, S. 6.

10 Hutton, ›Capitalism must put its house in order‹, www.guardian.co.uk/politics/2002/nov/24/politicalcolumnists.guardiancolumnists (Z: 8.11.2012). Siehe auch: Langewiesche, *The Outlaw Sea*, über Schiffe, die auf dem Meer untergehen.

11 French/Chambers, *Oil on Water*, S. 137 f.; Langewiesche, *The Outlaw Sea*, S. 1ff.

12 Matt McGrath, ›Study finds shipwrecks threaten precious seas‹, www.bbc.co.uk/news/science-environment-22806362 (Z: 26.6.2013).

13 Siehe dazu: French/Chambers, *Oil on Water*, S. 118f.

14 Langewiesche, *The Outlaw Sea*, S. 8.

15 Ebd., S. 13.

16 Collins, *English Dictionary – Complete and Unabridged*, New York 1991/2003.

17 Langewiesche, *The Outlaw Sea*, S. 36.

18 Ebd., S. 4.

19 Leo Hickman, ›Oil companies going unpunished for thousands of North Sea spills‹, www.guardian.co.uk/environment/2012/oct/25/oil-companies-north-sea-spills (Z: 23.11.2012); ›Oil spills and disasters‹, www.infoplease.com/ipa/A0001451.html (Z: 23.11.2012), führt alle Ölunfälle seit der Havarie des Tankers *Torrey Canyon* auf, bei der sich 1967 vor der Küste der südenglischen Scilly-Inseln 38 Millionen Gallonen Rohöl ins Meer ergossen. Siehe dazu auch Kap. 7 sowie Langewiesche, *The Outlaw Sea*, S. 3.

20 Freudenburg/Gramling, *Blowout in the Gulf*.

21 www.telegraph.co.uk/earth/environment/5208645/Drowning-in-plastic-The-Great-Pacific-Garbage-Patch-is-twice-the-size-of-France.html (Z: 16.9.2012).

22 Siehe dazu: Jay Bahadur, *Deadly Waters*, London 2011, wo sich auch weitere interessante Forschungsergebnisse zum Thema »Piraterie« finden.

23 Ebd., S. 31.

24 Ebd., S. 233; Langewiesche, *The Outlaw Sea*, Kap. 2, über die Piraterie in der Straße von Malakka.

25 Langewiesche, *The Outlaw Sea*, S. 63–70.

26 Siehe dazu: George Monbiot, *Heat*, London 2006, sowie die Beschreibung eines Feuersturms in Tansania: www.guardian.co.uk/world/interactive/2013/may/26/firestorm-bushfire-dunalley-holmes-family (Z: 26.6.2013).

27 Christian Parenti, *Im Wendekreis des Chaos: Klimawandel und die neue Geografie der Gewalt*, Hamburg 2013, S. 63 f., 115.

28 Zitiert in: ebd., S. 47.

29 Siehe dazu: Danny Chivers, ›Switching off denial: a guide‹, www.newint.org/features/2011/05/01/guide-to-climate-change-denial-debunking-climate-skeptic-myths/ (Z: 10.1.2013), Abb. 3, sowie Urry, *Climate Change and Society*, Cambridge 2011, über die Skepsis gegenüber der Klimaforschung.

30 Parenti, *Im Wendekreis des Chaos*, S. 65.

31 Hansen, *Storms of my Grandchildren*, S. 254.

32 Ebd., S. 76, sowie Kap. 8.

33 Ebd., S. 141.

34 Mike Davis, ›Who will build the ark?‹, in: *New Left Review* – 61 (2010), S. 17. Siehe auch: Constance Lever-Tracy (Hrsg.), *Routledge Handbook on Climate Change and Society*, London 2010, sowie Szerszynski/Urry (Hrsg.), ›Special issue: changing climates‹, in: *Theory, Culture and Society* – 27/2–3 (2010), S. 1–305.

35 Chris Abbott, *An Uncertain Future*, London 2008; John Vidal, ›Global warming could create 150 million 'climate refugees' by 2050‹, www.guardian.co.uk/environment/2009/nov/03/global-warming-climate-refugees (Z: 13.5.2013).

36 Mimi Sheller, ›The islanding effect: post-disaster mobility systems and humanitarian logistics in Haiti‹, in: *Cultural Geographies* – 20/2 (2012), S. 185–204.

37 Tim Flannery, *Wir Wettermacher: wie die Menschen das Klima verändern und was das für unser Leben auf der Erde bedeutet*, Frankfurt a. M. 2006, S. 265.

38 Julia Kollewe, ›Superstorm Sandy could cost $45bn in damage and lost production‹, www.guardian.co.uk/world/2012/oct/30/superstorm-sandy-cost-damage-production (Z: 21.11.2012).

39 Dazu gehören das American Enterprise Institute, Americans for Prosperity, das Cato Institute, das Competitive Enterprise Institute, Energy for America, die Global Climate Coalition, das Heartland Institute, das Marshall Institute, das Nongovernmental International Panel on Climate Change (NIPCC), das Science and Environmental Policy Project, das Science and Public Policy Institute, die Heritage Foundation und das World Climate Council.

40 Siehe dazu: Sharon Beder, *Global Spin*, Totnes 2002; Naomi Oreskes/Erik Conway, *Merchants of Doubt*, New York 2010; Urry, *Climate Change and Society*. Ferner: Suzanne Goldenberg, ›How Donors Trust distributed millions to anti-climate groups‹, www.guardian.co.uk/environment/2013/feb/14/donors-trust-funding-climate-denial-networks (Z: 17.2.2013).

Kapitel 10

1 Roubini/Mihm, *Das Ende der Weltwirtschaft und ihre Krise*, S. 66 u. Kap. 2; Urry, *Societies beyond Oil*.

2 Leslie Budd, ›Re-regulating the financial system: the return of state or societal corporatism‹, in: *Contemporary Social Science* – 7/1 (2012), S. 1–19.

3 www.cnn.com/2009/BUSINESS/12/14/Dubai.10.billion.bailout/index. html (Z: 5.3.2010).

4 Jamie Doward, ›Horsemeat scandal linked to secret network of firms‹, www.theguardian.com.uk/2013/feb/16/horsemeat-scandal-victor-bout-firms.html (Z: 17.2.2013).

5 Agamben, *Ausnahmezustand*.

6 Bauman, *Flüchtige Moderne*.

7 Thomas Hale/David Held/Kevin Young, *Gridlock*, Cambridge 2013.

8 Siehe dazu: Scott Lash/John Urry, ›Response to Reviewers‹, in: *Work, Employment and Society* – 27 (2013), S. 542–546.

9 Haldane/May, ›Systemic risk in banking ecosystems‹, S. 351–355.

10 Siehe dazu den Bericht der britischen Regierung *Economic Impact Assessments on MiFID II Policy Measures related to Computer Trading in Financial Markets*, www.bis.gov.uk/assets/foresight/docs/computer-trading/12-1088-economic-impact-mifid-2-measures-computer-trading (Z: 9.2.2013).

11 Haldane/May, ›Systemic risk in banking ecosystems‹, S. 351.

12 Ebd., S. 354; siehe dazu auch: ›Inequality and the crisis: still pre-Occupied‹, www.guardian.co.uk/commentisfree/2012/oct/30/andy-haldane-occupy-bank-of-england (Z: 6.11.2012).

13 Haldane/May, ebd., S. 353.

14 Siehe z. B.: Held, *Global Covenant: The Social Democratic Alternative to the Washington Consensus*; Urry, *Societies beyond Oil*.

15 Haldane/May, ›Systemic risk in banking ecosystems‹, S. 355.

16 Siehe dazu: Sol Picciotto, *Towards Unitary Taxation of Transnational Corporations*, London 2012.

17 Ebd., S. 10–16.

18 Bericht im *Guardian*, 8.5.2013, S. 23.

19 Zu den Möglichkeiten einer Rückverlagerung siehe auch: Anthony Giddens, *Turbulent and Mighty Continent: What Future for Europe?*, Cambridge 2013.

20 www.basel.int (Z: 3.1.2013).

21 http://senseable.mit.edu/trashtrack (Z: 28.12.2012).

22 Siehe dazu ›Urban digestive systems‹, http://senseable.mit.edu/papers/pdf/2011_Offenhuber_et_al_Urban_digestive_Sentient_City.pdf (Z: 10.10.2012). Hier werden die komplexen methodischen Fragen der Verfolgung von Müll mittels Ortungsetiketten behandelt wie auch die Probleme der nachfolgenden Entsorgung dieser Etiketten und ihrer winzigen Batterien.

23 Siehe dazu: www.dosomething.org/actnow/tipsandtools/11-facts-about-recycling (Z: 28.12.2012).

24 Rifkin, *Access – Das Verschwinden des Eigentums*, Frankfurt a. M. 2000. Ein großer Teil der Downloads ist illegal, und das wird auch ein wichtiges Thema bei der 3D-Technologie werden.

25 Siehe dazu: Thomas Birtchnell/John Urry/Chloe Cook/Andrew Curry, *Freight Miles: The Impacts of 3D Printing on Transport and Society*, ESCR Project ES/J007455/1, Lancaster University/Futures Company 2012; Birtchnell/Urry, ›Fabricating futures and the movement of objects‹, S.388–405, http://dx.doi.org/10.1080/17450101.2012.745697. Siehe zu einer sozialwissenschaftlichen Analyse der 3D-Technologie: Giddens, *Turbulent and Mighty Continent*.

26 http://dsi.dhl-innovation.com/en/node/256 (Z: 16.8.2011). Hier finden sich Informationen darüber, wie sich der Logistik-Riese DHL mit den Auswirkungen dieser möglichen Zukunft auf sein Geschäft auseinandersetzt.

27 Diese Vision wird dargestellt in: Anderson, *Makers*, insbesondere im Anhang und auf S. 46, wo die offene Hightech-Werkstatt Fab Lab beschrieben wird.

28 Siehe dazu: http://www.dailymail.co.uk/sciencetech/article-2358357/Velleman-K8200-First-3D-printer-available-high-street-goes-sale-700.html (Z: 9.7.2013)

29 Siehe dazu: Ken Green/Simon Shackley/Paul Dewick/Marcela Miozzo, ›Long wave theories of technological change and the global environment‹, in: *Global Environmental Change* – 12/2 (2002), S. 79–81.

30 Anderson, *Makers,* S. 229.

31 http://peakenergy.blogspot.co.uk/2009/02/buckminster-fullers-critical-path.html (Z: 28.7.2013).

32 Siehe dazu: Julian Allwood/Michael Ashby/Timothy Gutowski/Ernst Worrell, ›Material efficiency: a white paper‹, in: *Resources, Conservation and Recycling* – 55 (2011), S. 362–381.

33 Keith Hart/Jean-Louis Laville/Antonio David Cattani (Hrsg.), *The Human Economy,* Cambridge 2010.

34 Siehe dazu: Finbarr Livesey/Julian Thompson, *Making at Home, Owning Abroad: A Strategic Outlook for the UK's Mid-Sized Manufacturers,* London 2013.

35 www.reshorenow.org (Z: 10.1.2013).

36 Shaxson, *Schatzinseln,* S. 207ff.

37 Mellor, *The Future of Money,* S. 175.

38 Shaxson, *Schatzinseln,* S. 46f.

39 http://uk.zopa.com (Z: 3.1.2013). Zu den Verbindungen mit Georg Simmel siehe: Nigel Dodd, ›Simmel's perfect money: fiction, socialism and utopia in *The Philosophy of Money*«, in: *Theory, Culture and Society* – 29/7–8 (2012), S. 146–176.

40 Joanna Conill/Manuel Castells/Amalia Cardenas/Lisa Servon, ›Beyond the crisis: the emergence of alternative economic practices‹, in: Manuel Castells/João Caraça/Gustavo Cardoso (Hrsg.), *Aftermath,* Oxford 2012, S. 214f.

41 Castells, *Networks of Outrage and Hope,* Cambridge 2012. Interessant ist auch: Rob Hopkins, *The Transition Companion,* Totnes 2011.

42 Siehe dazu: Shove/Pantzar/Watson, *The Dynamics of Social Practice,* London 2012; Urry, *Climate Change and Society,* jeweils Kap. 8.

43 www.happyplanetindex.org (Z: 3.11.2013). Costa Rica rangierte 2009 in diesem Index auf Platz 1.

44 Tim Jackson, *Wohlstand ohne Wachstum,* München 2011.

45 Richard Wilkinson/Kate Pickett, *The Spirit Level: Why More Equal Societies Almost Always Do Better,* London 2009.

46 Zur Temperierung von Gebäuden: Elizabeth Shove/Heather Chappells/Loren Lutzenhiser (Hrsg.), *Comfort in a Lower Carbon Society,* London 2009.

47 Jackson, *Wohlstand ohne Wachstum.*

48 Jane Jacobs, *Tod und Leben großer amerikanischer Städte,* Berlin 1963.

49 Siehe dazu: Eric Klinenberg, *Heat wave,* Chicago 2002; Jacobs, *Dark Age Ahead,* New York 2004.

50 Zahlreiche inspirierende Beispiele für die Widerstandsfähigkeit von Gemeinschaften finden sich in: Hopkins, *The Transition Companion.*

51 www.transitiontowns.org (Z: 8.1.2010); siehe ferner: Shaun Chamberlin, *The Transition Timeline*, Totnes 2009.

52 http://frontline.occupy.com/wp-content/uploads/2010/07/Transition-Initiatives-Around-the-World.png (Z: 13.9.2013); Hopkins, *The Transition Companion*.

53 David Owen, *Green Metropolis*, New York 2009.

54 Siehe dazu: *Transport Reviews*, special issue on ›Peak Car‹ – 33/3 (2013), http://tinyurl.com/o4mxuk-4 (Z: 12.9.2013).

55 Crouch, *Das befremdliche Überleben des Neoliberalismus*.

56 Siehe dazu: Robert Holton, *Global Finance*, Kap. 5.

57 Serge Latouche, *Farewell to Growth*.

58 Brittain-Catlin, *Offshore*, S. 199.

59 Giddens, *Turbulent and Mighty Continent*.

60 Brittain-Catlin, *Offshore*, S. 239.

▉ Politik bei Wagenbach

Sanjay Basu/David Stuckler   Sparprogramme töten
Die Ökonomisierung der Gesundheit
> Nach jahrelanger Recherche auf fünf Kontinenten haben zwei junge Epidemiologen ihre haarsträubenden Ergebnisse zu einem provokanten und dringlichen Pamphlet zusammengefasst.

Aus dem Englischen von Richard Barth
Politik. Gebunden mit Schutzumschlag. 224 Seiten

Andreas Fischer-Lescano/Kolja Möller   Der Kampf um globale soziale Rechte   *Zart wäre das Gröbste*
> Die Weltgesellschaft ist in der Krise. Politik und Wirtschaft sind orientierungslos. Umso klarer artikulieren sich Gegenstimmen. An verschiedenen Orten vereinen sich Menschen zum Protest und für ein gemeinsames Ziel: die Utopie sozialer Gerechtigkeit.

Politik. Gebunden. 96 Seiten

Wolfgang Kaleck   Mit zweierlei Maß
Der Westen und das Völkerstrafrecht
> Am 1. Juli 2012 wurde der Internationale Strafgerichtshof in Den Haag zehn Jahre alt. Doch die Hoffnungen auf eine universale Strafverfolgung von Menschheitsverbrechen wurden enttäuscht. Die Praxis internationaler und nationaler Gerichte muss deswegen verändert werden.

Politik. Gebunden. 144 Seiten

Wenn Sie mehr über den Verlag oder seine Bücher wissen möchten, schreiben Sie uns eine Postkarte oder E-mail (mit Anschrift und E-Mail-Adresse). Wir verschicken immer im Herbst die *Zwiebel*, in der wir Ihnen unsere neuen Bücher vorstellen. *Kostenlos!*

Verlag Klaus Wagenbach Emser Straße 40/41 10719 Berlin
www.wagenbach.de

Die englische Originalausgabe erschien 2014 unter dem Titel
Offshoring bei Polity Press in Cambridge. Die deutsche Ausgabe
wurde gekürzt.

Politik bei Wagenbach. Herausgegeben von Patrizia Nanz

This edition is published by arrangement with
Polity Press Ltd., Cambridge

© 2014 John Urry
© 2015 für die deutsche Ausgabe: Verlag Klaus Wagenbach,
Emser Straße 40/41, 10719 Berlin. Umschlaggestaltung Julie August,
Berlin unter Verwendung einer Fotografie © Jorg Greuel/gettyimages
2014. Gesetzt aus der Caslon. Einband- und Vorsatzmaterial von
peyer graphic GmbH, Leonberg. Gedruckt auf chlor- und säurefrei-
em Papier und gebunden bei Pustet, Regensburg.
Printed in Germany. Alle Rechte vorbehalten.

ISBN: 978 3 8031 3655 8